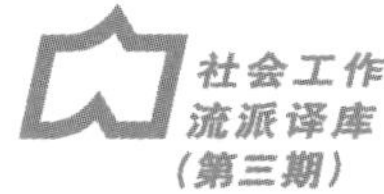

社会工作流派译库·精通社会工作技巧系列
上海文化发展基金会图书出版专项基金资助项目
“十三五”上海重点出版物出版规划项目

精通社会工作中家庭整体评估

——平衡儿童、成人及家庭需求

Mastering Whole Family Assessment in Social Work

—Balancing the Needs of Children, Adults and Their Families

［英］Fiona Mainstone 著
陈婉珍 黄景莲 译

華東理工大學出版社
EAST CHINA UNIVERSITY OF SCIENCE AND TECHNOLOGY PRESS
·上海·

图书在版编目(CIP)数据

精通社会工作中家庭整体评估：平衡儿童、成人及家庭需求/(英) 菲奥娜·梅恩斯通(Fiona Mainstone)著;陈婉珍,黄景莲译.—上海:华东理工大学出版社,2019.1

(社会工作流派译库. 第三期)

书名原文：Mastering Whole Family Assessment in Social Work：Balancing the Needs of Children，Adults and Their Families

ISBN 978-7-5628-5664-1

Ⅰ.①精… Ⅱ.①菲… ②陈… ③黄… Ⅲ.①家庭社会学—研究 Ⅳ.①C913.11

中国版本图书馆 CIP 数据核字(2018)第 281678 号

First published in the UK and USA in 2014 by Jessica Kingsley Publishers Ltd
73 Collier Street，London，N1 9BE，UK

Printed in Mainland China

著作权合同登记号:“图字：09-2017-064 号”

策划编辑 / 刘　军
责任编辑 / 刘　军　章斯纯
装帧设计 / 袁银昌设计工作室
出版发行 / 华东理工大学出版社有限公司
地址：上海市梅陇路 130 号,200237
电话：021-64250306
网址：www.ecustpress.cn
邮箱：zongbianban@ecustpress.cn
印　　刷 / 上海盛通时代印刷有限公司
开　　本 / 710 mm×1000 mm　1/16
印　　张 / 16.25
字　　数 / 266 千字
版　　次 / 2019 年 1 月第 1 版
印　　次 / 2019 年 1 月第 1 次
定　　价 / 128.00 元

总序

这是我们与华东理工大学出版社合作的第二套译著丛书。21世纪初，我们所推出的18种一套上海市重点图书“社会工作名著译丛”获得了学术界的热烈反响和高度认同。本套译库与以往不同的是，更加聚焦于介绍西方社会工作的理论流派，但又不局限于理论流派的译介。西方的社会工作历经一百多年的发展，已经形成了诸多视角、理论、模式与方法。知识转移与全球共享是当代社会工作发展的一个重要特点。熟知并批判性地借鉴西方社会工作理论，对于建构兼具国际规范与中国特色的社会工作理论、制度、实务模式，无不具有重要的理论意义和实践意义。唯其如此，中国社会工作学界方有可能参与全球专业知识库的建构，以推动国际社会的公平与正义。

需要强调的是，中国社会工作的制度设计与发展经验具有本土的特点，不能简单地照搬西方的理论框架去加以解释。这就要求我们，在学习借鉴西方社会工作专业知识的同时，应警惕本国专业共同体因理论的“不自觉”“不自信”而在全球知识界处于失语状态。因此，必须立足和扎根于我国社会体制改革、新社会组织、新社会服务和现代社会工作制度建构的实践，积极进行中国社会工作的理论建构与知识创新。唯其如此，中国的社会工作学界才有能力提升在全球的话语权，从而为全球社会工作贡献中国的力量。

衷心希望本套译库能为中国社会工作的发展提供新的知识支持，以进一步推动国内的社会工作理论研究与知识建构。须知，没有系统强劲的社会工作理论的科学支撑，就不可能有系统强劲的社会工作发展实践。

本套译库的出版得到了相关出版基金的大力资助，为此我的感谢与感激之情难以言表！这里，我要向所有参与翻译本套译库的同仁表示感谢，因为他们的奉献体现了社工学人的专业精神！感谢华东理工大学出版社，因为他们始终对我们充分信任及对社会工作学科建设鼎力支持！我还要特别感谢何雪松教授，因为他持之以恒的追求、坚持和奉献，我们才有了本套译库的中文版！

是为序。

华东理工大学中国社会工作研究中心

徐永祥

编者序

> 当社会工作者对自己的技能、目的和身份有了信心，并在系统中得到一定的支持，他们就会具有强大的力量去提供服务。他们与其他专业人士有效合作，适应新的角色和期望。最重要的是，他们与那些发现自己很脆弱或处于危险之中的人建立建设性的伙伴关系，并使他们的生活发生持续性的改变。
>
> 社会工作专责小组报告(2009：5)

这本书是本系列的重要补充。它解决了当代社会工作中棘手的问题之一：作为专业的社会工作者，我们如何才能满足整个家庭的需要？

当社会工作者处理同时涉及成人和儿童服务的交叉案例时，实践技能的薄弱和特殊实践领域专业技能的缺失就会成为问题。由于成人和儿童服务的分离，社会工作者既面临着如何发展成人或儿童的专业社会工作技能的挑战，同时又必须满足整个家庭的需要。社会工作者在其不熟悉的工作领域有时会感到技能不足。当儿童和成年人有明显的相互对立的需求，社会工作者也正在与提供其他服务的同事合作时，法律、指导和实践期望的改变可能会导致对彼此角色的误解，从而影响评估的进展。

这是一本不寻常的书，因为它是为同时从事儿童和成人服务的社会工作者而作的。它解决了大量的重大案例所揭示的问题，即成人和儿童服务未能有效地结合在一起，因此，弱势家庭成员的需求并没有得到满足。本书旨在确定作为特定角色的社会工作者所面临的挑战，探索一个良好评估的基础，并为读者提供实践的思路和可行的框架。与本系列其他书籍一样，本书也着重于反思实践的重要性，以及组织边界内部和跨组织界限的关系的重要性。

对标题的评论

该系列的标题是“精通社会工作”，它的目的是超越基本技能，在更具挑战性的情况下支持实务工作者。“精通”是通过运用学习和实践来发展专业知识的过程。这是一个持续的活动。我们的目标和希望是，这一系列丛书可以通过提供思路和框架来协助社会工作者完成这个任务，以支持社会工作者日常的工作。

Jane Wonnacott

英国 In－Trac 培训和咨询有限公司董事

致谢

在这里我要感谢很多朋友，他们都为我创作此书慷慨相助！

本书中提到了几种不同的系统评估模型。Bronfenbrenner 的生态方法，Boushel 的保护环境的评估框架，Reder 和 Duncan 的风险评估框架和 Farnfield 的养育生态模式，这些都有助于我们确保全面整体的家庭评估。Falkov 博士的“家庭模型”(Family Model)提供了有关支持患精神疾病的父母及其子女的综合方法。同时掌握成人与儿童的服务，在家庭整体评估的背景下尤其有用，因为它明确地鼓励对每个家庭经验的不同方面之间复杂的相互作用进行批判性反思。“家庭模型”在第一章中被反复提及并做简要解释，我非常感谢 Falkov 博士允许我提及该模型。我坚信，在那些成年人可能面临更广泛复杂的生活困难的家庭中，其原则支持整个家庭评估的整体设计和分析。它对家庭经验不同层面的动态性探究的强调，启发了本书中的几个练习。

Gill Berry、Jem Price、David Watson、Elaine Streeter、George Ware、Fiona Cole、Mike Pearce、Mary wood 和 Brenda Robinson 在创作本书的早期阶段给了我非常不错的想法和鼓励。在这本书的酝酿期间遇到的数百位社会工作者和实务工作管理者，都为我贡献了他们的经验和智慧。Claire Blake、Rebekah Button、Amy Coombs 和 Claire Young 给予了我特别及时的鼓励和安慰。Sian Bennett、Fiona Lewis、Richard Agar、Julie Cherryman 和 Colin Newton 都允许我借鉴他们的观点。Stella Keen 坚持将那些胡乱的涂鸦变成了清晰的图表。Barry Luckock 和 Chris Taylor 提供了及时和不可或缺的关键友谊。Helen Bonnick、Lyn Mclean、Gretchen Precey、Rachel Foggitt、Chris Sansom 和我的丈夫 Alan Prosser

自始至终都支持我。我非常感谢他们的专业知识，对细节的关注，以及他们的见解、灵感、善良和忠诚。Marie Wood、Ronnie Arden 和已故的 Roy Porter 的影响则是隐藏在字里行间的。

前言

本书旨在帮助社会工作者了解如何评估成人服务和儿童服务之间的交叉部分，并且，在优先考虑儿童需求的同时支持成年人的父母角色方面，也试图寻找着出路：

那天的一个会议上，一名精神健康医学的主任在讨论保护问题的时候说："孩子不是我们的事儿。"我分享了在一家儿童医院的相似经历，那家儿童医院的主任告诉我说"父母不归我们管"。听到这样两个相互补充的经历，会议中的每个人都觉得好笑，但大家都明白为什么我们会把这两件事放在一起讨论：它们共同意味着从组织上来说，亲子关系不关任何人的事儿。

（Gopfert、 McClellend & Wilson，2010）

这本书关注的是通过平衡父母和孩子之间的需求，以实现家庭的幸福与安全。同时本书还认为，儿童的福利在英国法律中始终是最重要的。无论儿童的福利如何受到损害，他们的需求必须要优先于父母的权利。

无论你的主要职责是儿童服务还是成人服务，你都需要同时具备这两项评估服务实务的工作知识。评估是良好社会工作的基础：它能够满足每个家庭成员的需求，并保护最弱势群体免受伤害。通常，在达成全面的理解之前，必须汇集几种不同的评估。有的时候，专家评估提供了全新的见解，也有可能是令人费解的、矛盾的信息。家庭中的个人有时会受到多种不同评估过程的影响。在评估家庭功能、养育能力和儿童需求时，社会工作者必须了解情况的复杂性，从而充分认识到成年人的困难，以及养育方式对成年人的影响。

不幸的是，现有研究一直表明，在关注成年人的困难所造成的影响时，社会工作者通常将重点要么放在成年人自己个人的需求上，要么放在儿童身上，却很少关注对整个家庭的影响，以及在不利情况下，如何使父母履行其职责。无论从事哪个领域的服务，你都必须搞清楚我们该如何帮助成年人过上幸福安康的生活，并且确保社会工作干预的措施不会增加个人和整个家庭的压力。

在英国，社会工作者完成了通用的培训后，能够在所有服务领域，公共、志愿和私营部门下工作。这种社会工作教育方法反映了 Seebohm 报告(1968)中规定的整体性原则，即每个社会工作者应该参与到整个家庭中，处理与人相关的一系列问题。然而，到了 20 世纪 90 年代初，社区照顾立法的推进导致了成人社会照顾服务与儿童服务开始分离。在 1999—2010 年，对“参与式”服务的强调导致成人社会照顾与英国国民医疗服务体系(National Health Service，NHS)建立了更为紧密的联系。因此，对成年人所提供的服务通常是围绕着他们所面临的特殊困难。通常情况下，对于有残疾的成年人，包括感官或智力障碍、情感或精神痛苦、吸毒或酗酒、患有急性或慢性疾病患者以及受到家属压迫的成年人，都有不同的团队来负责。同时，许多对儿童和家庭的服务已被纳入国家的大型部门，包括幼儿和青年服务部门，以及教育部门和学校。在英国的地方政府（不包括英国的其他三个司法管辖区），Victoria Climbié 去世后 Lord Laming 的第一份报告(2003)导致了成人和儿童管理部门的分离。

这些举措旨在加强不同专业间的合作，但意想不到的是它们削弱了儿童服务与成人服务之间的联系。只要具有资格，社会工作者便分散在这些碎片化的服务之中。专业有效性往往滞后于专业发展，这促进了早期的职业选择，由于社会工作者在他们选择的专业领域迅速获取知识和技能，从而可能会造成对其他领域实践的忽视。成人服务和儿童服务的组织错位，阻碍了与同伴之间的学习与合作，也就限制了对不同知识的基础与重点的了解。对对方的角色、职责以及不同工作文化的了解不足，可能会导致在成人和儿童服务之间产生紧张的关系。这种紧张局势有时可能会造成那些来自不同实践领域却服务于同一家庭的实务工作者在沟通和协调方面出现问题。

每个人的日常生活的结构都是复杂的：作为家庭成员和朋友，我们需要扮演多重角色，承担多种责任，而且我们经常不得不同时平衡好这几种角色与职责。虽然社会服务总是用一个方面的问题来定义我们，但其实我们的生活总是受到多种因素的困扰。接触过服务的人都会认为社会工作专业化出现了问题，需要重新审视(Beresford，2007)。许多成年人都有过这样的体验，这也就意味着他们接受过不止一种服务。有身体疾病的人更有可能经历情感或精神上的痛苦，反之亦然。这些痛苦也经常与酗酒以及药物使用的问题同时产生。有些人试图通过自我治疗来改善痛苦的症状，其他人可能会寻求兴奋和刺激。酒精可引发抑郁和焦虑。失败的解决方案可能成为新的问题，使一些人陷入多重挑战的恶性循环之中，更易受到欺骗、暴力和自杀行为的伤害(Weaver、 Madden & Charles，2003)。那些处于情感或精神痛苦之中的人同样也是酒精和药物的滥用者，双重的诊断可能会导致偏见和歧视，并且会对资源不足以满足需求的服务造成阻碍(Banerjee、 Clancy & Crome，2002；Franey & Quirk 1996)。

面临复杂的多重生活困难的成年人可能会接触到几种不同的服务，也可能没有接触过服务。一个人可能会重复遇到同一种问题，或者是家庭成员们都普遍存在的问题。这些家庭经常发现他们的问题是分别由从事各种服务的工作者解决的。他们经常不被认定为一个家庭单位。例如，在一对育儿夫妇中，一方遇到情感或精神上的困扰，另一方存在酗酒的问题，同时他们又担心孩子的发展，这时可能会有三个或更多的团队来对他们进行评估，提出建议或对他们进行支持。相比之下，那些患有自闭症的成年人，或许也正挣扎于父母角色之中，可能无法在成人心理健康或学习障碍服务方面得到任何帮助。

官僚主义的要求已经危及社会工作者在儿童服务中的专业角色，并且削弱了进行儿童保护所需要的非常实际的评估工作能力(Ferguson，2011；Munro，2011b)。在英国，甚至在所有的发达国家，提高儿童保护的程序性方法导致了昂贵和防御性的实务工作(Turnell，2012)。传闻有证据表明，在从事成人服务工作的过程中，社会工作者的技术策略也要不断发展来匹配服务的需要。同时商业模式和复杂的法律法规相结合，在两种服务领域中创建了机制性评估程序(mechanistic assessment procedures)。Lord Laming(2003)在先发制人地进行有效的专业社会工作评估时，对资格标准审核等过程提出异议。“技术理性”(technical-rational)的决策方法没有考虑到家庭生活的复杂性，并且削弱了实务工作者判断如何满足这些家庭的需求的能力。

在任何情况下，本书中使用的“父母”(parent)①一词，应理解为任何作为

① 根据不同语境，有些情况下也译作“家长”。——译者注

父亲、母亲或监护人的人，无论该孩子的照顾角色是由其亲生母亲或父亲，继父或继母，亲生父母的伴侣，寄养或收养的父母，还是亲戚朋友承担。同样的，本书中的“儿童”(children)一词，意味着小于18岁的孩子或年轻人。18个月以下的被称为婴儿，“非常年幼的孩子”指还未达到6岁。“童年时期”是指从6岁到12岁的年龄段，青春期指13岁到18岁阶段。

这本书借鉴了多元化、跨学科的知识体系，以不同的术语描述了类似的想法。这里使用的词汇通过英国工会联盟(Trades Union Congress，TUC)统一发布指导意见(未注明日期)，并且经过平等与人权委员会(Equality and Human Rights Commission)的讨论(Sardar，2008)。

基于实践经验的案例研究与分析文本，有时说明了正在讨论的主题，有时提出问题引发思考。问题的目的是发人深省。有时它们会与你的个人经历有关，或者让你假设、考虑各种可能性，而不是获得明确的答案。如果你因为自身知识储备不足而无法回答某些问题，如法律或政策方面的问题，你可能需要去查找相关资料。

这本书向读者指出了相关信息、想法和研究的来源，以及在具有挑战性和复杂性的调查领域内进行的有关家庭整体评估的重要讨论。对于本书中的具体问题作者都引用了研究文献来说明。这本书并不试图对所概述的不同实践领域的研究证据提供全面的概述：对所涉及的所有问题的复杂性来说，这是不可能的。每章结尾都会提供进一步阅读的建议，这些建议会指导你对所选择的研究领域进行更深入的探索。

由于在英国不同的司法管辖区的评估任务有所不同，所以经常讨论的是广泛的法律原则，而不涉及具体的立法。

本书的另一个重要特点是，它提供了与家庭整体评估有关的许多不同领域的专业知识和实践的概述，尽管它不能复制关于成年人面临的一系列生活困难、育儿能力或具体的儿童问题评估的大量文献。它也无法深入研究风险的含义，以及对那些受到危害的儿童和成年人进行保护的意义。

本书所预设的读者是熟悉核心社会工作理论与实务工作方法的。虽然书中提到了几个关键问题，比如说机构间的工作和工作的多样性，但并没有深入去探讨。读者可能会注意到，他们日常所应对的知识领域被简要地进行讨论。例如，从事儿童服务的工作者可能会在第六章中找到关于依附理论的简短讨论，但对于从事成人服务的工作者，这本书应及时提醒他们关注在日常实践中不常用的理论与研究。同样，关于心理能力的评估还有很多需要说明：第四章的概要旨在提醒从事儿童服务的工作者，他们需要预测家庭评估的重要性，并且要意识到，对于目前许多从事成人服务的工作者来说，这也是一直存在的问题。读者们应该在整本书中找到相关的社会工作专业方面的指标，这些指标是他们在目前的角色下通常并不需要仔细审视的。

本书旨在帮助社会工作者利用他们在各自实践领域发展的专业知识与技能，回顾并审视其组成部分是如何与整个家庭的需要相契合的。它不侧重于通过社会工作的技术理性方面，也即法律、政策和程序来处理。它利用了一系列知识的来源，包括对成人和儿童的严重伤害或死亡的调查（公认的英格兰和威尔士的严重案件审查，苏格兰的重大案例审查，或北爱尔兰的案件管理审查）。有些人认为这些悲剧不代表日常的社会工作实务，但本书的前提是，通过这些分析，我们可以为如何保障家庭生活安全提供宝贵的见解（Brandon et al.， 2012；Vincent，2004）。本书旨在汇集不同环境中的社会工作者需要了解的内容，以及他们需要做的事。使用工具和框架以帮助他们理解成人问题、家庭关系和功能与儿童健康之间的关系。

最重要的是，社会工作者需要整体性思考，接受复杂性，利用情感智力，了解评估工作（对自己、同事和家庭）的影响，建立关系并使用一系列不同的方法，使他们能够与每个个体，以及成人生活困难对育儿造成影响的家庭进行相互合作（Brandon et al.， 2009；Ferguson，2011；Howe，2005）：

社会工作者通过了解良好实践的基本原则和发展专业知识来提供服务，更好地应对需求的变化……新手一开始可以使用程序的方法，但需要超越这一点才能实现真正意义上的掌握。在鼓励遵从程序、责备偏差的文化中，社会工作者是不被鼓励建立专业知识的。

（Munro，2011a：62）

目录

第一章

成人与儿童交叉服务评估

核心内容

- 大多数父母在面对生活的困境时，会优先考虑孩子的需要，并抚养其健康成长。
- 大多数成人在面对生活的困境时，往往需要其他的支持来履行他们作为父母角色的职责。
- 大多数需要帮助的孩子所生活的家庭面临着多重不利处境。
- 父母处于重大压力之下可能会对孩子造成一定的伤害。

21世纪的社会工作

21世纪之交的社会工作被定义为：

一种有偿的专业活动，旨在通过照顾、保护、咨询，或通过社会支持、宣传和社区工作，来帮助人们克服生活中遇到的困难。

（Smale、Tuson & Stratham，2001）

思考点

- 这个描述是否符合你目前角色所履行的职责？
- 当你第一次从事社会工作这个职业时，你希望并且打算实现什么？
- 你设想的工作日可能是什么样的？
- 你现在正在做的事情是你开始从事社会工作时所期望的吗？

社会工作的未来仍然是有些不明确的，其职责有可能进一步转移到志愿事业和商业领域。并且我们必须一如既往地在广泛的社会和政治变革的背景下去理解服务提供方式的改变（Parton，1996）。对有需要的成年人和儿童以及对家庭支持的职责，已经转向卫生专业和具有低级别干预措施的私人或志愿机构，使不合格的员工或志愿者现在履行着以前由社会工作者承担的支持者的角色。然而，对需求和风险的整体评估仍然是社会工作无可争议的核心部分。近年来，对于可能面临危害的成年人，其转介人数急剧增加。在所有西方民主国家，过去50年来的儿童保护转介数也逐渐增加。在许多情况下，有资格和经验丰富的社会工作者预计将专注于风险评估。

交叉评估

评估总是关乎行动：

……选择、分类、组织和综合数据的一种感知/分析过程……主要目的是为了发展一种有助于行动的知情印象。

(Butler & Roberts，2004：208)

专业人士获取和处理信息，沟通交流并确定采取什么样行动的过程……是一种理解的过程……其目的是指导行动。

(Reder、Duncan & Lucey，1993：83)

成人和儿童服务之间的交叉评估有很多维度。每一个家长都有责任抚养孩子，但有时会感到不堪重负。从事成人服务的工作者，在处理面临生活困难的父母的问题时，有必要考虑他们养育子女的需求，还有家庭生活对成年人的影响。有时候父母也是受害者。成年人有时候在面对挑战时，需要其他支持的帮助来调试身体需要和心理压力。从事成人服务的社会工作者的一个重要任务，是要区分成人个人的需求和其作为父母的需求，并且要确保从事儿童服务的同事也了解这些。如果你从事成人服务，你同样也需要识别儿童的需求，要考虑采取什么行动来代表他们的利益，并且承担沟通和关心儿童安全的职责(HM Government，2013：11)。这显然是值得重新在这里说明的，但可悲的是，对儿童死亡的回顾所一直关注的，都是儿童如何受到来自成人服务已知的家庭伤害(Brandon et al.，2008)。

儿童社会工作者对有关儿童安全和幸福的系列问题进行了评估。例如，2岁左右的孩子独自离家，一个10岁的男孩被怂恿去访问色情网站，一名青少年女孩受到殴打作为惩罚，小宝宝被疲惫的父母摇晃，还有一个8岁的女孩监督着她母亲的用药。所有这些例子从根本上来说是彼此不同的，因此评估不仅仅是确定严重性或危险性的问题(Cooper、Hetherington & Katz，2003)。每个家庭都有一系列独特的优势和弱势，因此评估的设计和执行也需要考虑这些不同的情况。如果你从事儿童服务工作，你同样也有责任去思考，当成年人不能达到他们对自身作为父母角色的期望时，他们所面临的困难是如何加剧的。所有儿童评估都应该包括专业评估人员收集的有关该家庭的资料，并考虑家庭史和重大事件的影响(Laming，2009)。

如果从事儿童服务工作，你面临的挑战是如何了解父母的困难，以及这些困难是如何对家庭行为产生影响的，同时还需要注意不要忽略对孩子的关注。当孩子受到伤害时，通常是因为照顾他们的成年人的行为出现了问题。我们不能让自己的想法变得狭隘：

> 社会工作者似乎不愿意向心理健康状况差、使用酒精和毒品以及遭受家庭虐待的人提供帮助。有家庭成员说，他们一再听到这样的话："我们在这里是为了你的孩子，而不是为你。"
>
> (Children's Commissioner，2010：21)

对儿童死亡的回顾和儿童自己的描述共同呈现了令人心酸的结果，证据显示从事成人和儿童服务的工作者是如何被父母的脆弱性所压倒，或被成年人的需求所困扰，从而忽视了儿童的需求(Ofsted，2011；Royal College of Psychiatrists，2004)。那些在精神卫生领域工作的证据基础，为使用家庭整体方法的合作工作提供了强有力的道德约束(Colmer，2010；Fallow，2012)。

家庭整体评估

这本书关心的是父母的健康、孩子的经历以及家庭关系之间是如何相互影响的。《跨界桥梁》(*Crossing Bridges*)(Falkov et al.，1998)提供了一个发展的和系统的观点，以协助在评估家庭中遇到情感或精神痛苦的父母。随后 Falkov 对他的家庭模型进行了修改和完善(参见图 1.1)，为支持以家庭为重点的评估和实践提供了一个概念框架(Falkov，2012)。

Falkov 的模型旨在帮助你了解这个相互影响的过程是如何产生，又是怎样产生影响的：

- 成人/父母的精神疾病如何影响儿童的心理健康与发展(1→2)；
- 成人/父母的精神疾病如何影响养育过程和家庭关系(1→3)；

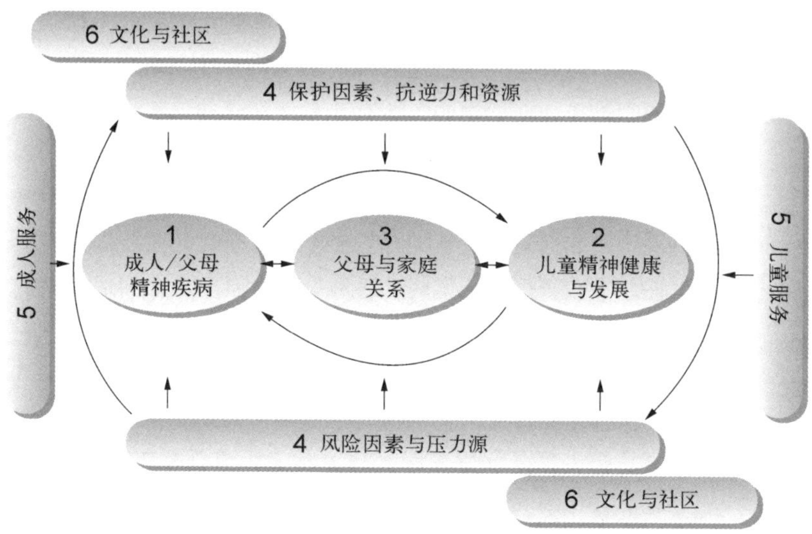

图 1.1 家庭模型：支持患有精神疾病的父母及其子女的一种综合的方法。经 Dr Adrian Falkov 的许可转载于此（2012）

- 养育过程和家庭关系如何影响成人/父母的精神疾病（3→1）；
- 儿童精神健康与发展的需要如何影响成人/父母的精神疾病（2→1）；
- 家庭的保护因素、抗逆力和可利用资源如何积极地促进家庭生活（4→1&2&3）；
- 风险因素与压力源如何对家庭生活产生消极的影响（4→1&2&3）；
- 成人和儿童服务如何对家庭生活产生影响（5→1&2&3&4）；
- 家庭系统如何受文化和社区的影响（6→1&2&3&4）。

练习

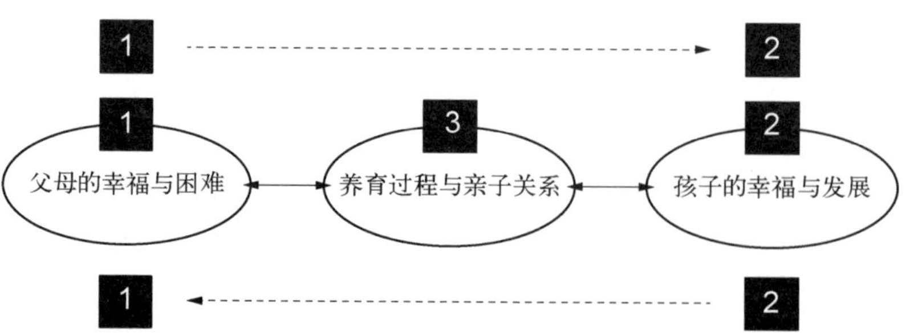

图 1.2 原生家庭的影响图示
（改编自 Falkov，1998）

使用此工具绘制你在原生家庭的经历(见图 1.2)。

- 你父母的幸福与困难是如何影响你的幸福与发展的?(1→2)
- 你的幸福与发展对你父母的幸福与困难有何影响?(2→1)
- 你父母的幸福和困难如何影响他们的养育过程和家庭关系?(1→3)
- 养育过程和家庭关系如何影响父母的幸福和困难?(3→1)
- 你的幸福和发展对养育过程及家庭关系有何影响?(2→3)
- 养育过程和家庭关系如何影响你的幸福与发展?(3→2)

你是否参与过家庭经验的某一方面还没有得到解决的评估?

原则和议题

几种适用于各种家庭经验的陈述:

- 成年人生活的困难并不一定会影响养育过程或对孩子造成伤害(Kumar, 1997; Olsen & Tyers, 2004)。事实上,大多数家长会去解决问题,很好地履行作为家长的职责,并且让自己的孩子健康快乐地成长。
- 调查研究有利于强调存在父母问题的家庭中常见的困难模式,但是却很少去澄清这其中确切的因果关系。
- 考虑到社会因素,比如污名或贫困等,有时候社会工作者会与那些更容易思考个人亏损与家庭功能障碍问题的人相冲突。
- 家庭整体评估应该要学会辨别成人个人的需求,让其区别于孩子的发展需求,帮助其尽可能地成为最好的父母,并支持其实现儿童照顾者的角色。如果父母的需求不能得到满足,那么儿童的健康、发展和安全都会受到影响。
- 关于养育过程的大多数研究更多地集中在母亲的角色上,谈及父亲的经验及其对家庭的贡献的则比较少。
- 现有的关于父母获得健康服务的数据是不完全的,因为英国国民医疗服务体系通常不能确定“患者”可能身为父母的这一事实,这也就导致了他们自己还有他们孩子的需求被忽略了(Blewitt et al., 2011)。

- 许多父母和儿童害怕且回避社会服务，他们在进行评估的时候似乎很不情愿或者持有敌对的态度。

思考点

- 当你对有孩子的家庭进行评估时，你会面临什么样的挑战？

● ● ● 任务

案例研究

Jim 患有 2 型糖尿病，并且长期酗酒。由于两年前右腿被截肢，他现在一直使用轮椅。8 年来，他一直居无定所，没有一个稳定的家，他过去坚决拒绝他人向他提供住处，相对于固定住所，他更喜欢睡在大街上。在初冬，Jim 的胸腔受到感染并且至今仍感觉不适。Matt 是一家安置流浪者慈善机构的学生社会工作者，在今年最冷的一天晚上，下午 4 点的时候他与 Jim 进行了交谈。Matt 知道 Jim 拒绝看医生，并且上个星期在警察局接受过社会工作者和精神科医生的评估。当时社会工作者和精神科医生的结论是，Jim 的想法虽然不合常理，但是没有什么危害，他也没有患精神疾病。Matt 发现 Jim 的呼吸艰难，体温飙升，于是将 Jim 送到了医院。Jim 告诉 Matt 不要管他。

在同一个雪天的下午，Melissa（儿童服务评估小组的一名义务社工）应警察要求把 Samuel（11 岁）和 Jake（9 岁）带到寄养处。Jack 有中度学习障碍和听力困难。他们的父亲 Jason 长期被情感或精神痛苦所困扰，并多次因为思维不正常而去医院就诊。有一次 Jason 跑进了 Samuel 的学校的操场，"惩罚"了一个恃强凌弱的女孩，之后被警察逮捕。Jason 的精神科医生在警察局对他进行了评估，并安排了强制入院治疗。Jason 强烈拒绝让 Samuel 和 Jim 来照看过夜的计划。意识到警方已联系社会服务，Jason 要求与他的儿子们见面。当孩子被带到警察局和 Jason 见面时，Jason 让他们留在警察局，不要联系社会工作者，他们可以逃跑或做任何他们需要做的事，但无论如何都不要去寄养家庭。

- Matt 和 Melissa 必须考虑的根本问题是什么?
- 这两个案例有何不同?
- 法律要求有什么样的干预措施?
- 法律允许有什么样的干预措施?

社会工作的法律要求规定了地方当局和其他公共机构的职责和权利，这些责任不涉及个人社会工作者(但是有一种情况除外，那就是受过正式培训、经批准的心理健康从业者，对精神病患者的强制治疗和评估等的决定，他们要负个人责任)。

理解法律要求可以让社会工作者明确他们能做什么，但是只有天真的人才会认为法律要求规定了社会工作者在复杂和不确定的情况下必须做些什么，并且依赖法律要求去确定何为正确的事情。当你的评估引发了没有明显答案的法律和伦理问题时，将会出现很多情况——因为大多数法律提出了一般性原则，如案主自决，然而法律的某些部分却体现并强制规定了案主个人应该具有的行为表现和应该做出的选择:

> 决议需要评估者具备正确的价值观、知识、实践智慧和经验专家的观点，以及在专业责任框架内能达到法律与道德的微妙平衡的评估技能。
>
> (Braye & Preston-Shoot，2010：5)

我们的法律要求假定成年人有能力、有权利自我决定并且承担风险。既然我们都有选择做出不明智决定的权利，那么判断一个成年人是否危险的出发点是看他心智能力如何(第四章将进一步讨论心智能力)。社会工作者经常努力协调这些原则与家长式的责任感之间的斗争。确实，“脆弱的成年人”(DoH，2000a)一词是非常有争议的，尽管在英格兰和威尔士已经被普遍使用。任何与社会服务机构联络，以分享对可能受到危害的儿童或成人的担忧的人员，将会被广泛质疑，以确定他们的关切是否符合当地的标准，或者是否可以在其他地方进行“指引”。

思考点

- 当你转介一个家庭到另一种服务时，你的期望是什么?
- 转介到你所在服务机构需要什么条件和标准?

- 你的服务是否总是满足来自其他服务机构实务工作者的期望?
- 公众对你所提供的服务的看法与你所实际提供的服务之间有什么不一致吗?
- 你是否考虑过“揭露”针对你所工作的家庭的服务提供水平?

练习

回顾你的评估经历，并找出当你遇到以下困境时的一些例子:

- 提高个人安全意识;
- 关心与控制;
- 福利与正义;
- 个人需求与社会需求;
- 个人自决权与安全的权利;
- 需求主导与资源主导的规划。

尽管在人权立法方面取得了重大进展，但英国的福利制度很大程度上是围绕着公共当局的职责去提供服务，而不是根据那些可能需要服务的群体的权利。英国的法律很少视个人权利为神圣不可侵犯。这就意味着:

- 法定的儿童与成人服务进行干预往往伴随着高门槛，因为提供服务经常需要额外的资源(ADCS，2012; Brawn et al.，2013; Munro，2011b)。
- 服务应聚焦于个人所关心的需求，而不是支持人们去实现独立。
- 在许多社会工作的角色中，评估被解释为确定能被其他服务满足的“需求”和必须进行管理的“风险”。

因此，一些儿童和父母根本就没有得到他们所需要的支持(Braye & Preston-shoot，2010)。

案例研究

新年前夜，Dominic 正在打电话。在一位市民成功阻止了 Jasmine 抱着她 6 周大的女儿 Ava 从高速列车的前方跳下后，交警逮捕了 Jasmine。在 Dominic 或是精神科医生有机会参与和评估被警察拘留的 Jasmine 之前，她被带到当地的精神科病房。当 Dominic 来到病房时，这位母亲和女儿在房间的一侧睡着了。Dominic 轻轻地叫醒了 Jasmine，Jasmine 表示她也不知道为什么会突然做出这个决定，但是现在她想继续留在这个病房以确保她和女儿的安全。然而，Jasmine清楚地意识到，一旦她和她的女儿面临分开的可能，她将立刻离开。考虑到该医院没有母婴用品，Dominic试图把她们转到一个设施齐全的地方，但是该医院的管理者拒绝了这个要求。由于没有合适的安置处所，Jasmine不得不被强制入院，为了让离开母亲照顾的Ava得到保护，他们还向法官提出了紧急保护令的申请。

- 评估的问题是什么？
- 法律要求Dominic做什么？
- 法律允许Dominic做什么？
- 你认为Dominic应该怎么做？

媒体经常将社会工作的实践描述为疏忽的或严厉的。虽然第一项指责有时候是真实的（Brandon et al.，2012），但有证据表明，地方当局没有充分理由是不会随意提供照顾的（Masson et al.，2008），除非现有的措施（如精神健康法庭）足够强大，以确保保护成年人免受伤害的合法干预措施是合理的。

压迫

思考点

当你在生活中目睹一些不公平的事情，你可能会想“这是不对的”，并且问自己“我应该怎么做”。

- 你遵循自己的良心做事吗？
- 看看你选择做还是不做的原因，这些都是你道德冲动的表现。思考心理、文化、社会和战略的原因，并思考这些因素在不同程度上对你的决定产生的影响。
- 将你与你那些同事的行为进行比较。思考在面对不公平事件时你如何反应才会让自己满意？

（改编自Isaac Prilleltensky的教材，迈阿密大学）

为什么受到压迫和社会工作评估的那些父母与面临生活困难的家庭相关？简单地说，是因为这些家庭比别的家庭更有可能受到污名、骚扰、住房环境差、教育程度低、失业和贫困等因素影响而处于劣势地位。由于物质上的匮乏，他们遇到的挑战和所面临的需求不断增加。

Jack 和 Gill(2010)的研究总结表明，儿童处在以下情况时更有可能经历贫困：

1. 他们长期生活在一个单亲家庭中，如果这个家庭中的家长是一位年轻的母亲，并且这个家庭有三个或者更多的孩子，孩子又都比较年幼(Bradshaw，2002；Bradshaw et al.，2006；DWP，2005)；

2. 他们生活在一个成年人没有工作的无收入家庭(DWP，2005)；

3. 他们是黑人和(或)来自少数族裔家庭，特别是那些来自孟加拉国、巴基斯坦和非洲的家庭(Craig，2005；Marsh & Perry，2003；Platt，2007)；

4. 他们来自寻求庇护或正在避难的家庭(Oxfam & Refugee Council，2002；Scottish Refugee Council，2006)；

5. 他们生活在成年人或是儿童有残疾的家庭(Northway，2005；Strickland & Olsen，2005)。

在一个家庭中，如果存在五种不同危险因素中的两种或两种以上时，就会形成压力的积累，对儿童及其父母产生不利的影响。长期生活在贫困家庭的儿童相比其他儿童会面临更多的风险，而且这些风险因素对他们会产生更加不利的影响(Barnes et al.，2010)。内阁办公室(2005)确定了风险的指标：

- 父母没有工作；
- 生活住处环境恶劣；
- 父母没有学历；
- 母亲经历了情感或精神上的痛苦；
- 父母中的一方或双方存在疾病、残疾或缺陷的情况；
- 低收入。

社会工作的国际定义提供了关于社会工作角色的政治化的解释：

社会工作专业旨在促进社会变革，解决人际关系问题，实现人们的赋权增能与自由解放，增进人们的福祉。利用人类行为和社会系统理论，社会工作的介入一定不能脱离人与环境之间的互动。人权与社会正义的原则是社会工作的根本。

（IASSW & IFSW，2005：1）

20 世纪 70 年代的激进社会工作者经常引用美国的非裔公民权利活动家在 1968 年说的话：“你要么是问题解决的参与者，要么是问题形成的促使者。”然而在英国，社会工作已逐渐采用聚焦于个人和家庭病理学的评估实践，并分散压力的影响。对其功能的更具个性化的、本质上是心理学的而不是社会学的定义已经发生演变。根据英国社会工作者协会(British Association of Social Workers，BASW)的定义，社会工作：

是一门以人为本的专业——服务的人群从婴儿到老年人(各年龄段皆可)。该专业致力于保护弱势群体，改善人际关系，实现家庭整合并使人们尽可能独立地过上充实的生活。

（BASW，2012）

研究证据显示，以社区为本的加强社会支持网络建设的干预措施可以减少伤害，改善儿童及其家人的未来生活。更广泛的家庭与环境因素被纳入国家评估框架中，但是这些因素并不总是能在社会工作评估中得到一定的强调(DoH et al.，2000；DoH，2013；Jack & Gill，2003；Utting，1995)。Boushel(1994)设计的替代模型把孩子的安全放在生态系统的中心。它的目的是通过要求社会工作者重点关注四个关键的评估问题，鼓励他们采取反压迫的立场，并且考虑到文化因素。 这四个关键的评估问题是：

1. 儿童母亲和其他重要照顾者的价值和地位；
2. 儿童被重视和感到受重视的程度；
3. 儿童是否可以使用社会保护机制，以及如何更好地融入社会；
4. 向儿童提供可利用的正式和非正式的保护资源。

每个问题都与直系亲属、延伸家庭、社区和国家相关(见图 1.3)。

案例研究

7 岁的 Charles 是 Zimbabwean 家庭里三个孩子中年纪最大的一个男孩。他们一家人住在以白人为主的地区，在关于“黄金时代”的课上，Charles 和他的老师谈论到“邪恶的眼睛”和亲戚灵魂的拜访。老师一直都

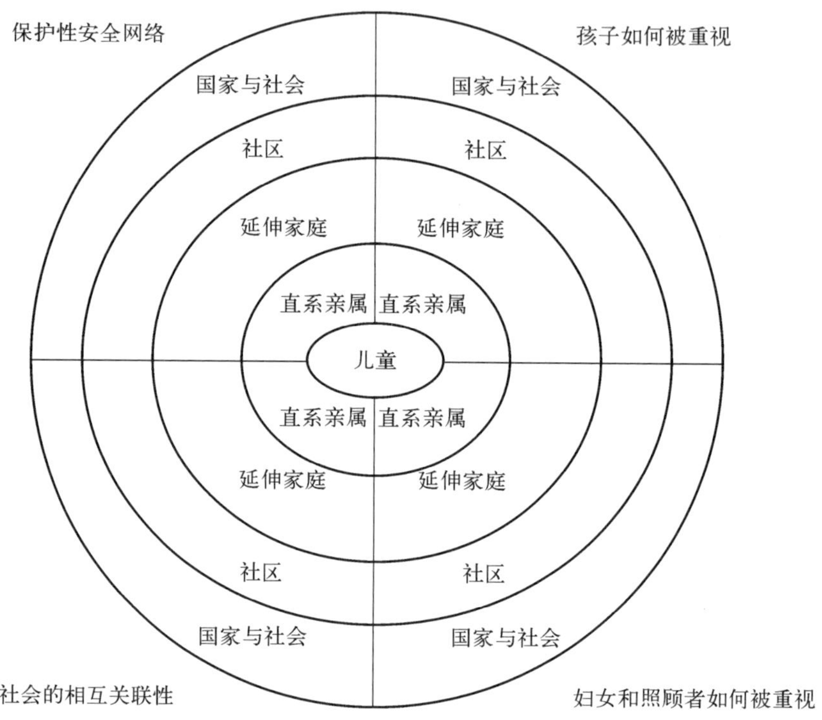

图 1.3 Boushel 关于评估保护性环境的框架(1994)
(Calder & Hackett, 2003: 191)

知道 Charles 的家庭成员都是基督徒，也去一些较远的教堂做礼拜。她问学校的社会工作者："你认为这些事需要担心吗?"

老师和社会工作者有很多问题需要思考。实际上发生了什么?孩子感到很沮丧吗?孩子有没有受到过伤害?这个家庭对精神世界的感知是理解物质世界的一种特有的文化方式吗? Charles 的父母患有妄想性精神病吗?如果和一个英国白人孩子谈论鬼魂，那这种关于灵魂的说法还会是一种意思吗?

- 谁能帮助社会工作者回答这些问题?
- 社会工作者应该如何谈论这个文化敏感性问题?
- 社会工作者如何面对文化相对主义的陷阱?

对儿童、父母和他们的环境之间的动态分析，往往被重点放在对父母心理状态的审查上，以此来作为风险的证据(Jack，2006)。除非评估涉及该家庭的文化和社会背景，否则就会造成对他们个人经验问题的忽略，如无家可归或种族主义，这些对个人和社会关系都会产生重要影响。当这个家庭感到自信，由于压力和不利因素所带来的影响也被社会工作者认同或欣赏，那么这个家庭则更有可能充分参与到评估当中（Graham & Bruce，2006；引自 Lefevre，2010）。人是社会的产物和反映。个人和文化背景的相互交融使得人成为他们自己，并且还将渗透到整个家庭系统之中。每个家庭都在一定的文化和社区之内，在询问他们之前，我们无法理解这些对他们意味着什么。在大多数家庭中，我们收集到的关于身份、种族、信仰、文化和信念等问题的答案都是复杂的，只要我们仔细地聆听，就会发现这些回答往往与社会的刻板印象不一致。文化和社区，可以是资源，同时也可以是压力的来源。来自文化和社区的保护因素及风险因素，会对家庭系统的每个部分有不同的影响，从而形成抗逆力和脆弱性模式，这些模式可以在整个家庭评估中被探索和理解。

练习

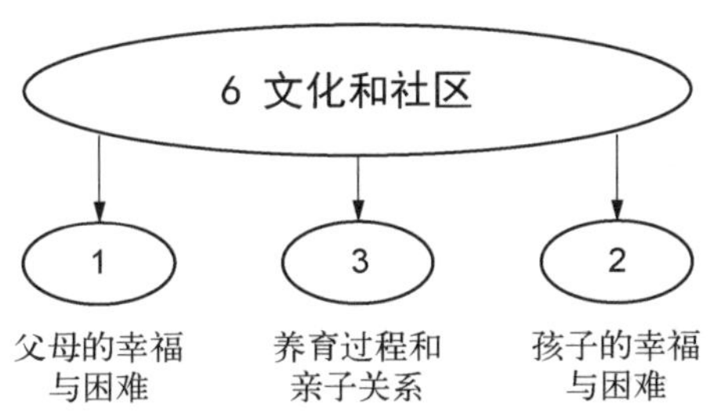

图 1.4 童年时期的影响因素
（改编自 Falkov，2012）

根据图 1.4，再次回顾你自己的童年：

- 文化和社区对你的家庭最重要的影响是什么？
- 它们对你以及你的父母、兄弟姐妹、延伸家庭的成员产生了哪些积极的影响？
- 它们是如何增进你的父母对于养育者角色的态度与职责的认识的？
- 它们是如何加强你的家庭关系的？
- 它们对你以及你的父母、兄弟姐妹和延伸家庭的成员造成了什么困扰？
- 文化和社区的哪些方面影响或破坏了你父母养育孩子的能力？
- 文化和社区是如何促使你与家庭成员的关系开始恶化的？

贫困

> 很多人被贫困和不利的经验所压迫，并且经历过这些的人往往是最脆弱、最容易受伤害的。即使是来自贫困家庭的性格坚强的孩子，相对于那些来自富裕家庭的普通孩子，在生活中也很难做得更好。目睹了这些不平等现象，人们必须要问，这些坚强的孩子或成人能够做些什么？如果他们从来没有克服困难，那么他们对社区和经济的贡献是什么？一个能够给所有公民提供机会最大化的社会，同时也是能最有效利用各种财富资源促进人民幸福安康以及社会经济发展的社会。
>
> （Schoon & Bartley，2008：27）

在过去的 30 年时间，英国相对于（除了新西兰以外的）其他西方国家，收入不平等现象越发严峻。生活在贫困中的儿童比例从 1979 年的 10%上升到 1996 年的 32.9%。到 2011 年 12 月，这个比例下降到 27%，但是预计到 2020 年，英国将有 470 万名儿童处于贫困之中（CPAG，2012）。就业结构的变化和税收福利体系计划的改变，意味着一直到 2020 年，相对的贫困和不平等现象都将会持续增加（Brewer et al.，2012）。同时财政所预计每年将有 10 万名儿童陷入贫困。随着贫富差距越来越大，个人和家庭面临多重困难的情况也将越来越严重（Resolution Foundation，2012）。

> ……贫困的经验所带来的几乎是压倒性的消极作用，它对人们生活的心理、生理、人际关系和实践层面都产生了影响。贫困是一个被高度污名化的社会定位，在一个富裕的社会里，贫困的出现是那么格格不入，并被认为会对这个社会造成一定的破坏。
>
> （Ridge，2009：2）

处于贫困中的大多数父母都是好父母（Katz et al.，2007）。许多父母都努力使自己的孩子免受苦难并优先考虑孩子的需求，但是这样做需要极大的个人成本（Ridge，2009）。被社会工作者定义为“有需求”的大多数儿童都是生活在贫困线以下的(Bradshaw，2002)。当家庭的困难由于贫困而加剧时，父母被置于压力之下，这时候对孩子的照顾也就会受到影响(Cleaver、Unell & Aldgate，1999)。

这里有一些人的生活费每周只有50英镑，他们经常担心在购物、旅游等方面花费了多少，晚上因担心如何给孩子提供充足的食物而不能入睡。当你去法院你会发现，有各种各样的人在领取报酬。你不能让需要照顾的孩子挨饿。为什么他们不帮助？因为他们不希望你提到贫困。

(引述自父母的话，Children's Commissioner，2010：26)

评估很少关注家庭的实际和物质需要，这并不奇怪，因为只有极少数地方当局会提供服务以解决贫困带来的影响(Clark & Davis，1997)。考虑到有很多接受儿童服务的儿童在非常贫困的家庭中长大，所以整个家庭评估应该要考虑不利因素是如何影响父母、儿女以及子女养育的。例如，如果这个家庭是贫困且被孤立的，那么孩子更有可能照顾父母，难以确定的是，他们所面临的困难究竟是他们在家庭中的角色还是他们所处的不利环境(SCIE，2005a)。

不利因素

练习

《偶发空缺》(*The Casual Vacancy*)是J. K. Rowling为成年人写的第一部小说，故事的背景被放置在英国的一个小镇上。阅读《偶发空缺》，或是把它分享给你的同事作为结构化研讨小组的讨论文本，并思考以下问题：

- 作者在“帕格福德”(Pagford)的戒指中对于阶级和种族的描绘是真实的吗？
- 你认同Kay的经验吗？
- 你遇到过类似Terri这样的父母吗？他们让你有什么样的感觉？

评估还需要考虑贫困的环境对家庭的根本和深远的影响(Gambrill & Shlonsky, 2000; Shelter, 2004, 2005)。在英国，大约有 75 000 名儿童无家可归，并有超过 1 000 000 名儿童居住环境恶劣(SCIE, 2005c; Shelter, 2005)。住房条件差、无家可归、临时的住处安排等影响了父母的身心健康以及他们满足孩子需求的能力。这些因素也就促使儿童越发不健康、不快乐以及在学校成绩变差，甚至会增加以后生活中患病的风险(Barnardo's, 2008; Jones, 2004)。贫困和居住环境恶劣的家庭可能会进一步处于不利地位，因为在城镇，他们的孩子所生活的地区社会问题严峻，比如犯罪和反社会行为频发，吸毒和酗酒现象普遍，教育、健康和儿童设施差，失业率高等(Ghate & Hazel, 2002; Lupton, 2003; Social Exclusion Unit, 1998)。

早期的开创性研究揭示了我们对抑郁症作为一种主要社会现象的理解，并且由此发展出了一种模式，这个模式解释了抑郁症的压力源和脆弱性是如何存在和消失的(Brown & Harris, 1978)。这就确定了社会地位对处于情感或精神困扰之中的妇女的重要性意义，并指出了内城区压力的存在。在农村，由于生活成本高、被孤立以及与更富裕的人做邻居，贫困也会因此加剧。

债务加剧了穷人的不利地位，因为放高利贷者经常把目标锁定在一些贫困的社区和家庭。被禁止谋生而又无法享有充足利益的难民家庭的成年人，往往由于缺乏可使用的物质资源而处于极大的压力之下。接触过社会服务的家庭很少享受到社会和文化资本带来的福利，他们的社会工作者认为这是理所应当的(Bourdieu, 1991; Cornell & Hartman, 1998: 213)。因为社会工作者所有的服务都立足于个人与社会政治的结合点，如果我们的干预没有挑战压力、不平等和劣势，它们就有可能反过来对我们造成压迫。

• • • 恶性循环

每个社区的少数“问题家庭”成了大多数社会工作小组的待处理案例。长期以来我们认识到这种现象是“剥夺循环”造成的，但研究并没有让我们深入了解到个人困境与一般的逆境是如何相互影响的(Tunnard, 2002a, b)。

例如，未成年母亲这种现象被描绘为一种社会问题，甚至成为社会破坏的一个标识。确实有证据表明，年轻母亲生的孩子更有可能遭受到伤害，并且这个母亲很有可能是在21岁前就有了她的第一个孩子(Brandon et al.，2012)。但是这真的就证明了年轻女性会变成更加危险的母亲吗？或者这是因为那些受过良好教育、生活条件富裕的年轻女性更倾向于晚育，而那些没有钱、受教育不足并且在困难或有虐待现象的家庭中长大的女孩，可能会早早怀孕，并因为他们贫穷、生活压力大、被孤立并且也不知道如何养育孩子，但又因为做了父母不得不与生活做斗争。(Breakwell，1993；Herrenkohl et al.，1998)

有些家庭会面临一系列问题，例如，贫困、住房条件差、营养不良、受教育程度低、健康状况差和受到虐待等(Margolin & Gordis，2000)。英国大约有2%的家庭经历了多重复杂的困境，并且社会工作评估往往无法满足他们的需求，因为不协调的服务无法充分考虑家庭成员所面临的一系列问题(Kendall、Rodger & Palmer，2011)：

这可能是许多因素之间的相互作用，而不是导致育儿困难的一些具体特征。因此大多数家庭能够克服困难，并且为孩子提供良好的成长环境，尽管他们在某一两个方面做得不是很好。在所有这七个(儿童发展的)方面，只有很小比例的家庭不能提供足够一致的照顾标准，但他们是最有可能被照顾或被提供住处的群体。

(Ward，1995：85)

儿童在有以下状况的家庭中最有可能遭遇不良后果：

- 成年人育儿经验不足；
- 父母经历了情感或精神上的痛苦；
- 家庭成员有吸毒、酗酒的问题；
- 家庭中存在虐待现象；
- 父母在童年时期曾被虐待或忽视；
- 孤立限制了其他的社会影响。

(Gorin，2004；Tunnard，2004)

当孩子受到伤害时，是家庭中长期以来的压力的积累，对孩子造成了虐待与忽视。有关反社会行为的文献和对儿童死亡审查的结果尤其突出了社会经济与心理因素之间复杂的相互作用，成年人生活上的困难和儿童的个性特征会同时加剧成人的脆弱性和对儿童的危害(Brandon et al., 2009; Cabinet Office, 2005)。英国大约有140 000个家庭的生活处于五种或更多的不利因素的共同影响之下(Social Exclusion Taskforce, 2008)。对儿童造成严重伤害的比较常见的问题组合是吸毒、酗酒、情感或精神痛苦和家庭虐待同时发生(Brandon et al., 2009; Rose & Barnes, 2008)。对使用药物的母亲进行的大量研究表明，这些人大多有较弱的自尊心，对自己不够关心，并且处于贫困中(Klee, 1998;引自SCIE, 2004)。近30%的药物使用者和超过50%的饮酒者正面临三个或三个以上的重大生活困难(Weaver et al., 2003)。对于正面临多重困难的家庭的评估工作的危险之处在于，成年人问题的复杂性可能很容易地就让我们忽视了儿童的需求(Fauth et al., 2010)。

大多数在自己童年时期遭受虐待或忽视的父母都设法打破这个恶性循环并成功地养育子女。但是许多伤害孩子的父母在童年时期本身就是虐待和创伤的受害者(DoH, 1995)。大量研究表明，儿童时期遭受虐待与成为父母之后出现问题之间是有关联的，但并不存在因果关系。我们必须设想将父母自己遭受虐待的历史作为一种风险因素(Calder & Hackett, 2003)。从事成人服务的社会工作者目睹了早期被虐待的经历对人持续的心理影响，但并没有经常意识到人们的童年历史。童年受虐待和被忽视的受害者在以后的生活中，也面临着更多与免疫力和炎症反应相关的一系列生理疾病的风险。这些疾病包括心血管疾病、病毒性肝炎、肝癌、哮喘、慢性阻塞性肺病、自身免疫性疾病、抑郁症和口腔卫生不良(Shonkoff & Garner, 2012;引自Brown & Ward, 2012: 69)。例如，如果牙齿不太好的父母不去养成并且教育下一代简单的牙齿卫生习惯，这将对下一代的牙齿的整体使用寿命产生影响：

颅面复合体让我们能够说话、微笑、亲吻、触摸、嗅闻、品尝、咀嚼、吞咽和痛苦地哭泣，并且它能够有效防止微生物感染和环境威胁。口腔疾病限制了我们在学校、工作和家庭中的活动，每年造成数以百万计的学校和工作时间的流失。此外，这些疾病的心理社会影响会明显降低生活质量。

(World Health Organization, 2006)

健康访问者在对新生婴儿收集信息并研究时发现，如果他们的父母有过受虐待经历，6.7%的儿童被认为有受到伤害的风险，而在那些没有虐待史的父母中，则只有0.4%的儿童可能会面临受到伤害的风险。当考虑到三个具体的额外的因素——精神痛苦、小于21岁并且遭受过家庭虐待时——那些在儿童时期受过虐待的父母，他们的孩子则有17倍以上受到伤害的可能性(Dixon、Browne & Hamilton-Giacritsis，2005)。我们对于情感上的虐待和忽视的神经学意义的逐渐认识与理解，主要依赖于我们认识到许多伤害孩子的父母自己在童年时期受过创伤，并且(通常是无意识的)复制了他们所经历的伤害和这种不良的养育方式。在没有满足儿童基本需求的家庭中，当受虐待的孩子成为父母时，这种“缺席的创伤”会重新出现，从而陷入一代又一代的忽视循环之中(Howe，2005)。第六章将进一步讨论忽视所产生的影响。

危险思维

当为那些具有抵抗态度的家庭提供服务时，同理心和建立关系的技巧是非常重要的，但是仅仅运用这些是不足够的；他们需要更加全面开放、有边界的权威方法来平衡，旨在抑制焦虑并确保将儿童的需要放在重要位置。

(Fauth et al.，2010：2)

公众对社会工作期望的矛盾心理反映了社会工作者要在乐观与愤世嫉俗之间找到平衡的困难。建立在乐观、尊重和宽容基础上的专业实务的有效性就是一个很好的证据。我们从理论学习中得知，当人们受到其教师、人生导师和学习榜样的支持与推进时，他们会收获成就、实现改变和获得成长。越来越多的评估性研究强调了基于优势视角的方法价值，因为他们建立了良好的关系，帮助人们对自己进行重新审视和再定义(Blewitt et al.，2011；McAuley、Pecora & Rose，2006)。

乐观是支持实务工作者的动力与能量。愤世嫉俗会威胁个人职业的发展以及专业实践。如果一个团队总是使用诸如“赌徒”这样的贬义词，就可能会危及他们与服务对象之间的治疗关系。实务工作者有时会以牺牲别人为代价来缓解压力，营造幽默的氛围，但这些都是早期的警示，因为他们已把尊重和无条件接纳的职业伦理搁置一旁。

思考点

想象一下，你在某个地方工作，但这里经常有一些人私下诋毁他人（同事和家庭成员）或是开他人的玩笑，而当你在另一个地方工作，那里的人不管是私下还是面对面都对你表示尊重。

- 这两种不同的场景设置对你的实务工作有什么影响？
- 私下开玩笑或诋毁的经历是如何影响你对受害对象的看法的？
- 你觉得你能否挑战这些所谓开玩笑的负面评论？
- 为了促进团队文化的培养，你觉得还需要说些什么或做些什么？

另一方面，这个世界上没有哪个地方是为天真的人而准备的。在当代评估实践（Dingwall、Eekelaar & Murray，1983；Laming，2009）中，“乐观统治”的趋势仍然很明显。人际交往的过程，比如工作者与那些善于表达的父母之间的“友好”关系，可能会导致实务工作者忽视或反映我们谋求保护的具有灾难性结果的家庭中的虐待（Dale et al.，1986；Ward & Rose，2002）：

> 温和、聪明、诚实、坦率。但在保持这一切的同时，永远不要忘了自己的尊严。
>
> （一条与法庭审核证人有关的没有明确来源的旧法律准则）

虽然大多数父母会有缺点，但他们却都是爱自己孩子的，想要把最好的给孩子，尽最大努力抚养子女长大成人，但是也会有少数人想要伤害他们的孩子（Fauth et al.，2010）。意图伤害他人的成年人有时候会声称要保护隐私权，以此来掩饰其虐待的行为（Ofsted，2011）。社会工作者必须警惕一些人隐瞒真实情况或者说谎的可能性。他们对孩子或父母说的话不能全然信之，并且需要保持“尊重不确定性”的立场（Ofsted，2011：17）。“恶意揣测”是不合适的，并且询问信息也是不容易的。对于外行人和专业人士来说，从谎言中识别真实的信息非常困难（Bond & Depaulo，2006；Vrij，2000，2004），因此社会工作者应该建立与服务对象之间的信任，因为他们可能会被欺骗、误导和操纵。

结论

社会工作应该被称为是集分析能力、洞察力、常识、信心、抗逆力、同理心和权力的使用为一体的特定混合物。

（Social Work Task Force，2009：17）

社会对社会工作者的期望值非常高。就好比雇主希望他的员工有信心并且能够快速适应机构需求的变化。任何阅读社会工作文献的人都可能会推断社会工作是一门超人类专业，它能够结合创造力（解决问题、对未知情况的独特应对、新颖的想法和反思）、纪律（知识严谨性、思维辩证性、独立性和个人效能）和人性化（致力于公共服务、慷慨的精神、反压力的价值观、善良和权威）为一体，并具有高度精练的沟通能力（非言语，口头和书面）。

无论你选择哪个专业，家庭整体评估意味着重新采用社会工作的通用原则。加强和其他人员（为同一家庭提供服务的人员）的联系，也可能意味着知识的分享，合作设计整体评估，或是作为合作者与家庭会面。

拓展阅读[①]

Brandon, M., Bailey, S., Belderson, P., Gardner, R., *et al.* (2009) *Understanding Serious Case Reviews and their Impact – A Biennial Analysis of Serious Case Reviews 2005–2007.* London: Department for Children, Schools and Families. Available at www.education.gov.uk/publications/standard/publicationdetail/page1/DCSF-RR129.

Braye, S. and Preston-Shoot, M. (2010) *Practising Social Work Law* (Third edition). Basingstoke: Palgrave Macmillan.

Falkov, A. (2012) *The Family Model Handbook. An Integrated Approach to Supporting Mentally Ill Parents and their Children.* Hove: Pavilion.

Ferguson, H. (2011) *Child Protection Practice.* Basingstoke: Macmillan.

Jack, G. and Gill, O. (2010) 'The Impact of Economic Factors on Parents or Caregivers and Children.' In J. Horwath (ed.) *The Child's World. The Comprehensive Guide to Assessing Children* (Second edition). London: Jessica Kingsley Publishers.

① 为方便读者查阅，本书按英文原版复制“拓展阅读”，以后各章同此。

第二章

尊重式参与

核心内容

- 父母有权利以合作伙伴的关系参与针对儿童和成人服务所设计的家庭整体评估的过程当中。
- 对儿童保护的关注不需要排除儿童或父母在成人或儿童服务评估中的充分参与。
- 人们的问题不仅仅是他们自身的问题。
- 了解权力动力学和协商在评估过程中如何行使权力对实现伙伴关系至关重要。
- 社会工作者的权威可以被用来创建一种处于评估者和家庭成员之间的健康的平衡。

人们重视一种社会工作的方法，往往基于他们所面临的广泛障碍的挑战……他们赋予社会方法、社会工作关系以及与社会工作者相关的积极个人品质特别的价值，包括热情、尊重、非批判、倾听、平等地对待、信任、开放、诚实、可靠和良好的沟通……人们重视社会工作者提供的支持，以及他们帮助联系其他机构服务的能力。

（Beresford，2007：5）

练习

回顾当你被评估时的体验与感悟：

- 你期望专业人士来评估吗？
- 你觉得这个专业人士是否满足你的期望？
- 你觉得你能够影响这个过程吗？

我们用来描述评估者与被评估者之间关系的术语：

想象不同的身份、辨别差异的关系和不同权力的动态变化。

（McLaughlin，2009：1101）

“案主”（client）这个术语仍被多数人广泛使用和接受。然而运动性的团体认为这样会把个体视为被动的状态，而词组“经验专家”强调知识和权威来自个人经验。在成人服务范围内，福利已经被建构成为售卖给“消费者”“客户”或“服务使用者”的商品。所使用的词汇传达了组织者有关家庭伙伴关系概念的细微线索。例如，“个性化”将父母建构为消费者，而“自我导向的支持”则强调了父母的公民身份和享有的权利（Henwood，2008；引自 Braye & Preston-Shoot，2010：270）。但是这些术语并不能捕捉到社会工作关系的细微差别：

> 我消费心理健康服务就好比蟑螂消费能多洁（Rentokil）一样。
>
> （引述自一位精神病人的话，Barker & Pack，1996：6）

在法定儿童保护调查期间，这些可用条件都不足以充分体现社会工作者和家庭成员之间的动态关系。尊重是不可或缺的（Family Policy Alliance，2005）。信任、权威和谈判被确定为基于关系的实践的三个组织原则（Cooper et al.，2003；Hetherington et al.，2003）。这些主题在本章中将会反复提及。

案例研究

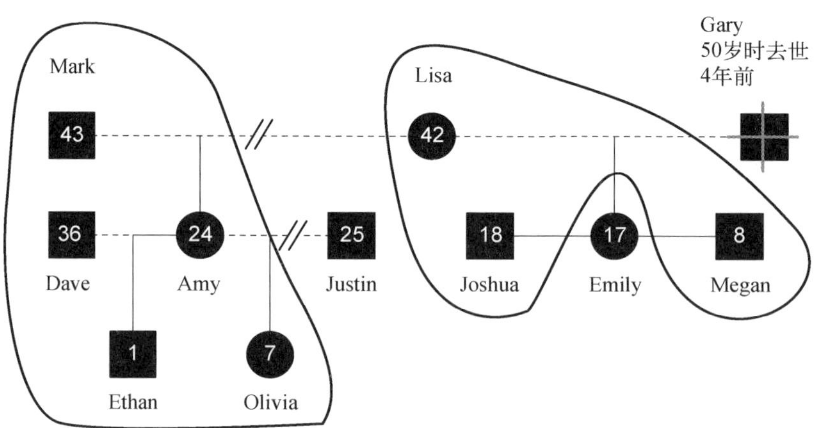

图 2.1　Green 家的家庭结构

Joshua 是一个爽朗、有趣并善于交际的人，当他第一次因为焦虑而寻求帮助是在他备考普通中等教育证书（General Certification of Secondary Education，GCSE）期间，他的医生给他开了一副药效温和的镇静剂。在有节制地饮酒 3 年左右的时候，他开始每周喝 2～3 次酒，并且在整个暑假一直使用大麻。他曾在GCSE考试中取得了很高的成绩，但是在中学准高级水平考试AS-level的学习中成绩却持续下降，并且他和朋友待在一起的时间更少了。在中学高级水平A-level模拟考试之前的那个假期，他胸腔受到感染，身体非常不舒服。在生病期间，他开始表现出奇怪和偏执的想法。在他模拟考试后的那一周，Joshua从浴室橱柜里拿了很多药丸吞了下去，还放火把自己的衣服烧了。经过精神科医生评估后，他从急诊室出院，并开始接受儿童和青少年心理健康服务。Joshua与Lisa、Megan以及一个家庭治疗专家进行了3次会谈。

Joshua仍然感到很焦急，而且他的行为变得越来越令人担忧。过度使用药物和大量饮酒导致药物和酒精中毒，他还使用香烟和打火机烫烧自己，与Lisa之间的暴力斗争也成为常态。星期天晚上，当Joshua乞求Lisa把他送去医院时，这种斗争达到极点。为了保证每个人的安全，Lisa让Megan晚上和她一起睡。她在自己卧室门的里面和Joshua的房间外都上了锁。

Joshua刚满18岁的时候，暂时被送到精神科病房，并且出院时要服用抗精神病药。Kevin是社区心理健康工作组的一名社会工作者，负责对他进一步的评估。Lisa震惊的是Kevin严格坚持"病人保密"原则，说不能够透露评估治疗的计划。Kevin建议Lisa把药物、酒、火柴和打火机锁在橱柜里。急诊室的分诊护士后来治疗处理了Joshua的身体外伤，并让他出院直接回家了。Joshua收到了一笔补助金，买了一个打包袋。

Lisa很痛心地看到原本开朗、善于表达的男孩在大学里失去了自己的快乐，把自己封闭起来，他的危机和以往一样频繁与激烈，她担心这个家庭的安全。

当Megan的学校要求与她见面时，Lisa的担忧加剧了，Megan 5岁时写的故事一直受到赞赏和鼓励，但是她现在写的故事非常可怕：这些恐怖故事是涉及超自然的，她早期创作魔幻人物的才能让她在现在的故事中写出了刀和火(见图2.1)。

- 需要什么样的评估？
- 评估中应该涉及哪些服务？
- 成人服务评估的问题是什么？
- 儿童服务评估的问题是什么？
- 为了帮助这个家庭，我们需要了解什么？

参与和合作的原则

使用社会服务的人需要具有专门知识与技能，包括以下知识与对其的理解：

- 他们的回忆、经历、期望与需求；
- 他们认为自己的经历所具有的重要性；
- 文化、信念和家庭的期望，朋友网络和社区；
- 他们对于自己是谁和属于哪里的认识；
- 服务和为他们服务的工作者；
- 他们面临的具体困难；
- 什么对他们最有效。

当社会工作者能够提供支持和主张时是最有价值的，不管是基于成人还是儿童的服务。"问题终结者"这一词被创造出来并表达了这样一个想法，即社会工作者应该参与到实践当中：

> 它既确定了共性，又确定了差异，并且利用法律规则创造的机会……去挑战禁用的边界，为了结构的变化和个人的结果而做出努力。
>
> （Braye & Preston-Shoot，2010：26）

从社会工作者能以平等的参与者角色进入到家庭成员之中的这一假设出发，评估能够判断给予这个家庭什么样的自由、选择和支持。通过参与体验控制和自我效能的机会可以增强健康和幸福感（Leeson，2007）。然而各种不同的服务可能会采取不同的方式参与，这让家庭在遇到明显前后不一的情况时感到困惑。

许多专家通过经验判断，当前用社会工作的方法来评估是非常关键的（Beresford，2007：5）。成人服务的评估实践被称为：

- 由资源主导而不是需求主导；
- 基于赤字模式；
- 与独立生活/自我导向的方法不符合。

在儿童服务中，国家评估框架（National Assessment Framework）在很大程度上忽略了支持性伙伴关系合作的发展（Millar & Corby，2006）。福利官僚机构的

“后现代”评论家、有关职业道德的理论家以及通过经验表现专业性的运动性团体都同意一个观点，即目前的评估实践受到这样一种社会工作理念的影响：

> 它不能认识到差异，而且依赖于整体性的信仰体系，也就是这些父权制、资本主义或社会主义，所以一直被剥削和压制。
>
> （Parton，2002：240）

• • • 挑战

练习

思考一下你目前正在评估的这个家庭：

- 在评估过程中你能够为家庭成员提供何种程度的参与？
- 怎样才能让他们参与？
- 什么限制了他们的参与？
- 他们对评估过程的设计做出了什么样的贡献？
- 什么因素限制了每个家庭成员的自决程度？

父母能够参与评估的程度可以视为逐渐向充分参与和伙伴关系迈进的阶梯（见图 2.2）。

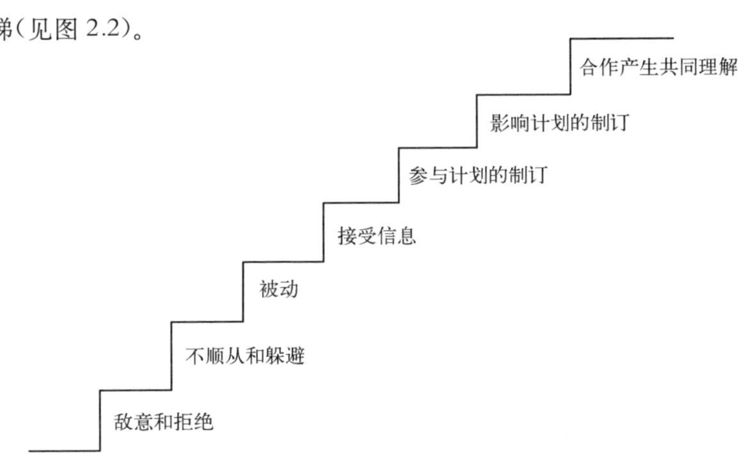

图 2.2　伙伴关系阶梯
（改编自 Raynes，2003：123）

伙伴关系并不总是很容易地就与社会工作者的责任相适应。福利体系结构化地围绕法律责任去提供一定的服务，而不是权利。这就意味着人们拒绝支持他们所需要的，把经验评估和安全服务看作斗争，发现他们的需要被误解，体验到的是不敏感或不充足的服务。（Buckner & Yeandle，2011；Robinson & Williams，2002）：

在一个提倡自助的企业文化、重视责任和自给自足能力的社会，被公认为“贫穷”会不可避免地被污名化。被国家干预选中在某种方式上降低了公民的身份与地位，并将其贫穷确认为异常状态的一些形式表现。

（Braye & Preston-Shoot，2010：37）

对于需要支持的父母来说，这就产生了两种危险，他们既需要掌握最佳的育儿能力，又要实现自己的权利。

思考点

在你的经验中：

- 要吸引父母成为积极的伙伴，什么工作最有效？
- 你的雇主对家庭参与的期望是什么？
- 在什么样的过程中能够让父母成为积极的伙伴？
- 什么因素阻碍了父母作为伙伴参与其中？

家庭整体评估是连续的过程，从家庭的自我支持到强制执行措施以保护一些家庭成员（见图 2.3）。

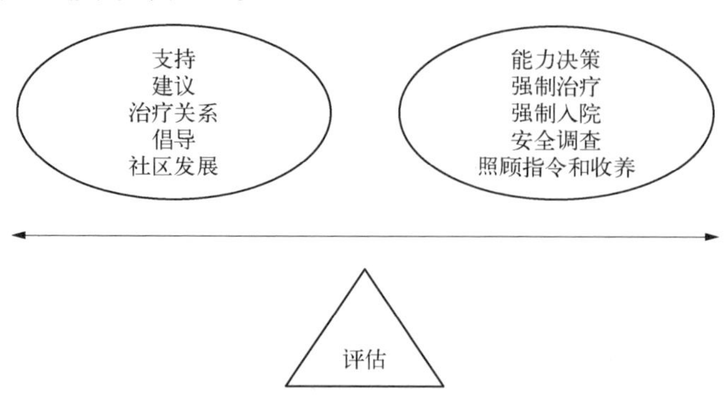

图 2.3 照顾—控制连续体

● ● ● 使用基于优势的方法

他们说我没有成功地帮到他们，但是我又能做些什么呢？我没有任何帮助，没有任何支持，所以我不得不用我自己的方式来做这些，当然这是错误的。事实上我认为我正在保护他们，只是我没能成功而已。

（引述自一位母亲的话，Children's Commissioner，2010：23）

练习

你使用什么策略去维持：

- 良好的身体健康？
- 良好的心理健康？
- 工作与生活的平衡？

来自家庭的压倒一切的信息是，他们不想成为专业评估的被动接受者，被他们的问题定义，或是与那些看似专注于彻底解决障碍的工作人员接触。人们重视能通过“观察这个范围的人们”来设想可能性和潜在性（不减少困难）的评估。像大多数父母一样，他们面对生活的困难，发展了一系列方法和策略去管理和提升他们的日常生活。

对情感或精神上感到痛苦的人进行的研究表明，他们采取了多种多样的方法来控制自己的生活（Mental Health Foundation，1996）。身体残疾的父母需要更多的支持，要求社会工作者能够识别出他们的优势，挖掘他们及延伸家庭的资源来提供服务（Morris & Wates，2006：xviii）。母亲对家庭虐待的阐释表明，他们在应对暴力和保护子女方面都有一套复杂的策略，即使在困境中，也要努力做一位“好母亲”（Radford & Hester，2006）。Lapierre（2010）发现，最有效的干预和保护计划往往立足于能找出家庭虐待受害者的成功与失败的策略的评估之上。一些明显的“困难”可能根本就不是问题。例如，聋哑家庭出生的聋哑儿童在学业上可能比正常家庭出生的聋哑孩子做得更好，表现更成熟，具有更强的自尊心（Morris & Wates，2006：3）。

案例研究

Elaine 15 岁的时候，就一直受酒精和海洛因所困扰。她让她的姐姐抚养她的第一个孩子，她的第二个孩子 18 个月的时候也离开了她。10 年后她再次怀孕，有了自己的第三个孩子，对于这个孩子，儿童服务工作者打算安排一次产前评估。

最初举行的会谈涉及以下人物：

- 志愿部门的一名有关酒精和毒品使用的咨询顾问，他认识 Elaine 已经 3 年了；
- 一名从事成人心理健康服务的社会工作者，他第一次见到 Elaine 是在 6 个月之前她试图自杀后；
- 一名专业的助产者，致力于帮助中期妊娠到婴儿出生后的 6 个月的海洛因使用者；
- 一个新分配的从事儿童服务的社会工作者，虽然没有见过 Elaine，但是看过关于她第二个孩子的相关档案资料。

显而易见的是，他们对于所希望的结果有不同的看法。在讨论前期，他们完成了图 2.4 所展示的连续体。

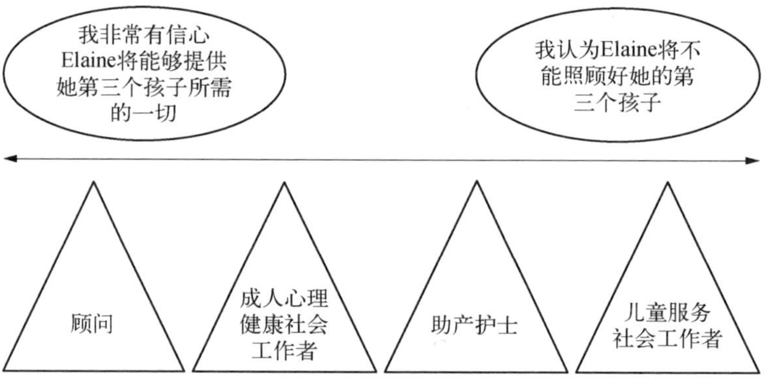

图 2.4 使用连续体来探索分歧

- 什么可以解释他们的分歧？
- 在最初的讨论中，他们需要探讨哪些问题？
- 评估的问题是什么？
- 应该如何将这四位专业人士的不同观点与 Elaine 分享？

基于优势的方法以及社会工作在系统理论中共享同一个基础，同时也强调了自决和伙伴关系。在不同的实务领域，不同的基于优势的方法也得到了发展，而且目前在很多成人和儿童服务中发挥了重要作用：

- 动机性访谈(Motivational Interviewing，MI)在药物和酗酒使用的问题上得到广泛的运用。它探索并解决了服务对象矛盾的心理，进而引发并增强服务对象改变的动机，同时也特别关注个人对自己康复目标的识别(Miller & Rollnick，1991)。
- 恢复模式(Recovery Model)在于向那些处于情感或精神痛苦中的人介绍一些有利于其恢复的社会工作经验。这意味着这一模式的重点是帮助恢复以及培养抗逆力，而不仅仅是治疗症状(Copeland & Mead，2000；Davidson，2005)。
- 针对残疾成年人自我导向的支持(Self-directed Support)，是假设他们具有识别和管理自己所需要的支持的能力(Manthorpe et al.，2011)。
- 肯定式探询(Appreciative Inquiry，AI)是作为组织发展的工具而出现的。它基于这样的假设：提出关于成功的疑问能使个人识别并获取他们的资产和资源(Cooperrider & Whitney，1999)。
- 包容性解决方案开发了一系列以人为本计划的工具和技术。这些工具是在以人为本计划以及个人和团体发展的背景下发展出来的。它们经常被用来解决具有挑战性的行为，满足有智力障碍的儿童和成人的情感需求。这些方法为讨论提供了重点和结构，将有关人员与一群帮手集合在一起。这个过程由图例来说明。一幅大的绘画，就像是集体的思维导图，可以逐渐捕捉到该团队的思维。每个工具的核心是对包容性的关注，并以人为核心，超越可能决定计划的标签或诊断(Wilson & Newton，2011)。
- 父母积极教养课程(Positive Parenting Programme，Triple P)被广泛运用在儿童服务领域。它为父母提供简单的策略，旨在为孩子创造鼓励孩子发现自己潜能的家庭环境之前，防止家庭问题的出现(Sanders，2008)。
- 焦点解决治疗(Solutions Focused Therapy)强调人们所拥有的优势，以及如何利用这些优势来实现改变。它侧重于帮助人们“通过语言创造未来的经验”，来确定他们想要过的生活。治疗师不会向服务对象声称自己是专家，而是致力于建立平等的合作关系。这种方法强调积极倾听以及催眠治疗师米尔顿·艾瑞克森(Milton Erickson)所提出的“利用”原则——有意识地利用那些与服务对象的激情相关的方面(Rossi & Ryan，1998)。许多社会工作者在为成人和儿童提供服务的过程中运用了这一方法(de Shazer，1985；Ratner、George & Iveson，2012)。

- 教练圈(The Coaching Cycle)被使用于青少年服务中。它的假设是：人们拥有必要的资源去解决自己的问题(Iveson、George & Ratner，2012；Laske，2009)。
- 安全模式标志的设计在于将解决方案的重点原则和方法纳入儿童保护中。如何将风险评估作为探索问题的建设性保证，同时着眼于建立解决方案和一个安全的未来。虽然这种方法是在儿童保护的背景下得到发展的，但是也可以有效地运用在成年人的安全和福祉上(Turnell，2012；Turnell & Edwards，1999)。

练习

和你的同事一起观看BBC喜剧《罗伊尔一家》(*The Royle Family*)或频道4节目中的任意一集，组成两个团队，一个团队要注意该家庭的所有保护因素和资源，另一个团队则须注意该家庭的所有风险、压力和脆弱性。

- 比较两个团队的观察结果。
- 两个团队能否在一些具体问题上达成共识?
- 你会觉得在另一个团队中感到更舒服吗?

如果你能够和同事在一系列成人和儿童服务领域一起做这样的观察与探讨，那么这次练习将是对不同优先事项和界限讨论的一个很好的起点。

抗逆力

抗逆力并不构成个人的特征或特点，它涉及的是将各种不同机制结合起来的一系列过程。

(Rutter，1999：135)

抗逆力的评估总是复杂的。来自不同环境的工作者，由于看待同一个家庭资源和困难的角度不同，因而他们每个人对所收集信息的侧重点也不同。在整个家庭评估中，抗逆力是一个复杂但却很重要的概念，因为它可以为服务计划和行动提供信息。儿童经常需要帮助来“打好一手坏牌”（Katz，1997），让那些即使处于不利处境的儿童也可以茁壮成长。

Reder 等人（2003）确定了对于面临生活困难的父母特别重要的抗逆力来源。这些包括：

- 与合作伙伴关系稳定；
- 在其他领域取得成功，比如体育、教育、工作；
- 自我效能感——能够自己掌控生活；
- 反思能力；
- 对于那些在童年时期遭受虐待的人，与一个安全的成年人有一个支持关系，并能够直面受虐经历且有所反思，承认虐待经历及其带来的影响，获得观点并整合经验，原谅有虐待行为的父母。

童年抗逆力来源于先天特质与后天教育的结合，涉及多重风险和保护因素。这些抗逆力来源包括：

- 个人内部因素，比如气质、智力、传统意义上的美貌、出生体重与性别（女孩在青春期之前更具抗逆力，男孩在青春期之后更具抗逆力）；
- 温暖、积极和亲密的关系；
- 来自更广泛的社区的支持，比如来自邻居、归属感强的社区或社会服务的支持。

国际抗逆力项目（Grotberg，1997）得出结论，在不同文化中，儿童抗逆力的基础是：

- 有一个安全的基地，在那里孩子能有归属感和安全感，而且长大后可能会说“我有我信任和爱的人”；
- 良好的自尊心，自身价值和能力的内在感觉使孩子能够感觉到“我是一个可爱的人”；
- 自我效能、掌握和控制感，以及对个人优势和局限的准确把握，使孩子对自己解决问题的能力有信心。

案例研究

Alison Lapper 是一位备受赞誉的艺术家。她的自传《我的生活在我的手中》(*My Life in My Hands*)描述了她作为残疾儿童、成年人和父母的经历。

- Alison 在童年时期的抗逆力来源是什么?
- Alison 面临过什么样的困境?
- Alison 作为成年人,需要具备什么能力?
- Alison 作为母亲,她的需求是什么?
- 她儿子的需求和权利是什么?

那些被帮助发展抗逆力策略的儿童能更好地进行压力管理和应对变化(Gilligan,2007)。他们能够从任何创伤的经历中更快速并完全地恢复过来(Newman & Blackburn,2002)。

尼采(Nietzche)的格言中蕴含着真理,“那些杀不死你的终将会让你更强大”,这意味着逆境具有磨炼人的效果(Nietzche,1992;Rutter,1999)。但要意识到抗逆力是一把双刃剑!那些成功的父母和孩子可能仍然需要帮助和支持。如果认为能成功应对困境就是具有抗逆力的话,那就太天真了。例如,孩子们可以应对父母的饮酒问题,但这不一定就是健康和积极的结果(Adamson & Templeton,2012:9)。那些在短期内看来似乎是积极的因素或过程,可能不太有帮助,甚至从长期来看是有害的。例如,16 岁的 Sabine 是一个能干的年轻女性,但是在面对《被听到与被看到》(*Being Seen and Heard*)(Royal College of Psychiatrists,2004)里的采访时她谈到,她有时深刻地感觉到自己很无力,并且描述自己的状态是“自杀,真的想要自杀”。

案例研究

Cynthia 在她整个成年生活中经历过情感和精神上的痛苦,但她认为药物对她是有害的。她直到 40 岁才有了孩子,并且是一个单身妈妈。每当父母的压力使她喘不过气来时,她就会有狂躁的行为,并且每年至少住院一次。一旦她接受药物治疗,心情就会稳定下来,而且很快又会回到养育孩子的挑战之中。作为一个混血儿童的黑人母亲,她在这个以白人为主的地区经常受到种族歧视。Cynthia 的女儿 Alyssia 和 Danielle 在学校表现良好,保持着密切的友谊,而且很受欢迎。她们在学校里穿着整洁,很有礼貌。唯一明显的问题是,Alyssia 与她的父亲保持密切、积极的接触,而 Danielle 却从来没有见过父亲,甚至有时候会嫉妒她的妹妹。

- 这个家庭有抗逆力的证据是什么？
- 从事成年人心理健康服务的工作者关注的压力和脆弱点是什么？
- 对于孩子的行为和表现，有什么不同的说法可以解释？
- 儿童服务评估的问题是什么？
- 家庭中的成员共同参与到家庭评估当中，对于成人与儿童服务有什么益处？

Fonagy将抗逆力定义为“困难状态下的正常发展”（Fonagy et al.，1994），让我们开始注意在发展潜力方面思考儿童的抗逆力的重要性。我们有一个很好的研究证据基础（Jones、Hindley & Ramchandani，2006；引自Brown & Ward，2012：22），可以帮助我们了解一些保护因素是如何帮助减轻父母不良行为对儿童伤害的影响。这些保护因素包括：

- 一个没有虐待倾向的伴侣；
- 一个支持性的延伸家庭；
- 父母从其儿童时期受创伤经历中快速恢复的能力；
- 父母对自己行为造成的伤害的认识和承担责任的能力；
- 父母愿意参与到服务当中。

压力的累积会影响生活困难家庭中儿童的抗逆力。Horwath的抗逆力/脆弱性矩阵是一种工具，可以被用来映射儿童在家庭中所遇到的困难、所经历的保护、所享有的恢复能力，以及必须克服的缺点（见图2.5）。这使你能够分析脆弱性与抗逆力在保护和在逆境之中的复杂交互作用，以确定需求并制定有用的干预措施。

案例的继续研究

使用抗逆力矩阵绘制你所知道的关于Alyssia和Danielle的情况。

- 保护性因素在多大程度上抵消了他们面对的困境？
- Alyssia受益于哪些抗逆力因素？
- Danielle面临了哪些困境？

让父母、一名从事成人服务的工作者和一名儿童社会工作者在一起共同分享不一样的观点，这样可以同时加深对父母和儿童经验的理解。

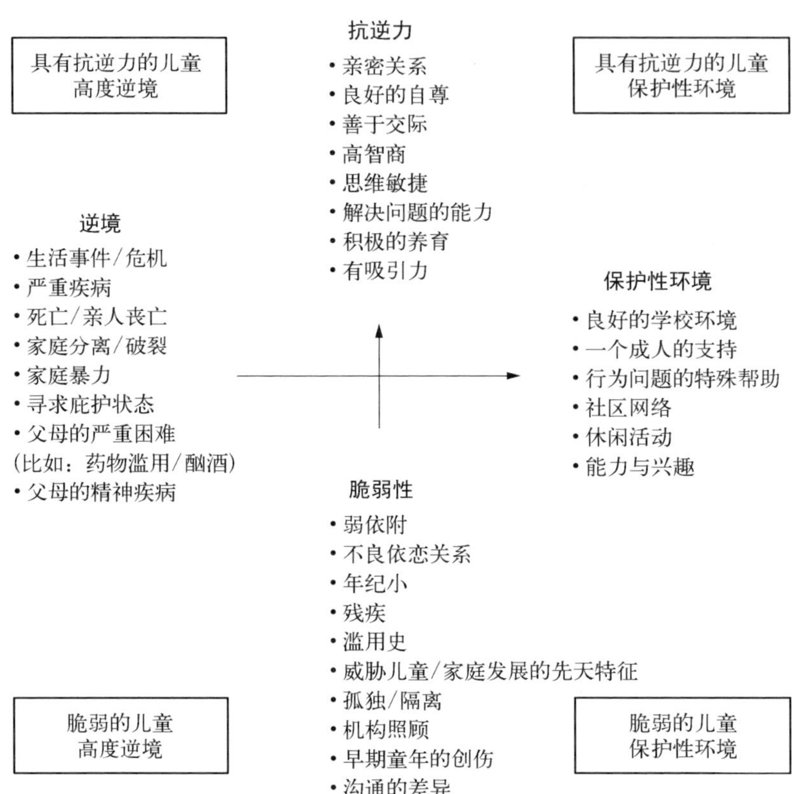

图 2.5 抗逆力/脆弱性矩阵

• • • 家庭优势与劣势之间的动态关系

儿童保护的概念自动将儿童与父母分离开来……这种想法导致了对抗性的实践，并且在这个领域占据了主导地位，但我们最终还是认识到“亲缘关系比儿童保护服务更为重要”。

（Turnell & Edwards，1999；Foreword by I. K. Berg）

社会工作者对特定家庭中的保护因素和风险性的看法可能由于他们角色的不同而有所区别。社会工作者有时候必须宣称儿童和成人有获得来自其他更强大的家庭成员保护的权利，这反过来又可能对如何让存在伤害风险的家庭更好地参与到家庭评估之中有借鉴意义。

案例的继续研究

再次回顾 Green 家的案例研究。

- 这个家庭有多少成员受到了伤害?
- 谁处于面临未来伤害的风险中?
- 什么是成人服务的首要任务?
- 什么是儿童服务的首要任务?
- 需要减少或消除哪些危险行为?
- Lisa 可能会确定的改变目标是什么?
- 工作成效好是什么状态?
- 目前已经存在的保护因素是什么?

简单地列举报告或感知优缺点的评估是毫无意义和充满危险的(Kelly，1996)。寻找优势点应该关注父母的伤害行为对其孩子的影响。评估中存在将优势的证据与保护、安全的证据相混淆的危险(Parton & O'Byrne，2000)。在家庭整体评估中，提出“这种特殊的力量或资源是如何帮助家庭克服其所遇到的困难”这样的问题，是非常有帮助的(见图 2.6)。

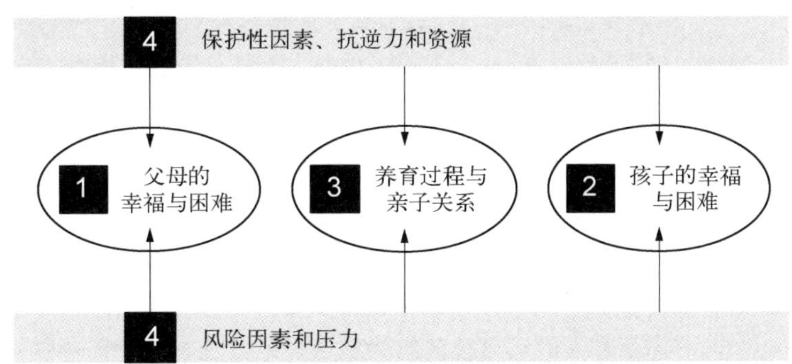

图 2.6 探索 Lisa 提供的保护措施、Megan 的脆弱性和抗逆力以及家庭面临的逆境
(改编自 Falkov，2012)

将安全定义为“表现为长期保护的”优势(McPherson、Macnamara & Hemsworth，1997)使评估人员能够获取有关家庭可获得的优势和资源的信息，并对这些信息给予尊重，同时审视这些优势是否以及如何转化为积极的家庭经历和保护因子。请记住，任何一种优势和压力都可能会对每个家庭成员产生复杂而不同的影响。比如，当一对夫妇不欢而散，与父母中疏远的那方的家庭联系可能对孩子来说是一种积极资源，但却是主要照顾者的压力来源；同时，寻找新的伴侣可能会为单身的家长提供乐于接受的支持，但却给孩子造成困扰。

你可以通过询问父母和孩子的见解，以及借鉴从同样工作于这个家庭的同事那里获取的信息，来开始审视这些过程。

案例的继续研究

再次回顾 Green 家的案例研究：

- Lisa 从哪些资源中获益？
- 在何种意义上，这些资源作为 Megan 的保护因素？
- 什么压力因素影响了 Lisa 和 Megan 之间的关系？
- Joshua 将面临哪些风险因素？

评估否定和矛盾

伤害孩子的父母，特别是在性虐待和（或）身体虐待的情况下，面临着挑战性的困境。承认自己的行为将意味着父母将被追究刑事责任。但是，无法解释的伤害和拒绝承担责任，会使民事法院在发现更为明显的伤害前，将儿童迅速从这个家庭中转移出去。没有虐待行为的父母中的一方可能也会陷入同样的困境。要去了解是什么驱使父母否认或拒绝他们所做过的事情（Dale，2004）。

Jenkins（1990）与犯有严重暴力罪或性犯罪的男子在澳大利亚一起工作，“邀请”人们对自己的行为负责，通过追求“荣誉勋章”可以使罪犯以自我批判的镜头看到自己的行为。外部化问题的概念（White，1995）可以帮助了解家长的个人身份困扰和有害于他人的观点。探索家庭的“脚本”（Byng-Hall，1995）可以帮助父母理解如何看待自己和不想要的、有害的行为模式之间的矛盾。

有技巧地管理，诚实、温和、微妙的讨论有时可以使家长从彻底的否认转向为家庭未来的安全承担责任，使社会工作者能够创造“安全的不确定性”条件(Robinson & Witney，1999)。即使家人不同意，家属也需要愿意处理这个问题。有时他们的意愿只不过是想让社会工作者远离他们。

练习

为了了解父母可能会陷入的冲突位置，可以去看电影《森林人》(*The Woodsman*)。这部电影在2004年由Nicole Kassell导演(与Steven Fechter共同撰写剧本)，它描绘了Walter，一个最近刚从监狱中释放出来的儿童性侵犯，结识了Vickie，是他在新的工作场所遇到的一个单身母亲。他不被妹妹和兄弟信任并回避，并被一个可疑的警察Detective Lucas密切关注。这部电影探讨了他们每个人面临的伦理困境。

- 有什么证据能表明Walter身上有获得“荣誉勋章”的潜质?
- 有什么证据证明Lucas的监视是正当的?
- Vickie是如何认识她对Walter的感情以及对于他过去的看法的?
- 在这种情况下，宽恕可能意味着什么?

如果社会工作者认为父母有可能伤害了他们的孩子，他们会很难想象父母作为评估的合作伙伴，这有时会导致工作者之间的分歧。当家属简单地否认虐待时，这不能总是被确定为一个家庭问题。例如，如果家属成为侵略者的虐待目标，那么使用拒绝的建设性方法就没有意义了。在以下的情况中，社会工作者必须采取更加严谨的调查方法：

- 如果父母被认为伤害了孩子，但否认责任；
- 如果父母无法为孩子经历的伤害提供合理的解释；
- 如果父母没有采取措施保护孩子免受伤害；
- 如果父母被认为导致或诱发了孩子的疾病。

社会工作者可能会可以理解地做出人性化的反应，以一种带有愤怒或厌恶的情绪水平，他们需要承认这些感觉，但有意识地把它们放在一起，以设计参与性和严谨的评估。

只要有人担心儿童受到伤害，工作者必须不可避免地履行涉及不同程度的压迫的责任。我们需要熟练地行使权力，以确保家庭尽可能多地保持自主性，而不会损害工作者的作用。这可能涉及简单的措施，例如鼓励父母使用辩护律师，并为敌对的父母协商谈判的时间、地点和会议如何进行，或是帮助他们了解在他们缺席的情况下的专业讨论。当父母否认或试图逃避对已经或正受到伤害的儿童的责任，决议将采用系统性的观点和聚焦解决方案的方法。它旨在减少危害的风险，尽管存在不确定性和模糊性，但尽量使家庭能够保持完整。评估侧重于了解可以做出什么改变来提高安全性(Essex et al.，1996；Turnell & Essex，2006)。

知识和技能的产生

如果你不知道病人有什么问题，请问他，他或许会告诉你。

(引述自 Kelly 的话，Bannister & Fransella，1980：75)

个人建构理论将“自我表征”描述为评估的第一原则。如果过去的行为确实是未来行为的最佳指标，那么知道自己的跟踪记录的家庭就能处于有利位置去预测最有效的工作方法。家庭通常对他们所面临的困难有很多了解，评估过程可以让他们有机会表达这些认识。

即使是年幼的孩子也可以提供丰富的理解和直截了当的信息，而这些信息很有可能会被忽视：只要问问他们！评估员不必担心让儿童参与评估会对他们造成不利影响。父母为毒品或酒精的使用者的孩子表示，参与寻找问题的解决方案可以帮助他们应对，特别是在与支持他们的工作者关系牢固的背景下(Bancroft et al.，2004)。年轻人不一定需要专业人员解决所有的问题，而是更倾向于帮助他们信任的人一起进行计划变更，这样他们仍然可以感受到某种控制感(Cossar、Brandon & Jordan，2011：10)。

如果建立了信任，直接、探究、明确的问题(巧妙地提出)使父母能够表达自己对家庭生活的担忧。许多家长会诚实地说明他们的困难如何影响他们的孩子(Daniel、Taylor & Scott，2010)。例如，毒品使用者通常会意识到安全问题以及他们自己的情绪状态是如何影响他们的孩子的(SCIE，2004)。父母描述了在他们知道自己需要帮助时寻求帮助现象，而这早在导致社会工作评估的危机出现之前很久(Bostock et al.，2005；Children's Commissioner，2010；Dale，2004；Scottish Executive，2002)。

在对儿童死亡的回顾中，经常可以看到父母已经谈论过他们带来的危险，比如会讲到“我已经走投无路了”，或者要求自己的孩子被收容(Reder & Duncan，1999)。这意味着家庭可能会以不同于研究者和专业风险结构的方式概念化危险(Adams，2001；Clarke，2000)。错误的担心会产生冒犯，回避尴尬或文化敏感的问题可能会使家庭的需求得不到满足，甚至将其置于危险之中。例如，Fiona Pilkington 在经历多年的烦扰后将她 18 岁的残疾女儿杀害后自杀，而这并未被认定为残疾仇视性犯罪(Independent Police Complaints Commission，2011)。

家庭小组会议通常会引发对家庭问题的历史和程度的深刻理解，以及对其优势的新见解，并且确定了资源和前进方向。它们起源于新西兰，在那里，家庭、欧洲白人和毛利工人合作开发了一种叙事模式，这种模式将文化、信仰和个人经历视为力量的源泉(Tamasese & Waldegrave，1994)。尽管学术界对叙事方法感兴趣，但如果在专业人士身上投入过多的权力，评估仍会使家庭沉默：

> 我总是被告知你无法挑战它，因为它总是被用来对付你。
>
> (引述自父母的话，Children’s Commissioner，2010：16)

父母和孩子表达的因对评估没有影响产生的挫折感得到了审计和检查的证据支持。通过一份对案例记录的评论发现，只有不到 20%的家庭获得了关于评估过程的基本信息或者书面协议(Scottish Executive，2002;引自 Fauth et al.，2010：37)。评估协议有时相当于一套指令。难怪父母和孩子在签署没有发言权和不同意的协议时会感到愤怒(Bostock et al.，2005；Dale，2004)。

社会工作关系

> 这花了一些时间，但我想她最终明白了。我正在做出选择，权衡各种选择。考虑什么对我的孩子是安全的。她似乎不再把我当成这个受虐待的女人，而是开始思考我是一个可以与之合作的人。我不知道是什么造成了这种差别，但这很棒。这意味着我们可以一起工作了。
>
> (引述自父母的话，Children’s Commissioner，2010：41)

思考点

- 你为建立社会工作关系带来了什么样的个人品质?
- 你是如何协商评估过程的?
- 你是如何描述你的评估角色的?
- 你最不可能在哪里或什么时候建立好的关系?
- 分别从事成人服务与儿童服务的社会工作者在与服务对象建立关系时有什么区别吗?

Spratt 和 Callan(2004)调查了父母对儿童社会工作者的看法，发现即使他们感到忧虑，也经常能形成成功的工作关系。他们总结道：

> 社会工作者在与家庭建立关系时表现出可观的监控风险的技能……同时……这些活动所涉及的微妙之处并未被官方的绩效测量所捕捉，后者往往集中于更抽象的指标上……
>
> (Spratt & Callan，2004：199)

指压按摩师和其他身体治疗师学会用手指“倾听”并用“第三只眼睛”看……也许，社会工作经验教我们用第三只耳朵听。

这些微妙的技能包括让人们意识到被评估的压力有多大，并认识到压力会影响听力和沟通(Dickenson、Johnson & Samson Katz，1993)。如果不考虑这一点，评估可能会产生误导性信息，因为家庭在评估中的表现是不同于平常的。当从事成人服务和儿童服务的社会工作者都参与法定评估时，成人工作者的支持性角色和儿童工作者的调查性角色很容易使他们产生“好”或“坏”两极分化的结果。在儿童保护调查期间，儿童社会工作者最有可能错误性地倾向于采用更适于法庭的和对抗性的方法进行评估。这是一个问题，因为在存在伤害风险的情况下，合作伙伴关系和基于关系的工作是必不可少的，以便评估可以为积极的改变设定步伐——尤其是在家庭假装合规或表现为难以接触、充满敌意、回避或故意欺骗的情况下(Barlow & Scott，2010；Brandon et al.，2009；Platt，2006a，b，2008)。

思考点

- 在监控家庭和个人的安全的同时，你会利用什么“微妙的技巧”与他们建立有益的关系？

- 你如何处理调查伤害的法定职责和与家庭建立关系的需求之间的紧张关系？
- 你和家庭建立的关系有破裂过吗？
- 你是怎么解决关系破裂的？

不足为奇的是，父母和社会工作者会有这样一种共识，即相较于正式调查，在非正式评估中形成建设性关系是更容易的(Platt，2008；引自 Fauth et al.，2010：43)。但这种相对简单的对权力动态的说明并不是全部。在我们所有的关系中，我们的互动方式取决于我们对彼此的意义。过去的经历，如贫困、精神疾病、社会/文化因素或者我们现在所处的情境，都会影响我们建立关系的方式。评估关系可能会因为未解决的“关心和控制”而变得不堪重负(Reder & Duncan，1999)。曾经与某些滥用权力的评估员建立过破坏性关系的经历会影响家庭对待后来碰到的社会工作者的方式：

他们希望你放弃一切，出来说，你是对的，我是一位坏家长，我做了所有错误的选择，然后他们就会很高兴。但我不能，因为我不认为这是真的。

(引述自父母的话，Children's Commissioner，2010：20)

一项针对安大略省的父母的研究发现，父母对社会工作者的反应取决于他们感知到的权力的使用情况(Dumbrill 2006)。当权力被强制性地用于父母时，他们要么与社会工作者直接对抗，要么采用一种阻力最小的方式，即表面合作。当专业人士使用权力并支持父母时，如代表他们的权益，协作关系就此产生。父母倾向于将这种差异归结为社会工作者的风格或个性。然而，Dumbrill 的研究发现，一个家庭可能会将一位社会工作者描述成令人恐惧和具有强制性的，而另一个家庭可能会认为这个社会工作者权威性地使用权力为家庭提供支持、倡导和仲裁。这项研究总结道，在父母觉知社会工作者的权力使用情况和他们的关系发展过程中，有一系列复杂的变量组合在产生影响。

这些研究发现带给我们的启示在于，社会工作者不应该在首次见面的时候就开始讨论家庭问题，而应首先探讨家庭如何预期权力将在他们之间发挥作用，并且询问他们对此的看法。社会工作者报告说，解释他们的角色、职责和评估过程使得父母能够确定共同目标并感到充分参与(Saint-Jacques et al., 2006;引自 Fauth et al., 2010)。这种观点符合社会学理论,即“无噪声”沟通依赖于解决权力动力学的道德承诺(Habermas, 1984)。因此,对于训练为“熟练助人者”的社会工作者来说,通过诸如“你和我近来怎么样”和“现在你和我之间发生了什么事”之类的即时过程问题来解决权力问题应该是不足为奇的(Egan, 2002)。

生态系统的关系评估

- 言语不是人们应该理解的,人们应该了解说话者。
- 行为不是人们应该理解的,人们应该了解行动者。
- 思想不是人们应该理解的,人们应该了解思考者。

(《考希塔克奥义书》,3:8)

无论何地,只要家庭与多个不同的专业人士、与不同的公共机构或者同时与成人和儿童服务接触,他们都会陷入复杂的人际关系网中。他们遇到的社会工作者可能会对每位家庭成员应该行使的自主权和合作关系程度有着不同的期待。每位社会工作者都会带来他们自己的个人实务风格以及一系列的具体责任,这些将会影响他们与每位家庭成员建立关系的方式以及他们在家庭中的角色如何被感知。

社会工作实践的生态方法强调了社会工作者关注他(她)自己在被评估者(群体)所处世界中的位置的重要性(Bronfenbrenner, 1979)(见图 2.7)。

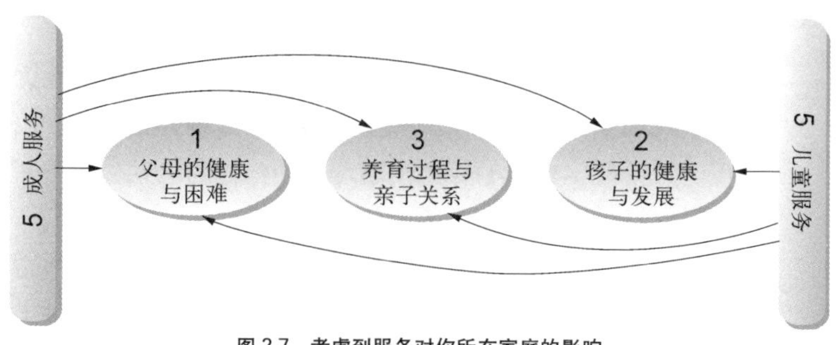

图 2.7　考虑到服务对你所在家庭的影响
(改编自 Falkov, 2012)

思考点

思考一下你目前正在进行的评估。

- 你对你所参与的家庭中的父母的健康和幸福有什么影响?
- 你是如何在家庭中参与到他们的文化和社区中的?
- 你的参与有助于家庭的优势和资源获得吗?
- 你预计评估过程对亲子关系有什么影响?

评估家庭困难的系统性方法需要工作者关注其中的关系，每个个体在他们的社会环境之下既是参与者也是贡献者。从这个角度来看，评估员暂时成为家庭生态系统的参与者，并对其产生影响。会说话前的孩子和家庭宠物对情绪可能非常敏感，并会将他们感受到的情绪表现出来。例如，宠物可能会分散评估员的注意力，在家访中的关键时刻扑倒他们(无论是怀有善意还是敌意)。

评估是描述和解码人们遇到的流动信息的复杂障碍的过程。它应该是对家庭过去和现有经验的共同评估，并对未来的共同预期。个人建构理论将评估描述为一种相互交流的过程，即我们努力理解对方的过程。其他人想要传达的全部意义是通过我们所能看到的、听到的和感觉到的意义来过滤的。工作人员与家庭成员保持安全关系和共享语言的能力对获取有用信息至关重要。理解有赖于评估员在这次参与中的投入情况。社会工作关系的质量成为该故事的一部分，并不可避免地影响评估的质量(Calder & Hackett，2003：35)。

人们经常面临选择，每一个选择都反过来将选择者置于新的条件下，产生新的后果。我们如何理解这些使我们独特的经验，我们又如何解释他人和我们自己的身份认同感。因此，根据报道的事实了解他们的历史和情况是不够的。评估要求我们通过他们的眼睛看到这些，考虑他们如何理解他们的经验，并试图了解他们所说的和现在所做的。

除了对他们在评估过程中使用的权力敏感外，社会工作者还需要考虑每个家庭的权力动态。例如，让孩子成为他们父母的解释者或翻译者将在会谈期间和之后为他们的关系创造一个全新的维度。同样，社会工作者需要考虑一个家庭中特定的动态，并决定什么问题适合问一个孩子，什么信息适合与每个家庭成员进行分享(Cossar et al.，2011)。

案例的继续研究

例如，再次考虑 Green 一家，我们可以从社会心理健康团队的社会工作者的角度出发绘制责任网络图(见图 2.8)。在 Joshua 从精神病医院出院后，他们曾在家里对他进行评估。

	优先事项	责任	权力
Joshua	对 Joshua 进行评估，以期从这个最初的疾病中恢复过来； 尽量减少 Joshua 的耻辱感和被标签的经验； 防止 Joshua 被制度化	评估 Joshua 并根据需要提供进一步的精神治疗； 评估和实施一项干预计划以加强 Joshua 的康复； 尊重 Joshua 的保密权	如果他对自己或其他人构成风险，实施"精神健康法"并确保医院的治疗
Lisa	从 Lisa 那里获取有关 Joshua 的行为和进展的相关信息； 让她支持 Joshua 安全地待在家里	考虑 Joshua 是否对 Lisa 构成危险	
Ethan	确保 Lisa 对 Ethan 的照顾不会影响她满足 Joshua 的需求的能力	考虑 Joshua 是否对 Ethan 构成危险	根据需要联系儿童服务机构
Emily	确保家庭关系不会影响她的康复	考虑 Joshua 是否对 Emily 构成危险	根据需要联系儿童服务机构
Megan	确保 Megan 的行为不会加剧 Joshua 的困扰	考虑 Joshua 是否对 Megan 构成危险	根据需要联系儿童服务机构
Amy	无	无	无
Sophie	无	无	无
Dave	无	无	无
Mark	无	无	无

图 2.8 责任网络

- 对以下职务的人来说最重要的是什么：
  1. 急诊室的护理护士；
  2. 为毒品或酒精使用者提供服务的社会工作者；
  3. Megan 的培养团队中的支持者。
- 以下职务的人有什么责任：
  1. Megan 学校的校长；
  2. 家庭医生；
  3. Emily 的母亲 Lisa。
- 以下职务的人有什么权限可以行使：

1. 儿童和青少年心理健康服务的家庭治疗师；

2. 把Joshua送往医院的精神科医生；

3. 作为Megan母亲的Lisa。

- 对于Amy的家庭，Kevin的责任是什么？

走出正确的一步

她一开始就说“我要诚实地对待你”，用了10分钟的时间谈论我们的家庭有什么问题。我很想说“我要诚实地对待你”，但是你不能做这件事，不是吗？所以我们都坐在那里听着我们这个家庭有多糟糕。而且默默地想，因为这是我唯一的权力，我将不会告诉你任何事情。

（引述自一位母亲的话，Children's Commissioner，2010：2）

社会工作者有时候遇到被描述为敌对、回避、操纵、不诚实或“玩游戏”的家庭。同时，一些家庭认为工作者是粗鲁和有侵略性的，使用了超过他所具有的权力的范围（Dale，2004；Dumbrill，2006；Scottish Executive，2002）。工作者和家庭可能陷入恶性循环，他们可能会变得更加敌意或者更加针锋相对，相互间的不信任感加深（Children's Commissioner，2010）：

他们（社会工作者）总是说我们很抵触，但是，是他们让我们变成这样的。我们只是在抵抗压迫。恐惧让我们心存戒备。我永远也不会有小孩，因为我和我的伴侣都需要他人的照顾，而且我认为他们会把我们的孩子带走。我不能冒这样的险。

（引述自一位年轻人的话，Children's Commissioner，2010：20）

不幸的是，有证据表明，抵抗是对攻击性社会工作者和不充分的实践的反应，这一点可以通过对儿童死亡的研究证据和评论来证实。一些社会工作者对评估关系持有负面的、评判性的、对抗的和攻击性的态度

(Cameron & Coady，2007；Dale，2004)。一系列相关研究发现，社会工作者倾向于直接挑战、反驳或忽视他们认为有抵抗性的人，而有人表现得越多，社会工作者就越多地反思并探索他们的优势(Forrester et al.，2008a，b;引自 Fauth et al.，2010：45)。社会工作者倾向于采用对抗性的，甚至是攻击性的沟通方式，并且不喜欢倾听。当组织机构通过结案、调换社会工作者或丢失文件的方式来回避被视为“困难”的家庭时，这种模式就会被反映出来。这些过程往往说明社会工作者为何无法满足有受伤风险的成年人和被忽视的、残疾的和年龄较大的儿童的需求(Brandon et al.，2008；Ofsted，2011)。

对于家长来说，当受到审查他们会感觉焦虑和苦恼，并且当他们的家庭生活受到威胁，他们会感觉到苦恼和气愤。这意味着社会工作者对父母的态度和属性的看法可能不是一个很好的评估资料来源。如果一个父母的态度是明确的、合理的，并且显然是坚定的并且关切的，那么我们更倾向于认为他们是安全的并且愿意改变(Holland，2000)。但是一个不友善、被动或不合作的父母对于孩子来说肯定比一个友好和喜欢的人更危险吗？实际上我们应该问的是“为什么我没有搞定这个家庭”，而不是“为什么这个家庭这么难以合作”。

练习

开始你下一次的评估时，你应该：

- 询问以前被评估的经历。
- 询问这个人是否觉得你更有可能对他们还是与他们一起行使权力。
- 承认并接受他人对你权力的任何感受。
- 如果你感觉到有人正在与你抗争，或者只是假装和你合作，那么再谈一次关于权力动态的知识。

这些想法不是新的。Rees(1978)发现，当社会工作者和家庭有不同的目标且不进行交流时，困难的社会工作关系就会出现。谈判是前进的方向。不要以为采取这种方式会给你和你的家庭带来平等。你仍然是更强大的合作伙伴，但解决权力动态的问题增加了一个实现良好的家庭整体评估的机会。

信任

练习

回想你与所信任的专业助人者的关系。

- 这个助人者的哪些个人品质鼓励你信任他？
- 这个助人者做了什么赢得了你的信任？这种信任是如何让你感觉到你的处境的？
- 你对这个助人者的信任能使你实现什么？

如果我们想协商观点，了解另一个世界观，就必须建立信任关系。用这种方式去帮助别人，一直保持可靠和守信最终都能获得尊重和信任（Hopkins & Niemiec，2007）。信任只能存在于诚实的关系中，因此社会工作者有责任表现开放和透明度。乔哈里视窗（Johari Window）（见图 2.9）是一种沟通模型，用于提高个人之间的了解（Luft & Ingham，1955）。这个想法背后有两个关键原则：

- 通过披露你自己的信息能够与别人建立信任关系。
- 在别人的帮助下，你可以了解自己，发现问题，为实现改变设定目标。

自己与他人都知道的 开放区域 你决定告诉家人你感到焦虑	其他人知道但你不知道的 盲点区域 你决定不把这件事告诉家人，并相信你已经成功地克服了任何焦虑；实际上，家人早已感觉到你的焦虑——包括他们的狗
自己知道但是别人不知道的 隐藏区域 当你必须做一些新的或者是困难的事情时你总是睡不好，你知道这些事情会让你焦虑得失眠一整晚	自己和他人都不知道的 未知区域 你的免疫系统受到焦虑的破坏；其中一个孩子今天在学校被检查出胃病，有传染性，但还没有感觉不适；这个周末你会生病

图 2.9 乔哈里视窗
（改编自 Luft & Ingham，1955）

开放区域代表了你对自己以及其他人对你所了解的所有事情，比如你的行为举止和你选择分享的任何个人信息。盲点区域代表所有关于你自己的事情，你不知道，但其他人都了解。隐藏区域代表你对自己的了解，但你保持私密并没有透露出去。未知区域表示你没有意识到的事物，而其他人也不知道。当你分享信息时，开放区域将垂直扩展，以使隐藏区域变小。随着家庭给你反馈，你的开放区域将逐渐扩大，盲区则越来越小。

思考点

- 你的父母最欣赏你的哪些品质？
- 哪种情绪你最不可能表达给其他人？
- 你是否更认同父母或孩子的经历？
- 在评估过程中，当他人出现时你如何感受到自己和他人的强烈感情？

自我意识是人际关系实践的基础，自我意识的运用是一种强大的社会工作工具。选择分享信息的人通常很容易交谈。他们用自己的诚实和开放建立起了信任，使其他人感到更舒适。这并不意味着你必须分享你希望保留的私人信息。决定分享什么以及什么时候分享是一种专业判断。

权利、责任和需求

人权和社会正义是社会工作行动的动力和理由。

（国际社会工作伦理守则，IASSW & IFSW，2005）

案例研究

在幼儿时期遭受严重忽视的 Nadia 是一个有着混合血统的年轻女子，11 岁时她的继父对她进行了身体和性虐待。她的大家庭全部生活在同一个地方，那里的人都或多或少地涉及毒品销售。她和她的六位兄弟姐妹都一直自己照料自己，只有最小的妹妹得到了长期稳定的安置。Nadia 酗酒、吸毒，使用海洛因、可卡因以及大麻。当 Nadia 18 岁时，她就怀孕了。她不得不离开支持的住所，除了回到家里，没有其他选择。儿童社会服务部将她转介给与有吸毒问题的母亲一起工作的自愿组织 SafeHaven。在产前会议上 Nadia 的新社工要求她签订书面“期望合约”，该文件支持了一个计划，即为让婴儿接受 Nadia 的照顾，她不得使用酒精或任何非处方药。该文件是明确的，如果她不能做到，组织将会进行护理申请。

- 如果你是 SafeHaven 的社会工作者，你会怎么看待这个干预？
- 如果你是家庭律师，你会给 Nadia 哪些法律建议？
- 有什么证据表明儿童服务采用的方法是合理的？
- Nadia 需要什么？

运动团体在要求改变个人与国家之间的关系方面起了领导作用。为了提高独立性而需要得到支持的成年人和儿童的个人预算的最终实现，是残疾人运动群体为残疾人争取公民权利的运动的结果。诸如 YAYPIC 和家庭权利团体等组织长期以来一直利用权利观点来挑战贫穷的社会工作实践。当代社会工作的最大优势在于由专家率先利用经验开展组织的开创性工作。

人权方法通过赋予个人与其他人和国家有关的权力，来挑战国家在家庭生活中的作用(Brayne & Carr，2010)。所有服务的社会工作者都必须考虑个人权利，而且还要承担责任，确保家庭中每个人的安全并满足个人的需要。Schofield 和 Thoburn(1996)认为，通过考虑儿童的权利和福利而不是让他们参与竞争来整合这两个观点是有帮助的。对于整个家庭的评估，我们需要进一步整合父母的权利和福利。

案例的继续研究

使用图 2.10 绘制 Green 一家各成员的需求、权利和责任。

权　利	责　任	需　求
Emily		
Joshua		
Amy		
Megan		
Ethan		
Olivia		
Lisa		
Dave		
Mark		
Justin		

图 2.10　Green 一家的权利、责任和需求

- 你需要哪些进一步的信息？
- 哪些根本问题仍然需要解决？
- 什么问题可能会有争议？

父母和子女在没有所需信息的情况下需要努力行使其权利和责任。Colmer（2010）发现，精神疾病患者的孩子感到被排斥且十分困惑，经常误解疾病及其情况。同时精神疾病专家表示，他们不具备与儿童交谈的能力。儿童需要得到有关情感或精神上的痛苦和精神疾病的干预的准确的和适当的信息（Roberts et al.，2008）。

案例的继续研究

- 用几个句子写下你想说的话：

解释 Joshua 对 Megan 的行为；

有关 Megan 对新工作的恐惧。

• • • 结论

你必须相信（社会工作者），而且她必须相信你，否则没有意义。

（引述自孩子的话，Cossar et al.，2011：4）

社会工作与其身份长期斗争。评估是一个技术理性的过程，一个社会科学的决策和干预完全依赖循证实践，还是建立关系形成主观判断和影响变革？当我们每个人都必须依靠专业人士，我们通常重视他们的人性，只是理所当然地认为，他们将提供相关的理论和专业知识。专家对经验的贡献使我们毫不怀疑，他们大多认同并受到社会工作者遇到的人的影响。当人们认识到彼此的自我时，关系就产生了。社会工作需要具备像变色龙一样的专业能力，反映对方，同时保持真实的社会工作角色和真实的自我。如果我们隐藏在我们的专业背后，我们就放弃了真诚参与的机会，没有这种接触，就无法理解或产生良性影响。这种做法与社会工作和公共服务的原则是一致的，但是它的重点是培育同情和关爱的关系，其根源在于“道德关怀”（Banks，2006）。

• • • 拓展阅读

Akhtar, F. (2012) *Mastering Social Work Values and Ethics.* London: Jessica Kingsley Publishers.

Beresford, P. (2007) *The Changing Roles and Tasks of Social Work from Service Users' Perspectives: A Literature Informed Discussion Paper.* London: Shaping Our Lives.

Children's Commissioner (2010) *Family Perspectives on Safeguarding and on Relationships with Children's Services.* London: The Office of the Children's Commissioner.

Hart, A., Blincow, D. and Thomas, H. (2007) *Resilient Therapy. Working with Children and Families.* Hove: Routledge.

Turnell, A. and Edwards, S. (1999) *Signs of Safety: A Solution and Safety Oriented Approach to Child Protection.* New York: Norton.

第三章

建设性合作

核心内容

- 成人与儿童服务建立在互相信任和尊重的关系之上。
- 沟通是创造及保持有效合作的关键。
- 致力于专业性合作为家庭整体评估提高“价值”。
- 合作可以提升有效信息的质量，为设计有效评估提供充分的知识基础，并为有力的批判性分析提供机会。

他们之间从来不说话，就像心理健康小组从来不和我妈妈那里的社工说话一样……他们就是接电话。那里有传真！有网络！你为什么不用呢？

（Carly，21 岁，生了一对双胞胎，她在回顾自己 2004 年在皇家精神科医学院的儿时经历时这样说）

不同种类的服务之间的差距会干扰对家庭中儿童及父母的需求的评估。限制对有限资源的使用而采取的合格标准及界限反而扩大了这一差距（Blewitt et al.，2011）。有关养育子女的困难的各个方面的研究表明，对家长和儿童的服务不周可能导致合作失败，而与父母友好合作则有积极影响（Asmussen & Weizel，2009；Moran、Ghate & van der Merwe，2004；Olsen & Clarke，2003；SCIE，2009）。关于儿童及成人死亡的回顾反复强调合作的失败使他们身处险境（Sinclair & Bullock，2002）。

案例研究

Jack 在完成小学阶段的性与亲密关系教育之后，在和好友闲谈中提到了和他妈妈“做”，这让儿童服务机构联系到了他。在儿童义务及评估小组工作的 Amanda 在最初的评估中发现，Jack 和母亲 Kimberley 住在一起。Jack 的姐姐和两个哥哥都在 17 岁左右就离开了家。记录显示，直到最近 Kimberley 才接受了成人心理健康小组的服务。在和 Kimberley 的前社工 Chris 交谈的过程中，Amanda 发现 Kimberley 在这几年间就儿童性方面和 Chris 交流过，但是 Chris 并没有就这些方面的谈话与儿童服务相关工作者讨论过。

- 为什么 Chris 没有考虑过联系儿童服务机构？
- 如果 Chris 当时联系了，儿童服务机构可能会做出什么反应？

- 当前的评估有什么问题吗？

…………………………………

虽然在成人及儿童的交叉服务中有很多障碍，但是社工可以考虑以下几个共同点：

- 核心原则：个性化；有目的地引导情感表达；环境控制；接纳；态度公平；自决性；机密性(Biesteck，1961)。
- 法定职权与义务(Braye & Preton-Shoot，2010)。
- 对关照和控制的责任，解决社会"苦活"的困境(Thompson，2000)。
- 对社会公正的保证(IASSW & IFSW，2005；Banks，2006)。
- 共同的行为规范(HCPC，2012)。
- 对心理测量法评估的共同理解(Healy，2005)。
- 共同的核心理论与方法，如系统法、心理测量法等(Watson、Burrows & Player，2002)。
- 一种混合了直觉和分析的"实践智慧"的方法(Munro，2008；O'Sullivan，2011)。
- 在职业等级体系中不确定的地位。
- 核心理论和方法中的共同基础，比如系统化的视角(Watson et al.，2002)。

不能孤立地理解个体，个体应该被看作关系网的一部分，这种系统原则是所有职业普遍认同的。在社会工作实践中，这种系统化的方法鼓励实践者把他们的注意力放在个体之外，去考虑他们的问题产生的环境和背景。

思考点

- 你的组织怎样促进了家庭整体评估？
- 什么东西阻碍了家庭整体评估？
- 有哪些现有的协议可以支持家庭整体评估？

社会工作的法律授权大体上要求最低限度的干预。关于精神病的治疗干预的决定，应该遵循最小限制性替代措施的原则。被载入儿童法的"能力推定"和"无序"原则，都是该原则的反映。同样，法律和指导包含着独立权和家庭生活的权利，这些愿景已经逐渐成为职业文化的一部分(Brown & Ward，2012：71)。所有家庭成员最大的恐惧就是，社会工作者运用手中的权力来毁掉他们共有的生活(Dale，2004；Hadley Centre，2008；SCIE，2005c，2008a；Totsuka，2008)。职业人士也心存这种恐惧，并且助长了这种恐惧。有时候这种恐惧阻碍了不同服务之间的信任与合作：

如果没有对以下这些内容的讨论，合作就无法实现：价值观、职权、目标、专业技能、知识、对信息交换的态度以及结构。

(Braye & Preston-Shoot，2010：9)

当机构将论题内容付诸实践时，合作将“产生社会资本，益于其他的合作关系，并渗透至其他工作”(Williams & Sutherland，2010：11)。最终那些对整个家庭进行评估并为其排忧解难的机构，就能更好地完成绩效指标，甚至可能比对家庭中的个体分别评估更加节约成本(Gopfert et al.，2010：42)。通过协作做出家庭整体评估意味着在范围内操作(保留各自的角色和责任)，而没有不必要的界限(Aldridge，2006；Arksey et al.，2002；Cree，2003；Roberts et al.，2008)。

最终，对整个家庭的评估，将有赖于来自不同服务的实务工作者的群策群力。这也许至少能让工作者共享信息，最多能使他们同意进行共同评估。不论其形式如何，对整个家庭的评估是与众不同的，它注重家庭成员内部关系和其影响在家庭中如何作用于个人。教育部开展了一个有关试验性计划的研究，该研究发现，审查家庭整体评估模型的核心力量包括参与度、透明度、家庭的全面支持和行动计划及规避重复。

案例研究

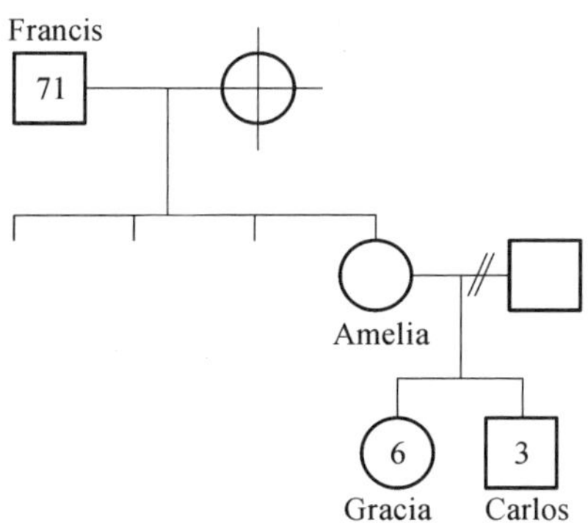

图 3.1 Carcia 的家庭结构

Carcia 有多重感官损伤。她经常半夜时清醒，到处尖叫和拍打，在凌晨的时候十分明显地表现出气愤和沮丧。一天晚上，Amelia 重击了 Carcia 的头部，导致了脑部大出血。Amelia 还要照顾患有阿尔兹海默症的 Francis（见图 3.1）。

- 评估的问题是什么？
- 哪类专业人士需要参与到评估之中？
- 你将如何介入这个家庭？

以关系为基础的合作

人们一起工作以共享能力和专业知识，追求达成共识的以人为中心的目标，并且作为一个积极的参与者，主动参与到一个动态的工作过程中（Gottlieb、Feeley & Dalton，2006：8；引自 Wallace & Davies，2009：111），真正的人际交往是必不可少的，因为：

> 意会知识（常识）不容易被捕捉、翻译和传播，因为他内化于个人，从经验中获得，很难互相沟通，并且难以在不同的文化和职业间快速传播。
>
> （Williams & Sullivan，2010：1）

促成成功合作的简单策略：

- 花时间共享信息并在家庭问题上进行面对面交流。
- 和你的一个或全部管理者协商沟通以保证在合作过程中获得支持。
- 同意团队合作以至于他们不会为难你，而且你还可以从不同视角理解问题，有所收获。
- 保证会议在合适的时间和场地召开以至于不会错过任何分享想法的机会。
- 对于怎样联系和何时联系达成一致，这样可以最大限度地减少可能的变动。
- 积极倾听以打破障碍和加深理解。
- 对于和对手知识技巧的差异持欣赏的立场和态度。

- 思考如何尽可能地整合团队的认知、知识和技巧，并设计一个一体化的家庭评估方案。
- 商定一个危机处理计划。
- 明确你个人角色的定位并让你的团队和同事清楚地知道。
- 了解你的对手的职业背景，如他们所处的特殊环境及他们满足需求的优先性。

思考点

设想一个包含来自不同服务领域的同事的评估。

- 你的哪一个同事享有团队最可靠的信息？
- 谁最擅长理论知识？
- 谁最有责任感？
- 谁最有权威？
- 你们如何讨论商议评估过程？

每个个体都有自身熟悉且满意的期待和行为模式。早年家庭和个人生活过程中的特有经历，如学习和工作背景以及多样化的人际行为，影响了新的工作关系的展开(Baim & Morrison，2011)。拥有和以前合作伙伴关系相同的关系是非常困难的，就好像要一个在无条件支持的家庭中长大的孩子和一个一直被禁锢并抱有高期待的孩子并行，我们都需要在工作和生活中平衡这一关系。大多数工作者都体会过一个富有挑战性和支持性的工作伙伴所产生的创造力(Jackson、Firtko & Edenborough，2007；Wilson & Ferch，2005)。

跨越服务分歧间的协作极少是直接明确的。不能指望理论研究能捕捉到和同事一起工作的不确定性、不可预测性和模糊性，因为它的结果取决于非完美人类间复杂的关系网络。协作的核心是关于同事间建立真正的、以分享他们真正自我各方面特性为基础的关系，以优点为基础的集体工作、关系技巧和直觉相对于控制、定量配给和竞争这些方法来说，在复杂和充满竞争的环境中更为有效。整本书所强调的这种“整体模式”默认了“评估”作为一种共享的探索不确定性的方式。社会工作者的任务是整合每个相关视角所提供的不同观点，并致力于理解其中不一致的地方。这种道德关系式的方法需要一些技巧和传统意义上与“女性化的”有关的品质。而所有这些都轻而易举地被更多的“男性化的”话语所打败。例如，那些对于问题的答案追求避繁就简原则的模式（Claire Blake，Senior Paediatric Nurse，personal communication，July 2013）。那些社会工作的人道主义传统所立足的个人的品质、价值和技巧，可以被重构以及被恰当地认作“情商”（emotional intelligence）（Goleman，1996；Howe，2008；Mullender & Perrott，2002）。

> 使这个方法能够适用于任何类型的结构的关键，在于个人对于群体的献身……这并不意味着组织之间团结起来了，而是不同的个体能够坐在一起。
>
> （引述自一位护士长的话，Williams & Sullivan，2010：13）

沟通、一致和冲突

> 沟通是人们将信息从一个人传递给另一个人并获得理解的过程。
>
> （Reder & Duncan，2003a）

我们对于世界的知觉和理解取决于一些定义和意义，并通过语言来弄清自己和他人的经验（Lightfoot、Cole & Cole，2008）。语言通常是个体的一种具有创造性的表达方式，而意义则是一种动态的互动，因此沟通在协作的实践中必不可少。跨越服务分歧的协作要求“积极地聆听”并尝试去理解其中的含义，而且不仅仅是字面上的意思，还包括“元沟通”（meta-communication），即那些通过语气和肢体语言所表达出的想法和感受，以及无意识、情感性的信息，和有关什么话题需要避免的决定（Moss，2008；Redar & Duncan，2003a）。这就意味着同事间不应该提供公认的知识和理解，而是应相互质疑和挑战。

练习

- 你曾经和同事有过一场逐步上升为争吵的分歧吗？
- 分歧产生的背景是什么？
- 分歧是如何展现的？

- 你有什么感受?
- 争吵的真正原因是什么?
- 争吵是如何得到解决的?

理解以及在工作中运用一些巧妙的语言差异可以在职业关系中建立信任，因此追求一种共同的语言是毫无意义的。之所以存在不同的词汇是因为我们的知识库、技巧、方法和介入方式均有不同(Hetherington et al., 2003)。而只有在理解了这些差异和需求后协作才会发挥作用(Hallett & Birchall, 1992)。一起工作为我们提供了一个机会去内化社会工作价值理念和反压迫原则，并且影响其他原则的执行(Braye & Preston Shoot, 2010: 270)。

每个工作者对于信息重要性的理解能力很容易因为各种各样外部的、个人的或职业的因素而被低估。充满压力的、不确定的评估背景中，焦虑既可以是分歧的起因，也可以是它们的结果。并且阶级和地位也在其中发挥着作用。

练习

你曾经见证或经历过下面这些情形吗:

- 评估工作的情感冲击已经妨碍了对成人或儿童家庭成员的安全的保护?
- 因为一个感情控诉被解读或被写成了信息内容而使一次邮件沟通升级成了一场争吵?
- 基于专业的单一接触的权威观点被认为比那些来自低地位但具有广泛家庭知识的工作者的观点更为重要?

意义不是绝对和通用的。为了弄清楚家庭以及相互之间的意义，实务工作者一定要保持警惕，还要努力工作以确保沟通是清晰明白的(Hetherington et al., 2003)。语言反映并保持了个体的世界观以及性别差异，种族地位和阶级差异意味着我们每个人组织及表达自己的经验都是不同的(Bernstein, 1964)。因此不陷入专业化语言的枷锁中是很重要的。例如:

- “安全”(being safe)和“保护”(protection)指的不是同样的事;
- 父母和成人服务工作者可能会被描述为“调查”的评估所离间，因为这就暗示着某种罪行已经被犯下了;

• 讨论“切断”某人，是一种很奇怪的语言用法。

一起工作意味着要辨认专业语言所带来的额外的含糊性和意义。

练习

你如何定义这些短语或文字：

- 一项合理的健康和发展的标准；
- 烦恼；
- 可能性；
- 有辱人格的对待；
- 爱情；
- 父母理应给的关爱；
- 权力；
- 与性虐待相一致吗？

有时候误解的出现只是简单地因为从一个纪律或组织到另一个纪律或组织之间使用的语言、词汇、观念和句法规则之间的差异。

案例研究

Aimee 生下来就伴有海洛因依赖，目前已经在医院病房中的母婴安置室里待了 3 个月。院方已经起草了一份 Aimee 的出院计划并推荐对 Aimee 进行密切的监护。

对于以下不同身份的人，“密切监护”一词通常意味着什么：

- 一位病房护士；
- 一名儿童与家庭支持小组中的社会工作者；
- 一名普通的社会工作者；
- 一名毒品或酗酒问题的服务机构的工作者。

专业术语和缩略语保证了社会工作者能够在与实务相近的领域中有捷径可寻。但不幸的是，这些专业术语和缩略语给那些处于封闭的沟通圈之外的任何个人提供不充分的信息，甚至会排斥、去技术化以及迷惑他们。附录 1 提供了你有可能在家庭整体评估过程中遇到的缩略语的“解释”。

在一个社会照料语境(例如，将同事描述为“消极反抗的”，或将一位父亲描述为“控制欲强的”，或将一位母亲描述为“典型的受害者”）中被认为是无用和贬义的想法和语言可能在另一个语境中又会被毫无愧疚感地使用。

思考点

- 你曾经用别人所描述你的方式处理过事情吗？
- 这样做的感受如何？
- 你是否曾因为使用了容易冒犯他人的词语而被质疑？
- 是什么促使了你用这些容易冒犯别人的词语？
- 你们曾经就使用正确的语言达成过共识吗？
- 是否存在一些可能冒犯别人但仍然在评估报告中有效的词？

想法如何呈现和交流会对实践过程产生很大的影响。例如，下面这两种版本的国家评估三角(National Assessment Triangle)以极其不同的会话方式来展示儿童世界维度。

思考点

- 它们有何不同？
- 你更倾向于用哪一种？
- 哪一种版本更有可能吸引父母和孩子？

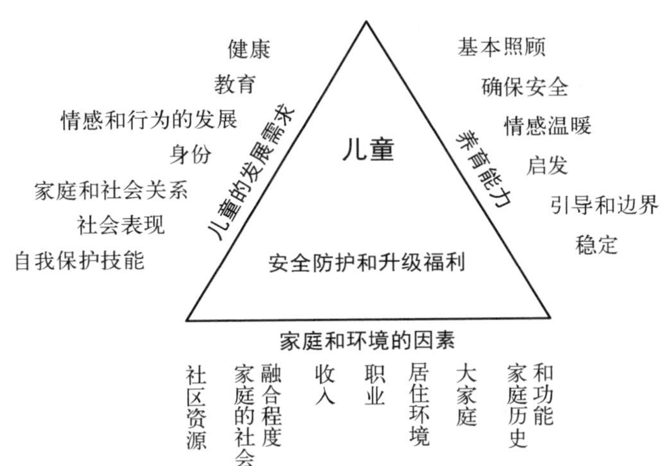

图 3.2a 国家评估框架三角(英格兰和威尔士)

图 3.2a 这个评估三角是英格兰和威尔士的政府指导中的版本，对于儿童服务领域中的社会工作者来说是很熟悉的。

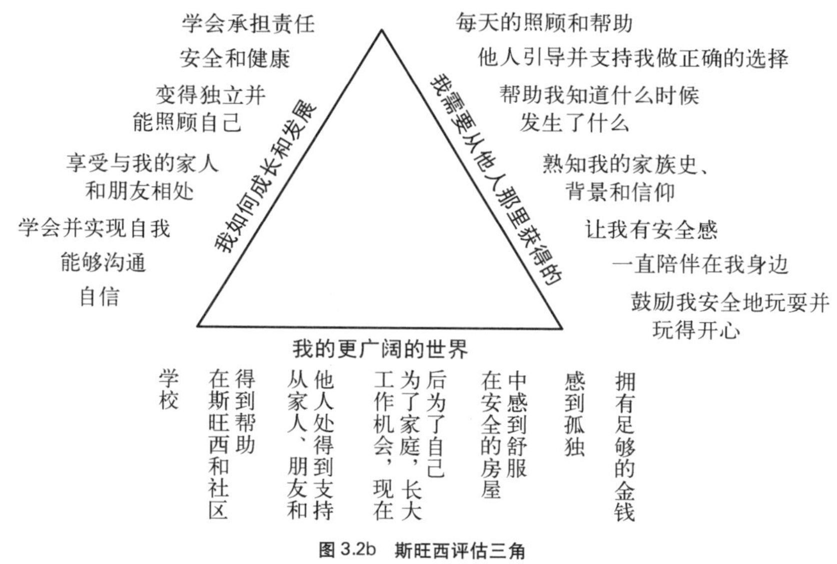

图 3.2b　斯旺西评估三角

图 3.2b 这个版本的评估三角产生于斯旺西，基于苏格兰的“我的世界三角”（*My World Triangle*）。

• • • 假设、偏见与刻板印象

我是一个年轻的黑人（单身）妈妈，一名社会工作者来了，并且以为孩子们都有不同的父亲。当她发现情况不是这样的时候，她就会十分惊讶。她只是随意地提出了这样的假设，甚至都没有意识到。

（引述自一位家长的话，Children's Commissioner，2010：32）

思考点

- 人们对你有什么准确的假设？
- 人们对你有什么错误的假设？

- 这些假设让你感觉如何？

专业人士持有偏见和刻板印象是不可避免的事。作为一个物种，人们总是警惕差异性。我们都是有缺陷的，我们的做法可能会受到我们自己经验的影响，例如，当父母、照顾者、服务使用者或“受伤的治疗者”克服了伤害和创伤。每个工作者都有责任认识到我们的偏见，并确保这种偏见不会干扰我们建立人际关系和理解他人经验的能力。这些经验可以是一个强烈的动机、诚意和洞察力的来源，但只有当我们发展自我意识，保持开放诚实的自我探索，并在我们的工作和生活中愿意向别人学习这些经验才会发挥作用(Milner & O'byrne，2009)。在家庭整体的评估中，跨服务的工作者特别需要探索的假设是父母因为他们面临的问题，发现照顾小孩太难了。传统的家庭福利模式意味着面临着各种生活困难的父母的孩子必然“需要”国家干预(Braye & Preston-Shoot，2010：269)。

在家庭整体评估中，这些改编自 McCracken 的文化评论的问题(1988)，为与家人和同事诚实地对话并建立伙伴关系提供具有挑战性的有益基础：

- 在这种情况下，我对家庭了解多少？
- 我的知识从何而来？
- 我会带有哪些偏见？
- 在这种情况下，我对孩子父母或者父母的期望是什么？
- 这种情况会让我吃惊吗？
- 为什么这是一个惊喜？
- 在这种情况下，孩子或者家长会如何看待我或者我的组织？
- 这个评估对这个家庭的孩子和父母会有哪些影响？
- 什么机构的规范和做法会影响我的评估，如门槛、实践标准、团队的期望？

案例研究

Charmain，32 岁；Ed，22 岁。当他们的女儿 Elise 出生时他们相识还不到一年时间，随后 Ed 就搬进了 Charmain 的公寓。Charmain 患有神经纤维瘤病(NF1)，是一种遗传性疾病，可导致认知功能障碍、癫痫、感觉障碍，并有可能会增加儿童患白血病的风险。当 Elise 两岁的时候，Charmain 带她去了健康访问员的诊所，描述她昨天在 Ed 的 1 个小时左右的照顾后是如何变得安静和懒散的。在健康访问员的进一步询问下，她给健康访问员看了腿上一些旧的伤痕，暗指这是Ed弄的。健康访问员为她们提供了一个母亲和婴儿的临时安置所避开与Ed联系。后续的计划是，Charmain和Elise将在儿童服务的支持下被重新安排住所。当Elise 5个月大的时候，Charmain在那天晚上与朋友外出后没有再回到寄养家庭，几个星期后，她打电话告诉寄养家庭的照顾者她已经和新男友搬到了另一个地方。

几天里，Ed联系了社会服务机构，他听说Elise在寄养，问他现在能不能照顾她。儿童服务已经为Elise制订了收养计划，但Ed接受了法律咨询并加入护理程序。Ed来自一个巴巴多斯的大家庭。他的母亲在一场车祸后需要使用轮椅，由Ed和他的妹妹轮流照顾。社会服务只知道Ed作为一个照顾者的角色，他在学校和工作中都没有暴力历史，与警察也没有什么接触。一名儿科医生会见了Ed，和他解释道Elise可能有患神经纤维瘤病的风险，未来可能存在健康问题和特殊需求。他的回复是他和他的家庭知道如何护理残疾人，无论她的将来怎样他都会爱她。他陈述道Charmain离开他的那天，Elise感冒了。Charmain一直试图喂她食物但没有成功，想给她一个剂量的退热药，她在离家前变得越来越烦躁和沮丧。Ed说他已经能够安抚Elise，在Charmain回来的时候她已经睡着了。

调查发现Charmain经历过儿童虐待。警方记录显示她曾多次未经证实地指控老师和朋友对她进行身体侵害和性骚扰。对Charmain的医疗记录的研究调查表明她有一个7岁的儿子，目前与父亲生活。Elise的医生透露，Charmain表达了她最近怀孕时的矛盾心理。Ed描述他如何逐渐意识到她的身体残疾比他们第一次见面的时候更加严重，她开始出现一些严重的认知障碍和可能的听力损失。

- 作为一个有远见的人，你会怎么做？
- 怎样的成人服务有助于Charmain和Elise的评估和规划？
- 现在评估的问题是什么？

专业体系最初采取合法的关切。他们相信了Charmain的证词；Charmain和Elise被积极保护起来以免遭受更多危害，并获得资源的支持。所有参与的机构根据专业知识了解到制度上的疏忽所造成的令人不快的历史，了解家庭暴力的受害者，孕妇或新生儿的母亲受暴力危害的风险增加，与暴力父亲接触是危险的证据。不幸的是，这一有关家庭暴力的专业叙述蒙蔽了专业人士，使他们没有注意到牵涉其中的每一个个体的故事，在缺乏对整个家庭的评估的情况下，带领他们制订干预计划，最终制止了 Ed 出现在 Elise 的生活中。

- 对 Ed 在 Elise 生活中所担任的角色，可能还有什么其他假设？

独特的普遍性和普遍的独特性

练习

这是托尔斯泰小说《安娜·卡列尼娜》中的开场白：

幸福的家庭都是相似的，不幸的家庭却各有各的不幸。

- 你认为托尔斯泰说的对吗？
- 你在你服务的家庭中看到什么样的不幸？

每个家庭都有特定的价值观和信仰，它们根植于社区、阶级或者信仰等文化语境中。抚养子女的做法和对自主性、成就和独立性的期望因文化的不同而不同，但不同家庭之间也存在差异。陪审员的责任是考虑家庭独特的经历和身份是如何影响人们的行为以及与他人的联系的。不能轻易做出假设，因为家庭关系建立在不同甚至有时相互竞争的家庭历史和文化传统的复杂谈判之上：

每项评估应该反映特定家庭和社会背景下的孩子的独特特征。《儿童法案》在 1989 年提出的观点是，所有的孩子和家庭都应该被视为独立的个体，家庭结构、文化、宗教、种族和其他特征都应该被尊重。

（HM Government，2013：21）

评估是关于理解家庭叙事的，因此涉及处理“解释”（把意义表达出来）和“误解”（把意义强加进去）（Habermas，1973）之间的紧张关系。以这种方式思考评估，我们回到了有关发展、语言学和依恋的理论，来解释每个家庭成员如何建构一个“自我”的观念（Bowlby，1988，1998；de Shazer，1994；Erickson，1959/1980）。然而，个人并不总是自由地创造我们“个人的神话”，因为我们总是处在我们几乎没有什么权力的叙事之中，如性别、性、阶级、种族、社会：

关于身份没有什么是不可回避的。相反，它们是人们努力理解和回应他们发现自我，使用自己所掌控的资源情况的产物。身份是人类的创造，只存在于我们思考自己和他人的方式中。最终身份的建构发生在持续的解释行为中。人类必须产生自己的感觉，并在这个过程中成就自己。

（Cornell & Hartman，1998：231）

练习

回顾、思考并感受当你 8 岁的时候你做了什么？

- 你如何对一个感兴趣的成人描述你的家庭？
- 是什么使你成为你自己？
- 画两幅画来代表你的身份：作为孩子的你和现在的你。
- 你的身份意识发生了哪些变化？

评估不只是使用知识，而且还从每个人的角度思考，并走进他们的世界，体验他们的担忧和困境（Lindsay Hill，Senior Lecturer in Social Work，personal communication，April 2012）。社会工作受研究技术理性贡献的影响，但需要一个实用的道德方法，使判断和决策基于对每个家庭独特情况的了解。研究试图从个人经验中获得一般原则。社会工作者必须从理论和研究中汲取知识，他们可以从每个家庭的经验和世界观中学到一些东西。总之，这些使社会工作者了解每个家庭的需求和分析个人可能会经历什么危害。

这反映了道家的阴阳辩证原则（见图 3.3）。同时以这种方式思考普遍原则和独特的经验，这支持对每个家庭里的复杂的和相互作用的需求的微妙分析。

在这个思想体系中，所有事物都被看作是整体的一部分，任何实体都不能孤立地存在于它与其他实体的关系之外：任何事物都不可能存在于自身之中。没有什么是绝对的。阴和阳必须在自身之中包含对立和变化的可能性。

（Kaptchuk，1983：8）

在社会服务中一起工作的附加值是你可以依靠你的对手的研究领域和理论的深入的知识。这使你可以集中研究这个家庭中的独特的不同之处，以及这个家庭中的每个个体有什么不同和独特之处。作为借助于经验的专家，家庭有时会整合正式的知识与自我意识。家庭关于所面对的困难的特质所持有的信仰，他们寻求和接受帮助的经历都需要我们探讨。举个例子，一些问题饮酒者发现将酗酒定义为疾病很有用，但是对其他人而言，将问题医学化会削弱他们的自我效能感。

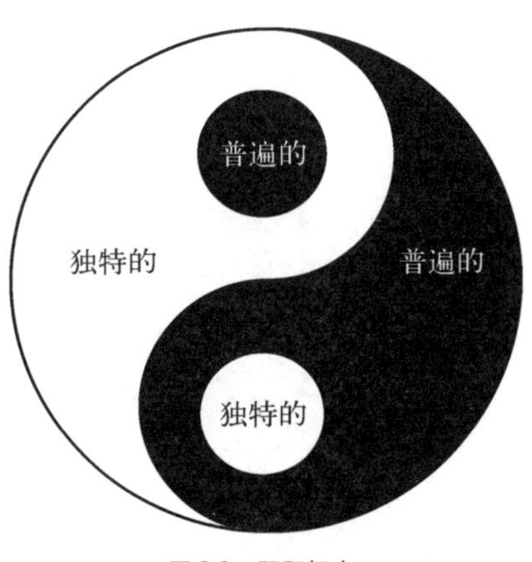

图 3.3 阴阳标志

构思独特的普遍性和普遍的独特性触及一个矛盾的互相断裂之处，也就是在进行基于调查和实证的实践（普遍）的同时，还要将人在不同情境和语境中产生的个性（独特）记在心中：

> 每一个孩子的案例揭示了许多不同的因素和变量的可预见性困难，导致了孩子意料之外的品质。因此，令人困惑的是，每个案例都是既相似又不同。
>
> （Brandon et al.，2009：40）

把孩子的身份作为出发点，有助于确保能关注到每个人的需要。当儿童发展的这一维度被解释为只需要一个简短的关于种族或文化的说明，它经常被忽视。如果评估的重点在于为某个特定干预案例进行辩论，这也可能发生，例如，确保一个特定的服务或者法律授权。

没有抓住孩子的经验和自我意识意味着失去了一个巨大的机会，因为评估是媒介，通过它现在的和将来的专业人士可以了解他们。社会工作者往往对单个儿童有深入和均衡的知识，然而在评估报告中并不能总是传达工作者脑中所捕捉到的现实中孩子的真实感（Thomas & Holland，2010；White、Hall & Peckover，2008）。

练习

回顾一下你最近写的一份评估，把自己放在不同家庭成员的立场上。

- 在你的描述中，每个成年人都会充分认识自己吗？
- 每个孩子都会觉得你完全理解他们吗？
- 你对成年人的描述会损害他们的声誉吗？
- 你能描述孩子们的自尊吗？

变化理论与评估过程

评估本身并不是目的。其目的是确定需求，并为干预计划提供基础，以满足家庭的需求，增进他们的和谐相处，减少危害的风险。这意味着我们必须能够解释每个评估的变化理论。

父母养育方式的设计中需要明确的几个问题(Holland，2004)：

1. 是否要进行家长有可能(在未来)发生变化的潜能的评估?
2. 评估过程中是否有变化?
3. 如何理解变化?
4. 我们是在寻找行为或态度上的改变吗?
5. 关注的焦点是过去、现在、未来还是全部都有?

从历史角度看，儿童服务的社会工作实践往往停留在心理动力学理论上，因此强调改变自我认识。依恋理论在儿童服务中的应用仍有明显的影响。当代社会工作也受到学习理论和认知行为干预研究的影响。例如，依赖和成瘾服务通常使用的方法侧重于提高动机的变化。认知行为疗法和“正念”训练在成人心理健康领域得到了广泛的应用。

有时社会工作者希望家庭能够实现行为和态度的变化。他们的评估可能会使用测量的具体语言，来捕获行为的改变，以及关于确认、动机和愿望来形容态度变化的模糊的想法(Holland，2004)。与同行一起精心设计评估与服务，能够使你识别各种需要的变化，你如何发现这些是否是可以实现的，它们如何实现，以及可以提供什么建议。例如对忽视的评估需要考虑是否由于以下原因而出现了糟糕的养育方式：

- 与贫困和剥夺有关的实际原因（这些主要可以通过实际的、常识的干预措施得到解决）；
- 因为父母不知道或者不理解他们的孩子需要什么（这些父母可能从养育计划中受益，如 Triple P）；
- 因为社会隔离（社区为基础的干预措施可能会有帮助）；
- 因为在乎的关系丢失了或者破坏了［在这种情况下，既不现实、不具有教育性，也不会因为社会干预而有所改变；评估必须聚焦于以关系为重点的工作如何（是否）可以实现持久的变化］。

成人和儿童服务部门之间的合作提供了这样的机会，基于对需要询问的问题和必须理解的问题的明确、考虑周密的分析，设计明智的评估方案，以便考虑什么样的变化是需要的，什么样的干预会促进幸福感。不同的情况需要不同的时间尺度。评估是一个过程，而不是一个事件（Calder & Hackett，2003：36；DoH、DFEE & Home Office，2000a；Holland，2004）。评估时间表可以一起计划，以确保将每个进程都考虑在内：

- 管理父母矛盾；
- 与孩子建立信任；
- 使父母和有学习障碍的儿童的需求相匹配；
- 测试改变的能力；
- 测试变化的影响；
- 确保评估不会因时机不佳而具有破坏性和/或受到损害，如在生病、晚期妊娠或者动荡期的时候。

对治疗与评估进行区分是无益的，并且一直制约着社会工作人员的视野和创造力。

（Walker & Beckett，2003：4）

评估责任往往与健康和社会保健服务中的治疗角色分离，但评估应设计为有益的干预措施，预期的过程将会推进改善（Ward & Rose，2002）。被听到并得到尊重的感受创造了一个洞察力和转变蓬勃发展的环境。虽然评估不可避免地把探索过去的行为作为未来行为的最佳预测，但是它不应该忽视发展和进步：

对一个家庭进行评估可以是理解和改变关键家庭成员过程的开始。一个工作者在收集信息的过程中，可以通过询问问题，倾听家庭，验证家庭的困难或担忧，以及提供信息和建议来帮助其改变。评估的过程本身应该是治疗性的。

（DoH et al.，2000a：15－16）

整个家庭的时间线

只有向后看才能理解生活，但是必须朝前看才能过好生活。

（Soren Kierkegaard，1813—1855）

对家庭的某一时间点进行的静止的快照式评估是没有意义的，家庭模型激发你思考家庭的过去、现在和未来的旅程。

练习

使用图 3.4 探索自己的人生旅程。

- 你早期与父母的关系的哪些方面影响了你在成人亲密关系中的表现?（过去→现在）
- 你现在在这里做什么，是什么带着你朝着未来的目标前进?（现在→未来）
- 你有孩童时认为是局限，现在想要解决以实现自己潜能的情况吗?（过去↔现在↔将来）

社会工作因为在评估过程中没有考虑到家庭的历史信息而经常受到批评。“重新开始综合征”（start-again syndrome）导致评估忽视了细节和事件的重要性，没有关注循环模式，重复了一些不必要的评估。同时为成人和儿童提供服务让评估人员绘制出家庭史的有意义的和综合的记录。共同绘制信息，并在一个连续的、系统的和反复的过程中反映与分析，应该能提出信息完备的、准确判断的建议，以及进行紧密无缝的干预。

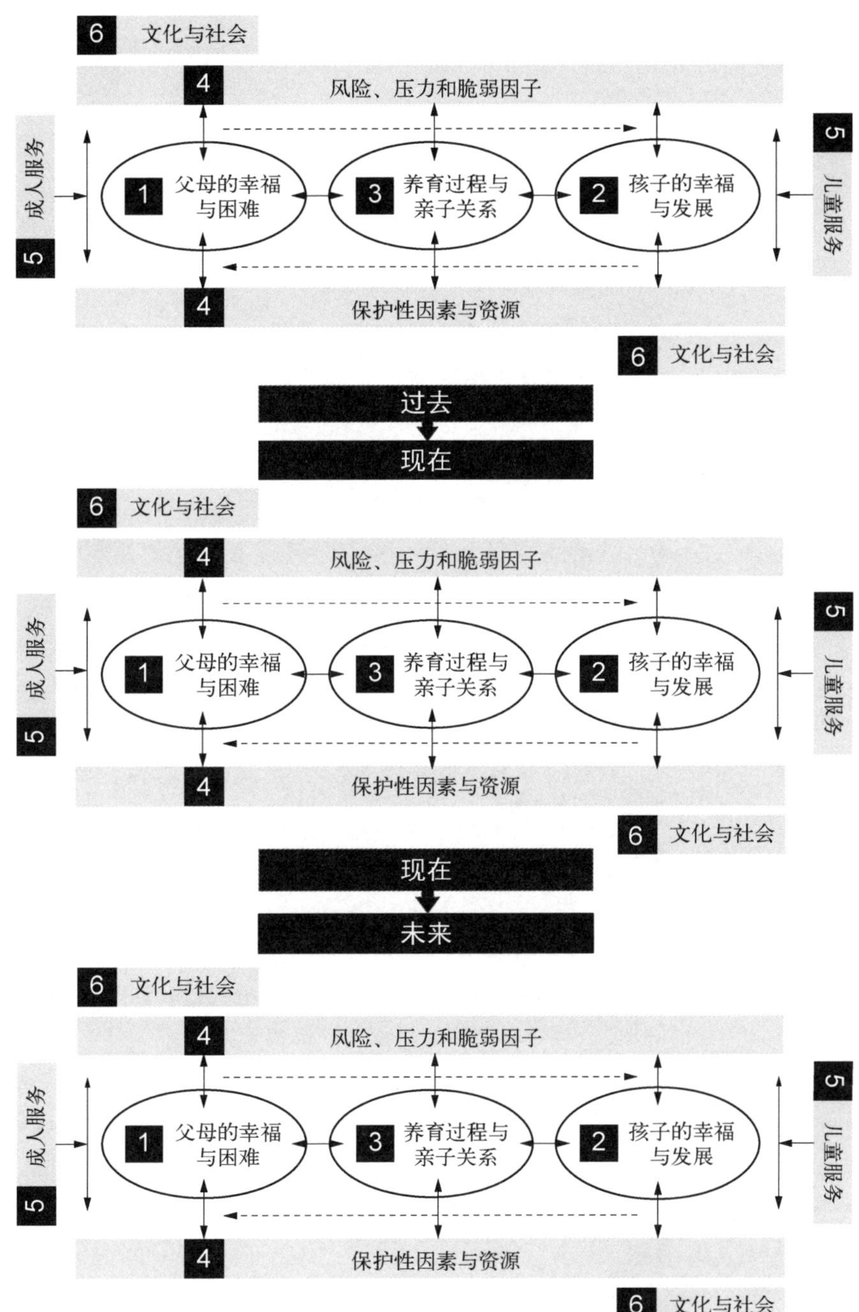

图 3.4　思考你的过去、现在和未来：一个对家庭经历的长期看法

（改编自 Falkov，2012）

• • • 共同思考过去

案例的继续研究

Green家接下来发生了什么……

班主任分享了老师们对于Megan的担心，Lisa同意由学校制定一项通用评估框架下的评估。当这项评估仍在进行中时，警察被叫到一个邻居的家中。Megan精心策划了一场“伪装”的游戏，这个游戏最终的结果是她将她的朋友束缚在她的床上，放了火，并阻止她灭火。警方和儿童社会服务机构在其后进行的联合调查中搜集了更详细的资料：

- Amy与她的伴侣Justin以及两个孩子住在她的父亲那里。Lisa每周照顾Ethan两天，Amy目前是一名刚持证的社区精神科护士。
- 根据Lisa说的，Emily、Joshua和Megan的父亲Gary在踢完足球喝了酒后，就会变得高度紧张，并且经常发生争吵。不过她认为他们的婚姻还是算圆满的，直到7年前，他开始酗酒，并且开始虐待她。在一次圣诞夜的夜晚发生了类似的事情后，她把前门的锁换了，在那之后他们再也没有在一起生活过。Gary随后被发现淹死在酒吧附近的池塘里。
- Emily和Joshua在孩童时从来没有好好相处过，Emily对于Joshua所制造的所有麻烦都很生气。她现在正热衷于与她的朋友“沙发冲浪”。
- Joshua 8岁的时候收到了一份特殊教育需要（Special Educational Needs，SEN）的通知，他被鉴定有阅读障碍。
- Emily并不被看好能够获得普通中等教育毕业证。她从未收到过类似通知，但是Lisa觉得她“如果有问题，一定有比Joshua更严重的阅读障碍”。
- Megan非常聪明，是一个真正的全才，已经于一年前被选入一个培养组织。
- Megan一直被视为是最难应付的孩子，她有强烈的个性，需要清晰的界限。Lisa发现Megan很难管理，她总是惹怒Joshua和Emily。
- 在Megan 3个月大的时候，Lisa被确诊为患有卵巢癌，她接受了子宫切除手术和化疗，治疗痊愈后她又得了风湿性关节炎。慢性疼痛折磨着她，使她无法正常入睡，并且会经常出现精神紊乱。虽然 Emily 前段时间离开了家，但是她还是会继续帮助家里做家务和购物。

传统的家庭年表往往在儿童文件中被发现。表 3.1 提供了一张年表以追踪 Megan 的人生历程，它改编自一个采纳评估中日常使用的模板。年表有助于我们理解和追溯事件是如何展开的。

表 3.2 以时间线形式展现了关于 Green 家族的信息，这可以帮助评审人员关注模式，追溯事件的重要性和意义，并且识别关于进程的进一步问题。

思考点

- 你能看到什么模式？
- 从中产生了哪些新的见解或者有哪些新的理解？
- 评估的问题是什么？
- 评估应该如何设计的含义是什么？

浏览、摘录、阅读、评论、回顾（Skim、Extract、Read、Review、Recall，SE3R）是一个系统的方法，从一个连续文本中进行提取、整理，加工和记忆叙述细节。这种方法是由 Eric Shepherd 博士在 1987 年设计的。一个 SE3R 方法将叙事再现为一条可视的“事件线”，一个对于现在时态的时间段的手写的线性再现，同时“身份容器”提供了关于人和地点等方面的细节。这种方法的出现是为了便于在特定事件中的法医调查沟通。图 3.5 给出了在 Megan 的游戏后，机构间的会议讨论，据报道警方很快整理出了一个 SE3R 过程。制作 SE3R 过程通常突出信息的获得的差距，并帮助陪审员进一步确认事实问题。

表 3.1　Megan Green 人生历程

时间线日期	年龄	重大个人/家庭事件/历史	地址的显著变化	教育及就业	家庭关系历史	服务措施
2003 年 12 月 24 日		Megan 出生				
2004 年 3 月	3 个月	Lisa 被诊断为卵巢癌				

（续表）

时间线日期	年龄	重大个人/家庭事件/历史	地址的显著变化	教育及就业	家庭关系历史	服务措施
2004年12月24日	1岁	Gary攻击Joshua，离开家庭，Lisa换锁				
2005年2月	1岁2个月	Gary溺死				
2005年6月	1岁7个月	Olivia出生				
2007年1月	4岁1个月			Megan参加学前教育		
2009年5月	5岁6个月	Joshua第一次表达焦虑				
2009年9月	5岁9个月			Megan进入一年级		
2009年12月	6岁					Megan参加培养小组
2011年1月	7岁1个月	Joshua第一次进入A&E				
2011年3月	7岁3个月	Emily离开家庭				Megan参加CAMHS x3
2011年4月	7岁4个月	Megan的床移到Lisa的房间				
2011年10月	7岁9个月					Joshua通过CMHT
2011年12月	8岁					由于担忧Megan的可怕想象，学校发起常见的评估体系
2012年3月	8岁3个月					警方调查Megan对朋友的伤害性行为
2012年4月	8岁4个月	Ethan出生				

表 3.2 Green 家族信息

	2003	2004	2005	2006	2007	2008	2009	2010	2011	2012
Gary										
出生于 1958 年 6 月 6 日										
去世于 2008 年 12 月 27 日	45 岁									
第三个孩子的出生	酒精的过度使用和侵略行为	47 岁								
在圣诞节离开家庭		溺于节礼日								
Lisa										
出生于 1970 年 9 月 5 日	33 岁 第四个孩子，Megan 出生									
圣诞节	34 岁									
诊断为卵巢癌并在六月进行子宫切除术	35 岁									
类风湿关节炎的发展										
第一个孙子出生						41 岁				
第二个孙子出生										

（续表）

	2003	2004	2005	2006	2007	2008	2009	2010	2011	2012
Amy										
出生于 1987 年 1 月 21 日			18 岁							
跟 Justin 结婚										
第一个孩子 Sophie 出生						24 岁				
第二个孩子 Ethan 出生										
Joshua										
出生于 1993 年 10 月 9 日	10 岁	11 岁	12 岁	13 岁	14 岁	15 岁	16 岁			
12 年										
在六月感到焦虑										
夏季开始酗酒和使用大麻	17 岁									
新年第一次精神疾病经验	18 岁									
逐渐加剧的不安行为										

（续表）

	2003	2004	2005	2006	2007	2008	2009	2010	2011	2012
Emily										
出生于 1994 年 9 月 5 日	9 岁									
五年级	10 岁									
六年级	11 岁									
七年级										
开始承担家务和购物的责任	12 岁									
八年级	13 岁									
九年级	14 岁									
十年级	15 岁									
十一年级	16 岁									
十二年级	17 岁									
离开家庭										
Megan										
出生										
2003 年 12 月 24 日	出生在圣诞节	1 岁	2 岁	3 岁	4 岁	5 岁				
一年级	6 岁									

（续表）

	2003	2004	2005	2006	2007	2008	2009	2010	2011	2012
二年级	7 岁									
三年级	8 岁									
四年级	9 岁									
五年级										
升级的不安行为										
Olivia										
2005 年 6 月 16 日			出生在 6 月	1 岁	2 岁	3 岁	4 岁	5 岁		
一年级	6 岁									
二年级	7 岁									
三年级										
Ethan										
2012 年 6 月 6 日										出生在 6 月
Justin										
1988 年 8 月 16 日			19 岁							
第一个孩子的出生										
Dave										
1978 年 1 月 21 日										36 岁
第一个孩子的出生										

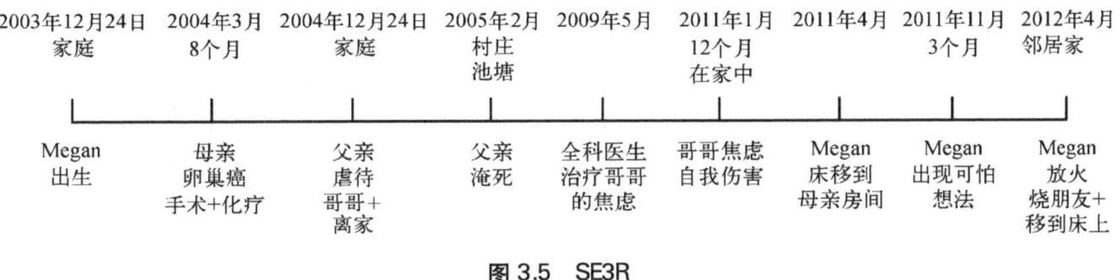

图 3.5　SE3R

机构间事件(表 3.3)记录了每一个有害事件的关键信息，当它为核心小组会议合作完成时，是最有价值的跨部门信息工具(Raynes，2003：127－128)。

表 3.3　机构间事件(改编自 Raynes，2003：127)

日期	事件	父母的解释	孩子的解释	给出的建议	采取的行动

这些方法都是有帮助的，因为它们显示了模式，突显了差距，使工作者能够清楚表达问题并确定评估的议题。

共同思考未来

共同思考一个家庭的未来需要共情和想象力并且愿意去思考当前和长远结果。当面对家庭时，无论他们的困难是否减少了，坚忍地控制他们或是被他们打倒，关键的问题是，“如果什么事都没有变化，那会是什么样的结局”。来自神经科学领域的研究着重于这样的观点，即评估必须着眼于父母行为的长期影响，而不仅仅是描述，或者甚至需要捕捉到为什么父母的行为受到损害(第六章进一步讨论了贫困家庭关系对儿童发展的长期影响)。

案例研究

警方在3月的一个星期二晚上的10点接到电话，邻居担心6岁的Richard和他5岁的妹妹May与年纪较大的孩子在街上玩耍。当警察将孩子带回家，发现家里很冷、很脏，陈设混乱，几个年轻人在看电视，显然还在喝着酒。孩子的母亲没有和他们一起喝酒，而是在另一个房间睡着了。她告诉警察她不知道是什么时间，她因为吃了医生开的处方药，睡得很沉。她看起来晕头转向的。

- 孩子们最严重的直接危险是什么?
- Richard和May受到严重伤害的可能性有多大?
- 那么晚还在外面玩对Richard和May有什么直接影响?
- 如果没有改变，Richard和May会受到什么影响?
- 随着他们进入青春期和成年期，这会如何影响他们?如果没有改变，从长远来看，Richard和May将会有什么结果?
- 评估的问题是什么?

一旦评估员察觉到如果没有改变，可能会有什么发生的话，他们可以开始考虑未来的首选方案。在评估过程的早期阶段，思考摆在一个家庭面前的所有可能的未来和有关孩子的长远规划，有助于辨认出以证据为基础的干预，这将会对孩子大有裨益，无论当前的结果是什么(Brown & Ward，2012)。

练习

回顾你最近的一次评估。

- 我所评估的这个人所面临的逆境是什么?
- 这个人独特的才能和潜力是什么?
- 你最担忧这个人什么?
- 你可以为这个人预见的最好的、最现实的未来是什么?

评估模型、工具和手段

三种不同的实践模式为不同社会工作者和不同社会工作环境中的评估

提供信息：

- *问题*：评估者定义问题、需求或风险，并推动评估的内容和过程。工作者需要有专业知识和权力。
- *程序*：评估人员使用标准化的工具，以确定服务、匹配服务需要、识别风险。需求经常被概化为缺陷的方面，也就是人们做不到的事（Gurney，2004）。
- *交换*：人们被视为有关他们处境的专家，评估员有责任把获得解决问题的资源看作是一次互动。基于伙伴关系，关注家庭的叙事（Smale et al.，1993）。

当社会工作者在不同语境下进行设计和评估，他们需要有能力识别什么时候、如何以及为什么这些不同的方法被采用或将被采用，并且探索如何整合不同类型的信息。

社会工作者经常需要综合刑事司法、卫生或教育等领域的其他学科所做的评估，这些学科共同努力跨越服务鸿沟，使评估人员能够理解来自不熟悉领域的专家意见，并与他们的社会工作对应方讨论其他学科所提供的洞察力的含义。

评估被认为有两种不同的形式：要么是一种理性的、科学的和技术的任务，被测试的、客观的和一致的协议所支持；要么是作为一种反应过程，即专业人士寻求在复杂的情况下深入了解，形成判断的过程。因此评估工具分为两大类：

- *精算方法*：强调识别因素，可以显示为统计学显著预测因子。许多研究投入努力创造评估工具，准确地识别和预测风险。这些在美国的社会护理中被广泛使用，但在英国的专业设置中使用最为普遍。
- *共识或临床工具*：更加重视工作人员通过面谈、经验和理论知识来收集资料以形成一个临床判断。这种评价模式主导了英国社会工作实践。

相对于临床评估中隐含的更为反射性和直观的方法，精算方法可能被认为是更科学、更可靠的一套方法。许多评估工具被设计用以支持评估。附录 2 概述了最有可能对整个家庭评估做出贡献的专业学科所使用的评估工具、手段和模型。

精算和临床方法各有优缺点。临床评估往往是有缺陷的，“直觉”有时使种族主义的社会工作实践永久化，除非是监督和健康的团队氛围鼓励工作者探索和挑战他们的假设(Kemshalll & Pritchard，2005；Munro，2002；Wonnacot，2012)。精算评估的价值也是值得怀疑的，并不是所有的经验都是准确的。他们可能不能帮助评估人员权衡个人风险因素或危险因素的混合体。许多研究都是在美国进行的，并且都针对特定的人群。这意味着他们可能不能很好地转化到英国的实践中，可能没有考虑到文化和背景的差异。通常大家认为这两种方法是互补的(Munro，2002)。

• • • 信息管理

优质信息是有效的评估和决策的关键。只有当不同来源的信息拼凑在一起时，家庭的需要和任何危害的风险才会显现出来。如果允许的话，信息必须共享，无论何时这样都将使家庭受益。

所有社会工作者都有责任关注和鉴定孩子哪里有明确的安全隐患，有义务采取适当的行动(DfES，2005，2006)。分享信息的义务是明确的，指导则旨在突破专业间互动的困难。

然而，当你正在考虑预防性干预措施时，你很难决定与其他服务的同行共享信息是否以及何时是合法的。害怕失去家庭的信任有时被认为是家庭整体工作中的一个重要障碍。

实务工作者也常感到在记录和信息共享方面受制于立法和地方的指导。在数据保护法中规定的信息交换的限制意味着如果有人不能或拒绝信息共享，应予以尊重，并记录其拒绝的理由。被NHS雇用的工作者比《卡尔迪科特卫报》(*Caldicott Guardians*)想要患者信息受到更多问责限制。在成人服务中的工作可能会担忧在没有明确事件或事件不确定的情况下，精神虐待或养育上的疏忽的信息是否有正当的理由被分享(Calder & Hackett，2003)。侵权法可以使人们在违反保密原则时寻求损害赔偿。政府制定了七个信息共享的"黄金原则"，以期在很难做决定的处境里解决这一明显矛盾(HM Goverment，2008)：

决定是否共享机密信息的关键因素是必要性和相对性，例如，支持共享是否有可能做出有效的贡献，以防止风险和共享信息的公众利益是否超过了保持秘密的利益。在做出决定时，必须权衡相对于信息不共享，信息共享可能会发生什么，并根据专业判断做出决定。

（HM Goverment，2008：21）

当来自不同背景的工作者贡献了相互矛盾的信息，这不一定是一个问题或冲突的来源，而是一个保证更丰富的评估的机会。家庭整体评估的力量在于社会工作者可以在几个环境和不同专业关系背景下理解人们的功能。这些通常会产生新的信息，例如，与社会隔离的自卑的父母可能在原生家庭中比在自己家中更有能力处于家庭中心（Bronfenbrenner，1979）。

在不同服务中一起工作不仅能使工作者从各种来源中收集完善的信息，而且还可以就高质量信息的获得展开开放的讨论。Morrison 和 Wonnacott（CWDC，2009）特别强调评估员只是收集资料是远远不够的：

仔细考虑评估实践很可能会发现，无论什么框架，信息都是根据工作者的偏好整合的，并会受到网络上使用用户和专业人士的关系质量的影响。信息经常在其质量和相关性没有被评估的情况下被收集起来，几乎没有考虑所有重要的问题，即“我们不知道什么”（Wonnacott，2012：106）。

Morrison 设计了一个矩阵（见图 3.6），以帮助突出丢失的信息，从模糊的信息中分离出明确的事实信息，并分辨出评估在哪些地方建立在假设之上，而不是依据事实信息。

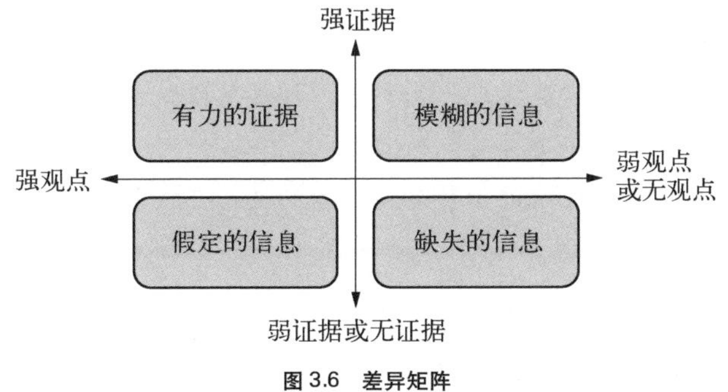

图 3.6 差异矩阵

（改编自 Morrison & Wonnacott，2009）

案例的继续研究

我们目前为止所了解的关于 Green 一家的信息质量如何？

- 缺少什么信息？
- 什么信息需要进一步阐明？

- 评估有哪些问题？
- 你的评估计划是什么？

与一个跨领域的同事使用此工具来分享信息经常能辨认出丢失的关键信息。矩阵鼓励你提供关于家庭的有质量的信息。它可以帮助你分辨哪些是假设，因为随着不断发展这些假设已经被吸收进“知识”里而成为专业人士间共享的所谓的事实。经常和同事见面，把你对一个家庭的了解反映出来，几乎每一个人都认为自己知道的东西是模糊的，而且是开放的。认识到信息的缺陷通常会让你制订一个计划来填补空白。评估团队有更好的能力来对待最初的不确定因素，并依据现有的最佳信息来提供建议和决定。

共同规划并决定从哪里开始

协议帮助社会工作者进行评估时的一致性和公平性，然而由于每个家庭都是独特的，家庭整体评估还需要创新性。

思考点

- 曾经有人在你觉得不需要进行一个特殊评估的时候要求你进行评估吗？
- 你有没有做过一个特殊的评估但仅仅被告知就当前家庭的条件做评估是不可能的？
- 你有没有过读了一篇专家的评估，然后认为我早就知道这个呢？

跨服务分工的强有力的联合规划确保评估关注的基本问题，并绕过不必要的或不相关的切线。

当你需要考虑风险的时候，它有助于你区分“因素性的危险”和“情境的危险”（Broarley，1982）。因素性的、背景的危险是一个家庭中的普遍因素，不良的后果更易发生。情境的危险是特殊因素，在当前的情况下有进一步增加的可能性。这种区别重点集中在问题在哪里以及如何减轻它们（Kelly，1996）。

你可以把你所知道的关于一个家庭的信息映射到一个矩阵上，以帮助你识别不同问题的评估重点，避免调查走进死胡同，并剔除与决策无关的因素（见图 3.7）。

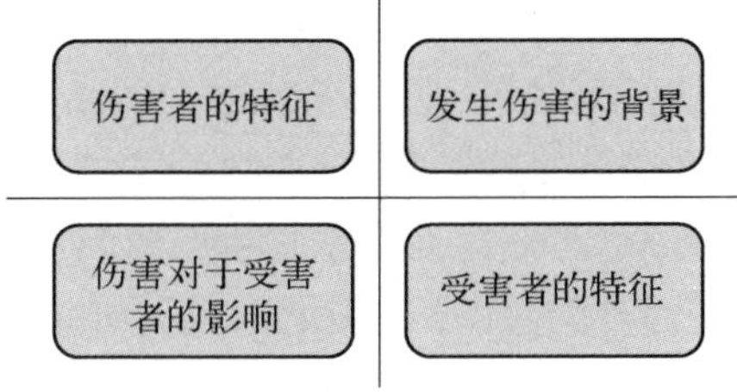

图 3.7 理解事实：一个初步分析模型

探索伤害的背景

案例的继续研究

再次思考 Green 一家。Joshua 威胁 Lisa，还对她进行了身体上的攻击，把你所了解的他们的情况绘制出来，并分析你已经知道的信息。

- 你还需要从这些经验当中发现更多吗？
- 你认为将 Lisa 描述为 Joshua 的受害者是否正确？
- 关注 Lisa 的受害状况会有所帮助吗？
- Joshua 的暴力行为对 Lisa 有什么影响？
- Joshua 的行为驱动力是剥夺 Lisa 权力的欲望吗？

孩子们在他们的父母有暴力行为的情况下，试图了解哪一个人是受害者哪一个人是施暴者，几乎没有任何意义。通常情况下人们要么两者都是要么都不是。这个问题很少是单方面的，寻找一个单一的原因是没有意义的，因为很少有一个简单的理由能够解释为什么会在家庭中出现这样的问题。社工评估的任务是找出事件背后错综复杂的原因。

练习

《危险的孩子》（*Dangerous Child*）是一部由 Graeme Campbell 执导，由 Karen Stillman 编剧的电影。Sally 对她十几岁的儿子不断升级的暴力行为保持沉默，直到她发现自己被怀疑有虐待儿童的嫌疑。

- Jack 的暴力如何融入 Sally 的故事？
- 如果从 Jack 的角度应该怎样将故事展开？
- 这是谁的故事？

孩子对父母的暴力通常是作为复杂历史的一个方面而被提及的。大多数被子女们殴打的父母，更关心的是如何修复两代人的关系，并不是暴力对自己的影响。13～14 岁的男孩很有可能成为施暴者：70%的攻击来自男孩，70%的受害者是母亲。离婚或者分居是暴力儿童最常见的家庭背景，但暴力儿童的产生通常是在多种情况下，其产生的根源也是多重的。

暴力儿童产生背后的原因是复杂的，尤其难以评估，因为它使我们对养育子女和权力动态的通常信念和期望发生了翻天覆地的变化。(Gallagher，2008；Holt，2012)。Lisa 以及其他像她一样的父母给我们的主要启示是，改变仍然是可能的。项目的评估经常涉及我们如何更好地利用父母的能力。不同的治疗模式开始出现，尤其是通过自救的领域入手(Helen Bonnick，2013)。

思考施虐者的特点

有时候危害的加剧主要是因为家庭成员的性格特征。例如，在本章前面讨论的 Garcia 的家族中，Amelia 承担了沉重的责任。她被人孤立且不被支持。她的女儿已经遭受了非常严重的伤害。从根本上说，Garcia 和 Francis 将继续在 Amelia 照顾的风险之中，因为她没有能力去掌控压力下不堪重负的情况。Garcia 的痛苦让 Amelia 无法承受，这使得 Amelia 攻击了她。作为 Francis 的唯一的照顾者，她很可能会经历相同的情况，这同样会使 Francis 也成为 Amelia 的冲动情绪下的受害者。

本书假定大多数父母是好的，而很少有人主动选择伤害别人。从这种基于优势的角度来看，把伤害了孩子的父母当作虐待或虐待的犯罪者，并不总是恰当的。当父母利用其权威和权力造成破坏性的情绪，对孩子造成性或身体上的伤害，一种针对风险评估更辩证的方法是需要的。

案例研究

Jennifer 有情感或精神痛苦的历史，在 30 多岁的时候，她从公路桥跳下，严重地伤到了脊柱。很显然，在没有人帮助的情况下，她将不再能够管理她的家庭或抚养她的3个孩子。令她高兴的是，她遇见了Mick，并很快相爱了。在大约5年的时间里，Mick证明了他是一个真心地照顾Jennifer并且能领导他的新家庭的人。他很快赢得了与家庭有关专业人士的信任和钦佩。Nicky和Charley似乎很享受现在的生活，只有Sammy因为挑战性和偶尔的挑衅行为引起了关注。Mick率先寻求帮助Sammay的办法并帮助她参加了许多次青少年精神健康服务的治疗。他经常抱怨她也会屈服于感情以及精神上带来的痛苦。当Sammay向她的医生请求避孕药的时候，她终于说出了真相，Mick一直对她进行性虐待。 直到他们分开很久之后，Jennifer才承认Mick把她强奸了至少3次（图3.8）。

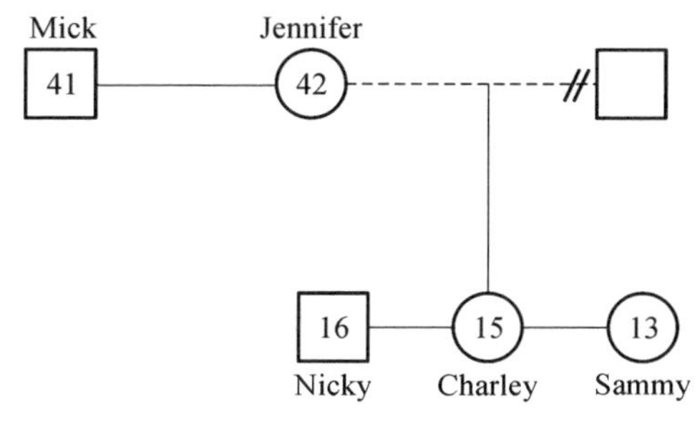

图3.8 Gray家的家庭结构

- 哪些应该是评估的重点？
- 评估的问题是什么？
- 作为单身成年人Jennifer的需求是什么？
- 作为单身母亲Jennifer的需求是什么？
- 孩子的需求是什么？

当孩子在家庭中受到性虐待时，多门学科协调一致的评估需要探索三个维度的事实：

- 孩子的经历与脆弱性；
- 家庭中的保护和安全的破坏；
- 父母虐待的行为、动机和驱动因素。

在这种情况下，这个故事的核心在于Mick作为掠夺性犯罪者的特征。作为母亲的Jennifer的个人需求和作为家长的需求并没有引起这些事件，但是这个家庭的脆弱性给了 Mick 一个犯罪的动机。当成年人性虐待孩子时，他们已经：

- 完全意识不到他们的行为是非法的，并且是不道德的；
- 解决了内部抑制因素，如被发现的恐惧；
- 无条件地获得了其他成年人信任，克服了外部抑制因素；
- 计划如何犯罪，并让孩子们接受性虐待。

评估任何猥亵儿童和性虐待所造成的持续风险需要采用一种准确的方式：只依靠临床判断或精算评估中的一种是不够的。评估方法包括历史记录、临床访谈、心理测量分析和使用精算工具，用来测量静态不变的风险因素，如负面家族史，过去的不愉快的关系和历史（Browne、Beech & Garg，2010）。性虐待从来都不是无端产生的，它可以来自性吸引（对于青春期或青春期前的男孩和女孩来说）、权力、控制、报复或愤怒，来自虐待狂倾向，来自感情或亲密关系的需要，有时来自犯罪者本身的童年经历。

在性虐待的情况下，评估者需要注意警告标志，一个像 Jennifer 一样无能为力的父母，可能无法在将来提供保护。评估包括识别在家庭提供不了安全保障的情况下，使家庭不安全的正面和负面模式（Bentovim，2010）。如果父母决定与一个成年人一起生活，并造成儿童的风险，评估应该设计一个计划，给无能为力的父母赋予一定的权力，让他们：

- 保持清醒与自我控制；
- 保持开放的态度但是不要误信他人；
- 听、看、观察；
- 意识到施虐者的行为和情感；
- 辨认出修饰行为；
- 相信孩子的解释；
- 寻求帮助。

关注受害者的经历

案例研究

Maryam 与心理健康服务站的第一次接触开始于儿童服务站对她进行的

评估。Maryam 在尼日利亚参加护士培训，然后与 Ibrahim 结婚。Ibrahim 是一名会计师，公司要求他每 6 个月搬家一次。Isa 和 Rahma 都是健康和强壮的婴儿。当 Rahma 18 个月大时，Maryam 带她去医院，声称 Rahma 突然发生了持续而剧烈的抽搐。虽然报告显示她脑功能正常，但根据她的母亲对病情的陈述，她还是服用了低剂量的抗抽搐药物。报告显示这样的剂量无法控制癫痫发作，剂量只能在未来几年内稳步上升。Maryam 通过报告得知，她的妹妹从出生直到 16 岁死亡，一直患有严重的癫痫症，但没有任何医疗记录。

Rahma 的身体逐渐变得虚弱，伴随着她的用药量的增加，她的行动变得更加困难。4 岁时，她进入了一所专门接收身体和学习障碍儿童的学校。Maryam 开始规划个人护理的预算，并在周末和假期安排白天护理。一开始，Rahma 有捏造或诱发的疾病(Fabricated or Induced Illness，FII)的可能性并不高，直到这对夫妇要求昂贵的资金为 Rahma 提供更专业的学校安置。几周后，Fara 被医院确认停止呼吸(图 3.9)。

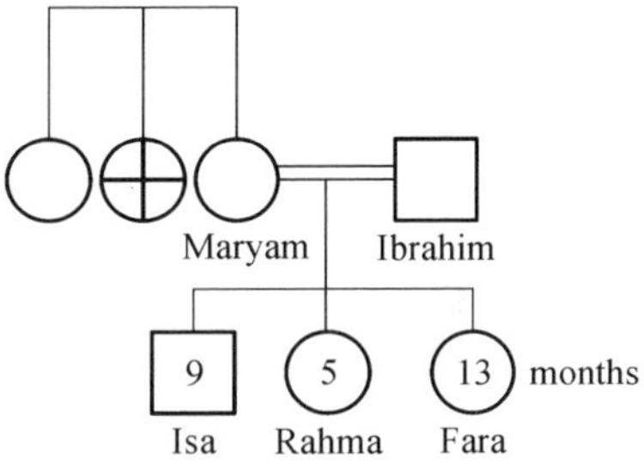

Maryam Ibrahim
9 5 13 months
Isa Rahma Fara

图 3.9 Inuwa 家的家庭结构

- 评估的重点是什么？
- 评估的问题是什么？
- 如果癫痫是 Maryam 捏造的，这对 Rahma 有什么影响？
- Rahma 是否受到 Maryam 的身体伤害并诱发疾病？
- Rahma 目前的需求是什么？

由于需要“思考不可思议的事”，大多数社会工作者会感到情绪上的压力，通常是关于作为服务的建设性合作伙伴的父母，他们总是表现出关怀备至和有能力胜任的样子(Precey，2003)。捏造或诱发的疾病(FII)最好被构建为一个连续体，重点应该在于探索父母的行为，从而了解其行为对孩子的影响。例如，一位年龄较大的母亲第一次怀孕，其孩子在多次试管授精之后被怀上，每周都至少需要一次将新生婴儿送到医生那里，并定期向她的健康访问者提出少量的担忧。尽管过度焦虑，但她并没有要求进行药物治疗或医疗干预，也没有描述危及生命的事件，如呼吸暂停。

她对医疗帮助和建议的过度关注，以及她无法安心地接受医疗报告，未能得到安慰和医疗背景的报告，使她可以被看作诱发疾病的制造者。但对她的行为也可能有许多其他的解释：产后抑郁症；因为孩子的重要性极度焦虑；可能会伴随新妈妈的孤独和焦虑；或者基于自己的医学知识的过度活跃的想象。无论她的动机如何，她不寻求帮助的事实将直接影响孩子的健康或发展，这意味着关注的焦点比考虑对婴儿进行儿童保护调查更有针对性。Eminson 和 Postlethwaite(1992)将制造或诱发的疾病概念化为一个范围，这有助于强调如何对母亲的行为及其意向性进行解释(图 3.10)。

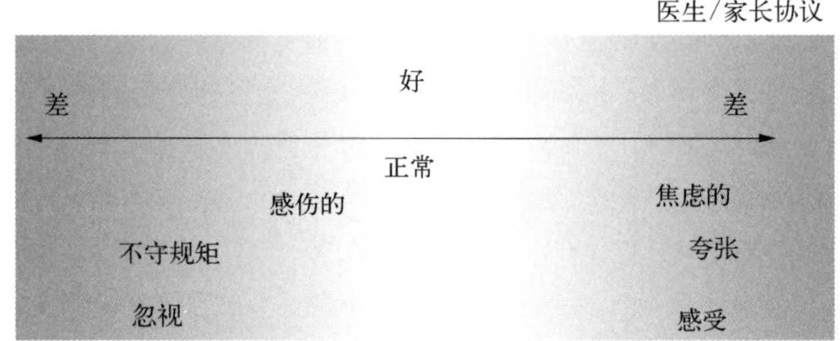

图 3.10　疾病表现范围
(Eminson & Postletbwaite，1992)

在另一个例子中，一个孩子显示出长期的体重不足却得不到明显的医疗帮助。这可能是由于她的父母不了解良好的营养和规律饮食的重要性，或对孩子的身体形象存在错觉，或故意欺骗挨饿的孩子，坚持认为他已经消耗了足够的食物，而孩子因为太年轻或太困惑，或因为胆怯不敢和他们发生矛盾。与其推测动机，不如采取行动确定发生的情况。一种可能是将孩子送去医院，确保工作人员对他进行照顾，看看会发生什么。如果孩子体重增加，可以询问他的父母如何解释他现在与在家中抚养时的体重差异。

制造或诱发的疾病很难被理解或者辨认出来，制造者的行为通常很合理，并且经常会在不同的服务中触发不同的意见。伙伴关系原则和优势观点必须得到承认，即公开遵守和谨慎可以掩盖隐蔽的欺骗和伤害。令人担心的是，通过下降心理社会路线，真正的医疗状况可能未经处理，来不及确定关注点和采取的行动之间的关系。有时行为根本就不会被采取，因为证据太不确定。

在 Rahma 案中，评估往往以涉嫌伤害孩子的父母为中心。有时几个月甚至几年下来，在了解父母的动机，确保精神科诊断的对其行为解释或证明其病理功能障碍方面都没有什么进展。政府出台了关于制造或诱发的疾病的原因或影响的指导意见，并提供了评估和干预程序(DfE，2008)。这个指导意见的首要信息是，无论多么奇怪，无论父母如何抱怨，制造或诱发的疾病对儿童的影响都应成为评估的重点(Gretchen Precey，2013)。

类似的过程经常影响为父母的行为困难且不正常的家庭服务的社会工作。当父母的行为似乎表明了情感或精神上的困扰，但不能归因于容易治疗的精神疾病症状时，那么他们可能会被确诊为具有边缘人格障碍(如果有精神科诊断，那么这可能是人格障碍)。在这种情况下，评估必须注重儿童的体验，以及父母的行为是否对他们有害。人格障碍是精神疾病治疗的一个复杂方面，这个诊断本身很少有助于整个家庭的评估。当儿童工作者和精神健康社会工作者之间有效交流信息和知识，应着重于家长对家庭的表现的意义，对家庭成员的不利影响，以及保护儿童免受伤害的需要。

全面思考脆弱性和危害

风险理论是复杂和激进的(Power，2004； Webb，2006)。不同服务的工作人员可能会采取不同的方法进行风险评估、风险管理和风险承担。谈论风险，了解你正在服务的家庭中的风险以及风险评估、风险管理和风险承担的方法，是有效协作的基础。

评估风险和伤害是大多数合格工作者工作负担的核心，它具有一定的复杂性和挑战性。成人和儿童服务工作者在进行评估时同样受到焦虑的影响，因为它总是伴随着犯错的可能性。不确定性是不可避免的，但它的负担可以在整个服务中分享："共同承担一个麻烦就是将一个麻烦减半。"

美国的国防部长 Donald Rumsfeld 曾说：

> 有些事情是已知的已知；有些事情我们知道我们知道。我们也知道有已知的未知；也就是说我们知道有些事情我们不知道。但也有未知的未知，也就是我们不知道我们不知道。

Rumsfeld 没有提到未知的已知：对成年人和儿童死亡的回顾反复发现风险指标是已知的，但不是由负责人评估的。在社会工作中，我们必须接受，能确定的事情非常少。不幸的是，作为人类，我们有一个对确定性的强烈偏好，并且对不确定性感到不舒服(Goddard et al.，1999)。政府经常与媒体勾结，坚持认为我们应该能够预见所有的风险。工作者感到压力而只能提供简单的答案，无法断定价值和不确定性的必要性。

关于个人、家庭和国家之间的关系的模糊性是我们的社会保障制度所存在的问题的核心。英国法律试图以权利的视角与家长式主义相结合。社会工作者首当其冲，受到国家干预是不必要和侵入性的普遍观点的影响。因此，只有一小部分实际遭受虐待的儿童曾向法定机构报告(Cooper et al.，2003)。一些从事成年人服务的工作者分享了这个观点，并且这其中确实有事实存在。与少部分遭受虐待的儿童相比，许多家庭陷入了儿童保护问题(Cawson et al.，2000)。有时评估在讨论家庭需要方面没有成功，因为程序把实践变成了对特定事件的反应。评估儿童保护问题的准入门槛可能不一致。无论儿童是否被视为有需求或存在风险，都可以推荐类似的干预措施。相比高风险的情况，社会工作者更善于应对预测结果风险低的情况(Hayes & Spratt，2009，2012)。

案例研究

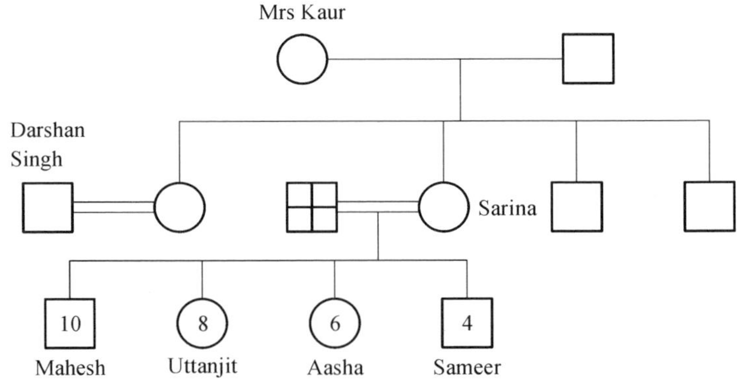

图 3.11　Singh 家的家庭结构图

经批准的心理健康医生 Bradford 和 Janeka 将于星期五晚上 10 点在家中访问 Sarina。Sarina 患抑郁症几个月了，现在已经陷入紧张症之中。当他们到达时，Sarina 的 4 个孩子都在床上。Bradford 医生、Janeka 和 Kaur 进行了谈话后才看到 Sarina。他们很快就达成协议，Sarina 需要被立即送往医院进行治疗。救护车来接 Sarina 去医院，而 Bradford 医生则和 Janeka

坐在自己的车里跟着。在星期一早上，Aasha 因为想从微波炉中拿东西而引发爆炸，从而造成了她的眼睛和脸部的严重灼伤，Mahesh 很担心。在调查中，Janeka 认为 Kaur 太太将会留在家里照看孩子。Kaur 太太和 Darshan 认为既然社会工作者已经对 Sarina 进行安排，所以责任现在已经转移到社会服务部门。一旦他们将 Sarina 安全送入救护车，就应该赶紧回去，不应该让孩子们周末独自在家(见图 3.11)。

- 社会工作者错误的直接原因是什么?
- 社会工作者错误的根本原因是什么?
- 什么潜在的因素导致了社会工作者的错误?

在这种情况下，儿童的固有脆弱性受到忽视并且灾难性地扩大。用在许多不同的环境中的根本原因分析能识别出这样的错误产生的原因(Fish、Munro & Bairstow，2008；NHS，2004)。它假定系统和事件是相互关联的，通过追溯故事如何展现通常可以发现问题开始的地方。这种追溯涉及调查的模式，寻找系统和发现特定的行为或事件，有助于问题的发现。

根本原因分析鼓励调查员或评估者寻找多重因果关系，以及不同因素是如何相互影响的，而不是接受事件的一维线性解释。当复杂的家庭问题需要解决时，同事们在服务分歧上一起思考，能够深入了解问题的出现以及如何进行干预。在整个服务划分范围内运用根本原因分析可确保评估解决潜在的问题，而不仅仅是描述症状。这反过来又使评估人员能够为整个家庭的干预制定建设性的建议和计划。使用这种方法也会促使评估人员意识到，独立因素是如何相互作用以增加风险的。

相互挑战和批判性思维

家庭整体评估旨在整合竞争的、复杂的信息：家庭自身的专业性；个别成员的不同观点；其他学科的贡献；个人价值和专业价值；实证研究；心理学和社会学理论；法律和政策框架。不确定性和模糊性是不可避免的。社会工作者不是超级人类，正如评估可能受到假设、偏见和刻板印象的影响一样，他们也可能因为缺乏思考过程犯错(Brandon et al.，2009；

Holland，2004；Laming，2009；Manthorpe & Martineau，2010；Munro，2008，2011b；Reder & Duncan，1999)。

思考点

- 你以前经常犯的错误是什么？
- 你如何克服这些错误？
- 你最有可能犯什么错误？

由于记忆和暗示性的运作方式，工作者可能会忽略重要信息；例如大多数人更善于记住第一印象、生动的经验和最近刚发生的事件。工作者感到混乱、困惑、不知所措或心烦意乱都是很正常的事。特别是当你担心或焦虑时，很难摆脱难以忍受的情绪，尤其是很难"看到事情的本质"(Ferguson，2011)。实务督导是大多数社会工作者的第一个停靠港，帮助工作者思考评估过程，分析收集的信息，并对其意义进行假设。熟练的监管有助于工作者收集有关家庭的具体信息、研究型知识和理论，并通过提供选择和分析的空间与刺激来实践智慧和直觉(Wonnacott，2012)。与同事及督导一起思考服务中的分歧的机会，增加了评估的复杂性，因为将有更多的信息和想法是可用的。

清晰的思维常常受到成人和儿童服务中常见的有害模式的影响，例如：

- 识别事件，而不是搜索模式；
- 重点关注问题行为，而不是理解其原因和驱动因素；
- 形成一个观点并坚持，尽管环境或新的信息会发生巨大变化；
- 过于注重直觉；
- 听到关于父母而不是儿童对问题的描述，也就是说，家庭中最脆弱的成员被剥夺权力；
- 专注于阈值和效率，从而忽视了专业的目的；
- 角色或责任感混乱；
- 反映家庭的行为(如冲突、忽视、被动)；
- 有太多的问题要解决，没有足够的支持和资源；
- 对家庭中的某个成员感到害怕(最常见的是男性)；
- 感觉不情愿来评判家庭，特别是当他们处于窘境的时候；
- 感觉不愿评价家庭的价值观念或信仰(文化相对主义)；

- 因为需要寻找意义或解释，对家庭经历进行个人解释；
- 带有以往个人或专业经验的家庭区别的观察；
- 更多地关注对自我以及证明正当行为的必要性的风险，而不是家庭所遭受的伤害。

从根本上来看，这些都是认知错误(Brandon et al.，2008，2012；Munro，2008，2011b)。

社会工作者经常要从不同的来源整合和调解不同的信息和想法。整个家庭评估需要批判性分析能力。一旦获得资格，社会工作者就需要获得信心并提高反思能力，理解复杂的信息，在会议和文章中分享思想。通过谈话可以使评估人员从不同角度对信息的意义进行假设和测试，并对复杂问题进行分析。在达成共识之前，分享和挑战关于家庭的观点的过程提高了每个工作者的批判性反思能力。询问对方的想法可以有效地防止评估者陷入错误的思考之中。

还有一个需要直觉和本能的地方，只要它能被带进意识中，无论是在监督中还是与同事的讨论中，都会被常规化和挑战。实验心理学和神经科学与神经精神分析新领域的精神治疗传统相结合，主要关注诸如动机、情绪、人格、意识和梦境等问题(Turnbull，2003)。我们需要特别注意确保这些措施不会因为常规的分析方法形成判断而受到破坏。

练习

找一份你写的评估报告。

- 用四个不同颜色的笔来突出表示：
  1. 描述性内容；
  2. 分析性内容；
  3. 你的结论；
  4. 建议。
- 每个描述的部分回答的是什么问题？
- 对于分析部分，是否回答了“这对于相关的人有什么意义”和“这对其他家庭成员意味着什么”的问题？
- 对于结论部分，是否回答了“每个结论的具体证据是什么”的问题？
- 对于所提出的每个建议，是否都回答了“此建议是基于研究或理论知识的基础之上”？

分析性写作本身就是一种技能。在你成为社会工作者之前，可能没有机会去充分发展这项技能。一般的学习指导就可以使你的分析报告的写作能力得到有效的提高。

当各服务领域的工作者彼此面临挑战时，以下是一些可实现的预防建议：

- 区别诊断、评估和预测。风险的预测是困难的。总体而言，评估比猜测略占优势。
- 了解风险因素是如何相互影响的(Brown & Ward，2012)。
- 使用帮助区分高危险和低风险情况的工具(Hayes & Spratt，2012)。
- 放弃预测的需求，支持结构化临床决策和指标的评估(Horwath，2010)。
- 更少地关注滥用的监测，更多地关注有效干预的设计。
- 在评估和干预方面积极主动(Barlow & Scott，2010；Hayes & Spratt，2012)。
- 承认意外事件会发生。
- 探索“安全的不确定性”，设计风险管理策略并勇于积极冒险。

结论

在服务分区上的共同努力可以加强对评估的整合，并不是因为“两只眼睛比一只眼睛好”。合作可以通过挑战偏见的影响，为防止思维错误提供保障，并减少不确定性和复杂性，从而为社会工作评估带来深度和平衡。收集和分析信息的不同模式和方法可以相辅相成。建设性的伙伴关系依赖于欣赏和尊重对方的观点、知识和技能，并愿意探索各种假设和偏见。建设性的、诚实的沟通和真实性至关重要。正如家庭和社会工作者之间的伙伴关系依赖于对权力动态的正确认识，所以不同部门的健康和社会照顾服务的专业人员之间的协作也可能因地位不平等而受到破坏，无论这些不平等是外显的还是内隐的。

权威的专业人士和没有专业知识但在家庭中发挥关键作用的外行人之间的权力动态可能会歪曲其所提供的见解的价值。

● ● ● 拓展阅读

Bentovim, A. (2010) 'Safeguarding and promotion of the welfare of children who have been sexually abused. The assessment challenges.' In J. Horwath (ed.) *The Child's World. The Comprehensive Guide to Assessing Children* (Second edition). London: Jessica Kingsley Publishers.

Browne, K.D., Beech, A.R. and Craig, L.A. (2010) *Assessments in Forensic Practice. A Handbook.* Chichester: Wiley.

Cleaver, H., Unell, I. and Aldgate, J. (2011) *Children's Needs – Parenting Capacity. Child Abuse: Parental Mental Illness, Learning Disability, Substance Misuse and Domestic Violence* (Second edition). London: The Stationery Office.

Cottrell, S. (2005) *Critical Thinking Skills. Developing Effective Analysis and Argument.* Basingstoke: Palgrave Macmillan.

Gast, L., and Patmore, A. (2012) *Mastering Approaches to Diversity in Social Work.* London: Jessica Kingsley Publishers.

Howe, D. (2008) *The Emotionally Intelligent Social Worker.* Basingstoke: Palgrave Macmillan.

Power, M. (2004) *The Risk Management of Everything: Rethinking the Politics of Uncertainty.* London: Demos.

Precey, G. (2003) 'Children and Risk of Illness Induction or Fabrication (Fabricated or Induced Illness).' In M. Calder and S. Hackett (eds) *Assessment in Child Care. Using and Developing Frameworks for Practice.* Lyme Regis: Russell House Publishing.

Titterton, M. (2004) *Risk and Risk Taking in Health and Social Welfare.* London: Jessica Kingsley Publishers.

第四章

探索父母身份

核心内容

- 养育子女的挑战可能对成人的健康有害。
- 有些人需要支持，以免被养育子女的要求所压倒。
- 父母给他们的每个孩子都赋予特殊的意义。
- 当自己的需求得不到满足时，人们会努力发挥他们的养育角色的潜力。
- 在社会工作中使用“能力评估”一词是指三个截然不同的过程（心理能力、养育能力和改变能力），每个人都可以在家庭整体评估中发挥作用。

案例研究

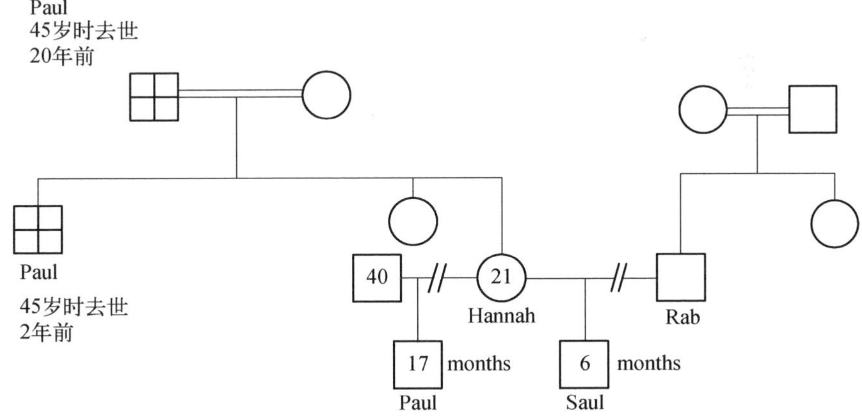

图 4.1 Paul 和 Saul 一家的家庭树状结构

Anna，一个健康访问者，把 Hannah 和她的家人转交给了儿童社会服务机构。Anna 以前从来没有对这个家庭有过任何担忧，并常常在她的诊所看到 Hannah、Rab 和 Paul。在 Saul 出生的几个星期内，Hannah 不再去诊所进行例行检查，直到 Anna 家访时进入了一个脏乱的客厅，她才发现这次家庭访问是不成功的。进门时，Anna 听到几个年轻人从厨房离开的声音，在房间她闻到大麻的味道，地面都是啤酒罐和外卖的垃圾盒。Paul 正坐在长椅的毯子上看电视，Saul 在她的推车里睡着了。Hannah 不愿意提到 Paul 的父亲的名字。直到3个月前，Saul 20岁的父亲Rab还与他们住在一起。

Ben，一个在职社会工作者，通过预约做家访。他发现家里干净整洁，看到Paul和Saul玩得很好。Hannah说得非常笼统，她告诉他，她有家人(母亲、叔叔和一个姐妹)在附近，但他们都是势利小人，她只喜欢她的兄弟，但他在两年前去世了，才45岁。她的父亲在她出生之后就去世了，也是45岁。她不愿意分享关于Paul的父亲的信息，只是说他还住在附近，有几个年轻的孩子，大概40岁。她说她很高兴Rab"跟他妈妈回苏格兰，因为他总是不在那里，他对我来说也没有用"。Hannah告诉Ben她不再参加健康诊所是因为她觉得外出太累了，但是现在全科医生已经给她开了抗抑郁药。Hannah说她对参加任何当地小组都不感兴趣，因为她有很多朋友和她一样有差不多大的孩子(见图4.1)。

- 评估的问题是什么?
- Ben还需要和谁互动?
- 如果没有任何改变，那么Paul和Saul会怎样?

养育孩子

养育孩子的回报是特别有意义的，创造一个家庭能够产生强大的驱动力，使成年人在有其他困难要克服时还能好好生活。但对于一些人来说，养育孩子的挑战增加了压力，可能压倒父母和(或)家庭。父母可能害怕专业人员会认为他们对他们的孩子是无足轻重的和有害的。很少有研究是关于成年人作为父母的经验，而不是他们的权利，或是他们可能需要的支持，使他们能够尽可能地照顾他们的孩子(Morris & Wates，2006：17)。

养育孩子的社会角色是大多数人成为母亲或者父亲时的基本身份。对于有情感或精神痛苦的妇女，她们的自我和自尊感可以有力地包含在她们作为母亲的身份里面(Wagstaff，2010)。家庭内的压迫创造了使母性复杂化的背景，特别是有虐待倾向的伴侣经常刻意瞄准母亲和母子关系。在这些环境中的妇女强烈地相信，他们对孩子的保护、安全和照顾负有责任，但是由于他们渴望成为好的或甚至完美的母亲，当其他人认为她们没有保护或满足她们的孩子的情感需要时，她们被摧毁了(Lapierre，2010)。

在关于父亲的文学著作中，很少有对父爱的共识。在儿童的生活中，有许多当代的“逃离父权”和父亲缺失的情况，但也有证据表明，许多男性有兴趣并已投入到父亲的角色当中。社会工作评估常常不关注父亲的重要性及其在家庭生活中的作用(Brandon et al.，2009；Ofsted，2011)。父亲可以从评估过程中排除，这里有传统的期望或逻辑上的考虑，或是由于社会工作者偏重于关注母亲，且总是仅通过父亲所代表的风险、他们的缺席以及他们自己的沉默来定义父亲(Waterhouse & McGhee，2013)。当社会工作者与父亲的接触不够时，他们作为家庭资源的潜力可能不被使用或者他们在家庭中造成的风险可能未得到适当评估(Maxwell et al.，2012)。有时候，使得父亲参与评估的关键是关注实际挑战、目标设定和问题的解决，而不是鼓励反思。

孩子的气质、人格和特定需求影响父母如何履行他们的角色、他们之间的“适应性”以及他们的关系如何展开(Bogenschneider、Small & Tsay，1997；Maccoby，2000；均引自 Calder & Hackett，2003：159)有的孩子比其他孩子更容易照顾、照看和爱护，但这并不是说他们没有抱怨。例如，婴儿绞痛可能使父母感到疲惫不堪，或者孩子的焦虑可能对伴侣的健康和夫妻关系产生不利影响。有时候善良的父母被证实无法为家庭以外的其他弱势儿童设置边界，不让麻烦上门。儿童犯罪可能导致教养令或驱逐，引起悲剧并让父母感到无能为力(Henricson，2003；Hollingsworth，2007)。家庭整体评估使社会工作者能够考虑到儿童对家庭带来的任何身体上、情绪上或行为上的困难，以及这些可能如何影响父母、育儿、家庭关系和最终的儿童福利(Hoghughi & Long，2004)。

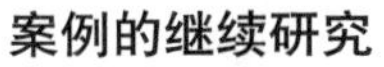

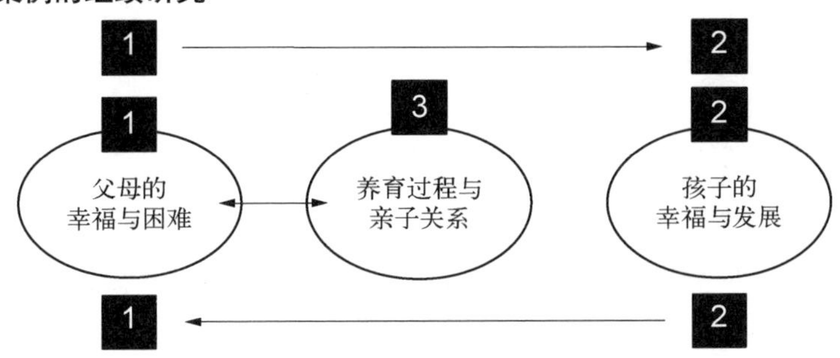

图 4.2 掌握 Hannah 和 Rab 的幸福和困难之间的动态、他们与孩子的关系，以及 Saul 和 Paul 的幸福和发展
(改编自 Falkov，2012)

- 养育过程对 Hannah 的影响是什么（图 4.2）？
- 你能否假设 Rab 的离开对 Paul 的养育过程和父子关系有什么意义？

孩子的意义

人类越是能想象自我或他人（以及自我内在的和特定的对另一个人的）的心理状态，他们越有可能参与多产的、亲密的和持续的关系，不仅在主观的水平上与他人联系在一起，而且能感觉到自主性和独立性。

（Slade，2005：271）

社会工作者有时会意识到，在家庭或某一个孩子中某些东西是不正确的。这可以在一个孩子具有特殊的"心理意义"时发生。它就好像孩子是"在别人的戏剧中的演员"。

（Britton，personal communication，引述自 Reder、Duncan & Gray，1993：52）

对父母而言，孩子的真实身份、人格和品质被隐藏于他们在父母的故事中所扮演的角色背后。儿童可以具有特殊的意义，例如：

- 他们的出生与困难时期相关联；
- 他们补偿或者提醒父母所存在的缺失；
- 他们的个性、外貌或行为提醒着父母那些曾经虐待他们的人；
- 他们满足父母童年未解决的困难所产生的需求，如父母期望在这种关系中无条件地爱，当孩子反对他们或寻求独立时感到痛苦。

被卷入这些过程中的父母可能感到内疚和不足，或者可能生气，把孩子当成问题。当父母对孩子感到反感，孩子的反思能力和自我意识都会受到损害（Fonagy & Target，1997）。

练习

《插图妈妈》（*The Illustrated Mum*）是 Jacqueline Wilson 为青少年读者写的一本小说，在由 Cilla Ware 指导、Julia Ouston 监制的电影作品中被戏剧化了。它讲述了 Marigold 的故事，她严重嗜酒，有双相情感障碍。同时还讲述了她的两个女儿（Star 和 Dolphin）面临的困境。阅读这本书或者和同事观看这部电影。

- Marigold 对 Star 扮演着什么样的角色，有什么意义？
- Marigold 对 Dolphin 扮演着什么样的角色，有什么意义？
- Marigold 的行为是如何影响 Star 和 Dolphin 之间的关系的？
- Star 的责任感是如何影响 Marigold 的？
- 如何描述 Dolphin 和 Marigold 之间的关系？

被父母严重伤害或杀害的儿童通常对他们有非常消极的意义（Laming，2003；Reder et al.，1993；Reder & Duncan，1999：71）：

> 受过伤害和虐待的父母用他们自己的愤怒、仇恨、恐惧和恶意来消除他们儿童时期的经验。孩子（和他的精神状态）不再因为他自己而被看到，而是在父母的映射和扭曲的光芒下。
>
> （Slade，2005：273）

理解孩子在家庭中的意义的关键在于父母如何反思和理解孩子的感觉和思考。因此，评估需要探索父母：

- 生孩子的动机；
- 对待孩子的态度和感觉；
- 同理和思考孩子的经验的能力。

家长发展访谈（Parent-Development Interview）旨在评估这些问题，并询问父母的快乐、不幸和愤怒的经历。社会工作者可以探索这些主题以及以下问题：

- 你和你的孩子在什么时候真正地"紧密联系"？举例子，描绘得更加详细。你的感受如何？你觉得你的孩子有什么感受？
- 作为一个父母你最快乐的是什么？
- 告诉我上周你作为父母非常生气的一个时刻是什么样的？你感受如何？你在做什么？你的感受对你的孩子有什么影响？

案例的继续研究

- 你能开始假设 Hannah 是如何看待 Paul 的吗？
- Rab 的缺席对她和 Saul 的关系有什么影响？
- 考虑 Hannah 对 Paul 和 Saul 的意义，评估中还有什么问题需要考虑？

• • • 父母的需求

……………………………………

案例研究

- Hannah 未被满足的需求是什么？
- Hannah 有什么资源？
- 当 Hannah 的需求被满足时，你觉得会怎么样？

……………………………………

有时候评估忽视了父母未被满足的需求是如何破坏家庭生活的（Farmer & Owen，1995；Hetherington et al.，2003）。父母的需求能以各种方式被概念化。马斯洛（Maslow）的需求层次理论在成人服务中引导着社会工作实践，但却很少被儿童社会工作者提及。马斯洛（1970）提出，人们首先需要满足生理需求，比如食物、栖身之所，然后是安全的需求。只有当这些基本需求被满足时，他们才会去追求爱、归属、亲密关系、家庭和友谊。没有较高的自尊感，父母很难发展他们需要的个人品质，如自信、自尊和尊重他人。反过来，这些都是自我实现的基础，使父母在生活中具有创造性，能够解决问题和行使道德判断。当人们的基本需求被满足时，人们能够发挥他们的潜力。如果基本的需求没有被满足或者被剥夺，发展的能力和个人成长的动力会缺失，同时，父母的能力对家庭生活需求的满足具有深刻的影响（图 4.3）。

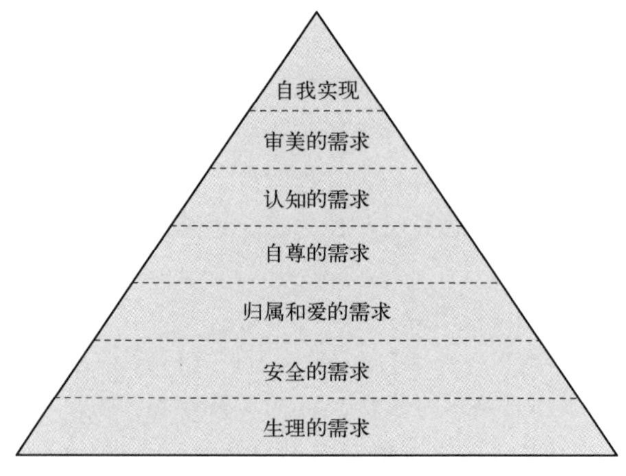

图 4.3　需求层次理论
（马斯洛，1970）

"人类本身资源"(human givens)的方法(Griffin & Tyrrell，2003)吸取了神经科学对大脑情绪和人类发展的视角。它承认基本的人类需求是食物、栖身之所以及马斯洛认为的对于亲密关系和自尊的需求。当自尊感提升以及爱和被爱的需求被满足后，它还认为有更进一步的多种情感需求。这些基本人类需求是：

- 使我们能够充分发展的安全的领土和环境；
- 关注(关注别人和受别人关注)；
- 自我控制能力；
- 情感上与他人连接；
- 成为社区中的一部分；
- 友谊与亲密关系；
- 社会群体内的地位感；
- 成就感；
- 意义和目的。

使这些需求得到满足依赖于人们已经确定的个人品质：

- 发展复杂的长期记忆的能力；
- 建立关系的能力以及同情他人的能力；
- 想象力；
- 有意识的理性思维；
- 直观地理解世界的能力；
- 自我觉察；
- 通过快速动眼睡眠(REM sleep)缓解情绪。

这个方法提供了一个有用的框架去理解在成人的情感和身体经验方面可能缺失什么，以及什么可以动员他们去培养自己的能力。这是关于在评估中与父母一起工作去辨别，什么方式对他们有意义，他们的需求怎样能被满足。

被支持履行对子女养育责任的父母也需要有：

1. 知识(例如：他们需要知道如何去满足儿童的照顾需求，解释他们的想法，还有他们的发展潜力和伤害源)；

2. 动力(例如：他们需要有保护他们的孩子的愿望，在必要时牺牲他们自己的个人需求)；

3. 资源(例如：他们需要提供足够的物质照顾和拥有个人资源)；

4. 机遇(例如：他们需要有足够的时间去关注及陪伴孩子，也需要一个物理空间共度时光)。

(Hoghughi，1997；引自 Reader et al.，2003：5)

案例研究

Rona 在 15 岁的时候，从库尔德斯特来到英国。她作为无人陪伴的未成年人在英国接受照顾，她还没有进入青春期并且严重营养不良。她一直被照顾到 18 岁，然后她找到了一份做保姆的工作。她在 19 岁的时候遇到了 Alain，他是博士，来自法国，他们生了 3 个孩子，分别是 Henri(6 岁)、Yvette(5 岁)和 Anne-Marie(4 岁)。Rona 和 Alain 在一起 3 年，在此期间，他不断地对她施虐，最终导致了强奸，在这个暴力事件后她离开了他。

在 Anne-Marie 出生时，Rona 的移民身份就成了问题。在家庭办公室的一次会议中，她向上帝发出一个戏剧性的呼唤，祈求奇迹发生，希望摆脱被驱逐的威胁，后来被允许当天进入心理健康病房进行评估。她最初被诊断为精神病，但同一位精神病医师的后续评估确定她的行为为压力反应，并提高了她遭受创伤后应激障碍(自童年以来)的可能性。

当她在医院的时候，Alain 照顾他们的 3 个孩子，随后获得了孩子们的监护权。两年后 Rona 再一次怀孕了。她不愿意说出孩子的父亲是谁，但 Jon 现在已经 3 个月了，与 Alain 长得很像。

当地政府在 Jon 出生时提出护理申请，Rona 需要与他一起生活在一个母婴寄养所。Gizem，一个寄养照顾者，是土耳其人，但是对 Rona 的母语有一定的了解。然而当地政府的社会工作者要求他们只能和孩子讲英语，并建议 Rona 不能用她的第一语言唱歌给 Jon 听。Rona 在两年前参加了育儿评估，现在再次参加。这些评估既不真正关注她照顾她孩子的能力，也不关心她养育子女的技能。

Jon 成长得很好并显现出和 Rona 有良好的依恋关系。Gizem 报告说她从不觉得需要任何的干预或者去提供支持，并且 Rona 照顾 Jon 的过程是一种有效的自我依赖。Rona 没有实际的自主权。她的移民身份仍然存在问题且她被禁止求职。她和 Jon 仍然在寄养中心，根本无法获得现金，她必须依赖 Gizem 去买所有私人物品，例如，从寄养津贴中拿钱去买卫生产品。

现在当地政府提出将 Rona 和 Jon 移送去一个母婴住宅单位进行进一

步的评估，观察更长的时间内 Rona 照顾 Jon 的能力。

- 评估的问题是什么？
- 成人服务领域的工作人员可以为评估做哪些贡献？
- 儿童服务领域的工作人员可以为评估做哪些贡献？
- Rona 会得到哪些建议？
- Rona 的需求是什么？
- 你如何确保更加符合道德的评估方法，使 Rona 能够阐明她的需求？

同辈支持在组织中经过长期验证是有价值的，如“匿名赌徒”。“好友”系统也被其他许多自助型组织广泛使用(如英国的骨髓瘤)。由具有情感或精神痛苦和精神健康服务历史的社会工作者引导和维持的“恢复伴侣”的有效性是越来越多的结果评价的重点(Repper & Carter，2011)。这个研究认为，同辈支持的优势包括减少住院，赋权，改善社会支持和功能，同理和接纳，减少污名和增加希望。恢复伴侣旨在促进幸福，同时提供一个积极的角色模型去帮助人们恢复和发展一个支持计划，以及鼓励其他有益的关系。一些新的倡议(如家庭计划的力量和福祉)是与使用同伴支持、以个人为中心的思维和个性化的家庭一起工作，共同设计定制自助计划。

思考点

想一想你最近评估的父母：

- 他们是否拥有他们所需的所有非正式支持？
- 那些曾经遇到类似困难的人能够为他们提供什么？

心理能力

在成年人服务中，社会工作者使用“能力”一词来指个人对他们的生活做出具体决定的能力，例如，如果一个父母不能管理家庭财务，或者无法用行为表达希望离开一个有虐待行为的伴侣，我们可能会提高对他们的心理能力的关注。2000年的《无行为能力成年人法》（苏格兰）和2005年的《心理能力法》（英格兰和威尔士）提供了框架去赋权和保护那些没有能力为自己做决定的成年人。在北爱尔兰，决策仍然由普通法管辖。评估能力成为整个成人服务的核心问题。

案例研究

当Aisha在她怀孕8个月后第一次到当地健康中心时，她的新医生感到很担心，她似乎完全脱离了常态。Aisha约了最经常为她说话的阿姨。社区助产士访问了这个家庭，试图让Aisha接受她的接生计划。Aisha的家人并不想牵涉她的丈夫。最后当助产士会见了Saajid。显然他对自己的未来感到非常焦虑。他解释说他的婚姻是由他的父母根据印度教的传统安排的。他和Aisha在结婚之前没有见过，并且他很快便意识到她没有日常生活的技巧，也不能独立地解决生活问题。Saajid认为，她的家庭对她所需支持水平的了解不是不诚实就是不现实，也担心在他外出工作时Aisha不能照顾好孩子。助产士对她了解越多，她就越焦虑。她想知道Aisha是否有能力订立婚约或者给予医学干预以知情同意。助产士将她转介给了儿童社会服务机构。

- 从成人服务领域的社会工作者的视角来看，评估的问题是什么？
- 从儿童服务领域的社会工作者的视角来看，评估的问题是什么？
- 成人和儿童的服务如何协同工作，以确保对这个家庭的需求进行评估？

过去我们很少为儿童服务真正地考虑父母的心理能力。然而家庭司法制度内的改革现在意味着儿童的社会工作者在照料诉讼中需要：

- 对尚未成为诉讼程序当事方的父母的心理能力提出预期的疑问；
- 与负责心理能力评估的成人服务中的同事交流；
- 充分了解情况，提出有关父母的能力是否可能改变的相关问题；
- 准备提出关于父母在具体决定或责任方面的能力的细节问题。

(Richard Agar，Queen's Counsel，personal communication，February 2013)

在成人能力评估方面的五大法定原则：

1. 每个成年人有自己做决定的权利，除非另有证据，不然必须假设他们有能力做出他们的决定；

2. 在任何人将他们视为不能做出自己的决定之前，必须给予他们所有切实可行的帮助；

3. 只是因为一个人可能做出一个被大家看作不明智的决定时，他们也不应该被视为缺乏能力去做那样的决定；

4. 代表缺乏能力的人做出的任何事情或做出的任何决定都必须符合其最大利益；

5. 为缺乏能力的人或代表他们所做的任何事情，应该是对他们的基本权利和自由的最小限制。

审议能力的任务不可避免地与成人保护程序相交织。在英格兰和威尔士，成年人保护工作仅受法定原则指导。英格兰的《无隐私》（*No Secrets*）和威尔士的《在安全手之中》（*In Safe Hands*）（DoH，2000a；Welsh Government，2000）与被定义为“易受伤害”的成人有关。然而在苏格兰，2007年的《成年人支持和保护法案》为成年人保护提供了立法框架，并指定“三点标准”，规定“成人处于危险之中”的情况：

1. 无法保障自己的健康；

2. 有受害的危险；

3. 受精神残疾障碍、疾病或精神虚弱的影响，因此更容易受到伤害。

2006年社会照料委员会（Commission for Social Care）进行的一项调查发现，接受服务的成年人希望他人更多地控制他们的生活，使他们能够做出真正的选择，并能掌控大多数人认为理所当然的日常经验。无论直接付款和个人预算是否能有效实现这些愿望，成人领域的社会工作者总是面临在生活中选择冒险的个体的困境（Milner & O'Byrne，2009）。在成人服务中使用的单一评估流程采用“勾选框”方法，支持决策工具（DoH，2007）旨在帮助社会工作者对能力和风险做出明智的判断。当父母需要帮助来思考他们可以为他们的家人采取的最佳行动方案时，这也是有用的。它的提问鼓励对话，可以使得父母做出安全且恰当的决定：

1. 在你的生活中什么是最重要的？

2. 工作得好指什么？

3. 工作不怎么好指什么？怎样能让它更好？

4. 什么事情对你来说是困难的？

5. 描述一下它们如何影响你们的生活？
6. 怎样能让事情变得更好？
7. 是什么阻止了你想做的事情？
8. 你认为存在什么风险吗？
9. 你能用不同的方式去降低风险吗？
10. 你会用不同的方式做事情吗？
11. 无论你住在哪里，风险是否都存在？
12. 你需要做什么？
13. 工作者/服务者需要改变什么？
14. 家庭/照顾者可以做什么？
15. 谁对你而言很重要？
16. 人们对你而言重要的是什么？
17. 你和那些你认为重要的人的观点有什么不同吗？
18. 什么会有助于解决这个问题？
19. 谁可能提供帮助？
20. 我能做些什么来支持你？
21. 同意下一步——谁会做什么？
22. 你想如何改变你的照顾计划以满足你的结果？
23. 记录所涉人员之间的所有分歧。
24. 是否有一致的时间来审查你的管理方式？

英国的自助组织 Bipolar 长期以来建议经历情绪波动的人准备一个"相关计划"，并制定一个书面协议，以防他们的常规能力水平暂时缺失。例如，如果有人知道他有精神不稳定的狂躁症时仍然以危险的速度鲁莽地开车，他们可能会提前同意他们的合作伙伴联系精神科医生，一旦情绪变化变得明显时便将车钥匙锁在一个安全的地方。同意书面应急计划的同一原则可以帮助家庭，可以预期健康复发、医疗危机或酒精/药物问题如何进一步影响养育过程。

养育子女的能力

对养育过程的评估是一个臭名昭著的、固有的、具有价值的儿童福利实务领域。

（Calder & Hackett，2003：156）

……………………………………

儿童服务习惯于依靠“足够好”的养育子女的理念，但自2000年以来（DoH、DFEE & Home Office，2000b），儿童服务开始关注于养育子女的能力。评估养育子女的能力是很复杂的，因为在最好的情况下，养育子女是一个高度动态的过程，必须对每个儿童的特殊需求做出反应。使孩子变得独立是育儿的基本目标，因此养育可以被定义为实现这一目标的所有活动和行为（Jones，2001；Reader et al.，2003）。许多不同的养育形式运转良好。黑人儿童在儿童保护、照料和青年司法系统中所代表的比例仍然过高（Owen & Stathan，2009），然而我们仍然能看到有相似背景的孩子未受保护（Brandon et al.， 2008；Laming，2009）。似乎一些社会工作评估永远存在并主张欧洲中心的育儿模式，而有另一些则对挑战有文化差异的贫穷育儿模式畏首畏尾。工作者必须取得艰难的平衡，以实现真正反歧视的评估，感知和理解父母的行为以及关注他们的子女的基本需求是如何得到满足的。理解多样性、歧视和跨文化交流的模式可以帮助工作者自信地开展工作（Gast & Patmore，2012）。对社会工作来说非常重要的是应该超越简单的民族、国家、文化和语言等的信息去探索和理解每一种养育子女的模式的影响和家庭生活的期待（Brophy，2008；引自 Braye & Preston-Shoot，2010：39）。

评估框架三角以辨别儿童的需要为起点，并邀请评估员去探索父母能够满足他们需求的程度。它规定了涉及养育子女的普遍期望：父母将为孩子提供基本的物质需求，保证他们的安全，满足他们的情感需求，给孩子一种受到特别重视的感觉，通过鼓励和刺激他们的智力发展，证明和展现适当的行为和控制情绪，还要营造一个稳定的家庭环境。关注孩子的发展需求和父母的能力之间的相互关系是很有效的，因为它强调的责任感不只是使孩子免受伤害，还要保证能够发挥他们的潜力。

我们已经开发了许多模型来指导评估育儿能力所需的信息类型以及对它的理解。Reder、Duncun 和 Lucey（2003：15－22）描绘了系统的原则，提出了探索相互关系的框架：

- 熟知的历史；
- 父母（以及父母与子女的关系）；

• 关系（家庭环境的相互关系）。

Farnfield的育儿生态模型（2008）起源于依恋理论和进化心理学（见图4.4）。它将养育子女定义为一系列的关系系统。

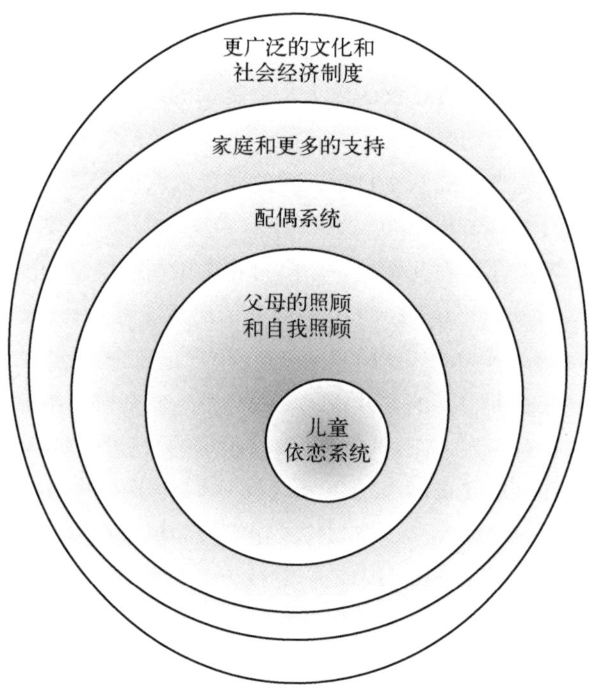

图4.4　育儿生态模式
（Farnfield，2008：1078）

Hoghughi（1997，cited by Reder et al.，2003：5）将育儿的三个核心要素定义为：

1. 照顾（满足孩子的生理、情感和社会的需求，保护儿童避免疾病、伤害、意外或者虐待）；

2. 控制（设置和形成恰当的边界）；

3. 发展（实现孩子在各个领域的潜力）。

练习

思考一下你所评估的家庭：

• 父母如何完成在养育方面的三个要素？

• 如果你发现其中一个要素处于弱势，你如何确定这是否能够得到改善？

- 如果父母的确表示不能满足一个特定需求，还有什么可以满足的呢？

……………………………………

养育能力的评估不仅关注父母行为的具体细节，而且还考虑父母的个人品质。Belsky 和 Vondra（1989，引自 Reder et al.，2003：7）对此概括如下：

- 对孩子的能力、发展任务和提示的敏感性；强调的能力；一个培养方向；现实目的；孩子内心恰当的意图。
- 心理成熟与自我稳定的感觉；一种内在控制；自我需求会被满足的信念；表现爱的能力；帮助他人的能力；积极的应对方式；承认自己行为的影响。
- 精神健康（包括热情）；父母发起的互动和自发性；感知环境的能力和组织能力。
- 整个家庭和教育子女的发展历史。

那些经历过糟糕的家庭养育或者虐待的人很有可能不重复这些模式，然而成年人的教育受到可识别因素的影响，这些因素会增加孩子可能遭受伤害的风险（Jones，1997）。这些因素包括：

- 未解决的童年虐待经历；
- 普遍存在的权力和自主性问题；
- 表达情感的普遍性问题；
- 人格障碍；
- 药物滥用问题；
- 偏执型精神病；
- 智力障碍；
- 性功能障碍；
- 否认问题；
- 缺乏对孩子的同情心；
- 他们的需求优先于孩子的需求。

不巧的是，社会工作实务并不总是尽可能地利用这些模型或他们的研究。实际上，他们有时不会进行育儿评估（Brandon et al.，2008；Woodcock，2003）。当对成年人的育儿能力的评估不足时，往往是因为他们：

- 努力传达养育关系的复杂性；
- 往往侧重于身体护理和习惯，并且不那么彻底地处理导致育儿问题的心理因素；

- 往往依赖父母自己对养育的感知，并没有分析这些原因。

思考点

- 你的角色能使你为育儿评估做出什么贡献？
- 这些评估养育模式的方式与你需要进行的评估有什么好处？
- 当你评估父母时会遇到什么组织上或专业上的挑战？

评估不仅仅提供有关父母的描述性信息，了解他们面临的困难。父母问题的重要性取决于他们在家庭中的行为如何受到影响（Brandon et al.，2012）。家庭整体评估需要问“所以呢”和“这意味着什么”去确定父母对养育孩子的困难的影响，反之亦然。当你思考将育儿能力区分出来的服务时，特别是在考虑伤害的大小时，你可以考虑潜在的有争议的相互关联的问题。例如：

- 为了成为一个好父母，这个成年人需要些什么？
- 父母的角色如何损害这个成年人的幸福感？
- 这个孩子有得到足够好的照顾吗？
- 这个孩子所受的伤害能归咎于他的父母吗？
- 这个孩子是被人故意虐待的吗？
- 这个孩子的父母是否有能力保证孩子的安全？

这个过程中的每一个答案很可能促进评估的下一个问题。（Rachel Foggitt，2012）

由于个人和关系受到多种相互影响的生活困难的损害，因而家庭评估要考虑到过去对现在和将来的影响。从每个孩子的角度去考虑每个单独问题的意义也是有帮助的。

案例研究

Brenda 被诊断为边缘型人格障碍，有 20 年的毒品和酒精滥用史，还短暂戒断过。在过去的 12 年内被 5 个伴侣虐待过。她的生活也卷入了冲突。Brenda 的 3 个年纪较大的孩子展示和表达了家庭虐待、偏心、长期疏忽和情绪伤害的影响，然后在 Brenda 的要求下曾寄养了 15 个月。最大的孩子被鉴定为有创伤后应激障碍，并且很难给 12 岁的他建立一个安全边界。5 岁的孩子出现终日焦虑、夜里惊醒的现象。整个家庭在 Brenda 最近的怀孕期间直至最小的孩子出生的头 3 个月内都是非常混乱的。母亲和婴儿已经接受了 10 个月的精神科的专门安置，在此期间，Brenda 已经成功完成了 16 个月的认知行为课程。她的精神科医生表明，她并不相信自己的想法和行为是不正常的，Brenda 现在知道并能够管理自己的人格障碍。因为 Brenda 这周可以回家，因而她希望她的所有孩子和她一起。精神科医生支持这个计划。

- Brenda 最近的治疗方式如何改变了她家庭受虐待的状况和药物/酒精的使用问题？
- 家庭整体评估如何评定 Brenda 的育儿能力？
- 成年人服务对这个评估有什么作用？
- 现在回家对孩子们有什么影响？

在几个生活困难且相互影响的家庭中，无法一次性评估养育子女的能力。根本的问题是预测新出现的或持续的困难对儿童的影响。当父母在照顾孩子的时候是有缺陷的，但只要被认为“足够好了”，那么评估往往只是建议“监督”。后来的实务工作者可能会将其解释为“再一次检查事情是否可以”。你可以通过说明在这个特定的家庭中看起来像“足够好”的界限，来预防这种风险。这意味着需要预测最有可能出现困难的不同方式，并指出可能出现的恶化。监测能更好地被理解，并被认为可以进一步评估父母维持行为变化的能力。反过来，这应该提出如何评估成人成为并保持为最好的父母的动力的问题。

改变的能力

家庭整体评估引起了对健康和安全的关注，这有助于区分：

- 满足父母角色的理论潜力；
- 他们改变的准备；
- 在日常家庭生活中，可证明他们的变化的成就。

（Cassell & Coleman，1995）

案例研究

回想一下 Hannah 作为母亲时，Paul 和 Saul 的经历：

- 我们有理由认为 Hannah 不能成为 Paul 和 Saul 的好母亲吗？
- Hannah 改变生活方式的动力是什么？
- 在最初评估的 6 个星期内，你想看到怎样特别的改变？
- 这些改变对 Paul 和 Saul 而言有什么不同？
- 你希望做哪些进一步的干预？
- 这些干预对 Paul 和 Saul 而言有什么不同？

人们关于为什么这些改变很难实现有不同的看法。不愿意改变在精神动力术语里可以被理解为是一种对缺失的反应，和对人类需要保持控制感和感染力的衡量标准(Griffin & Tyrrell，2003)。系统理论认为家庭系统往往更喜欢稳定且避免改变，以寻求实现“动态平衡”(Minuchin & Fishman，1981)。Prochaska 和 DiClemente(1982)提出了一种可以推动和维持个人变革的普遍过程的模式，但这种模式也可能破坏个人变革。这个有助于理解变革过程的五个阶段的模式突出了意图和动机如何改变行为方式(见图 4.5)。

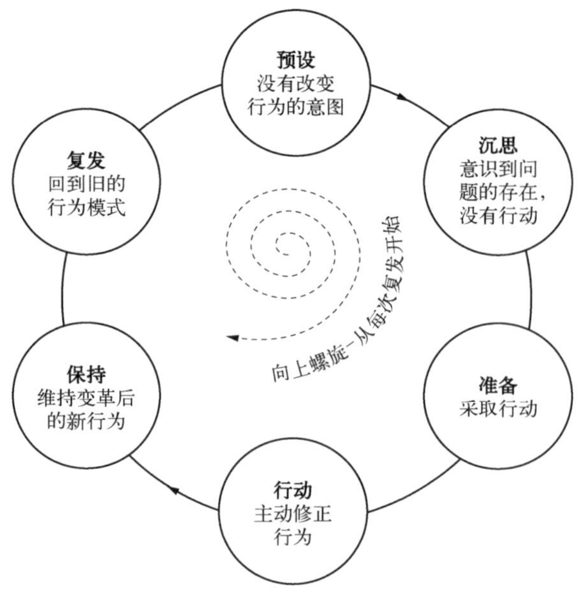

图 4.5　改变模型
(Prochaska & DiClemente，1982)

我们可以使用几种有用的方法来探索父母改变行为的动机。Morrison(2006)回应 Prochaska 和 DiClemente 的养育模型，描绘了改变动机的七个因素，作为实现真正和持久改变的必要一步：

1. 我承认有问题存在；
2. 我对这个问题的出现负有责任；
3. 对于影响我感到不舒服，不只是对我自己的影响，对孩子也一样；
4. 我觉得一定要改变一些东西；
5. 我可以作为解决方案的一部分；
6. 关于问题如何解决我有很多选择；
7. 我能看到做出改变的第一步/我能和别人一起帮助我自己。

不可避免的是，父母会感到矛盾甚至可能无法参与改变过程。当社会工作者注意到矛盾的实质，他们可以支持父母坚持改变。实际上，将动机视为父母、评估者和评估内容之间相互作用的产物是有帮助的。父母身上承担了哪些压力？评估者提供了多少支持？如果参与改变，父母是否会失去一切？Morrison(1991)认为，动机是受内部与外部的因素之间长时间的相互作用所驱动的。

如果没有一些外部因素驱动，让任何一个人开始改变都是不寻常的。我们真正想要实现的一些小变化是很难维持下去的，如少吃一点巧克力或者坚持运动。Horwath 和 Morrison(2001)发展了一种模型来确定旨在促进改变的干预措施的四种可能的反应(图 4.6)。

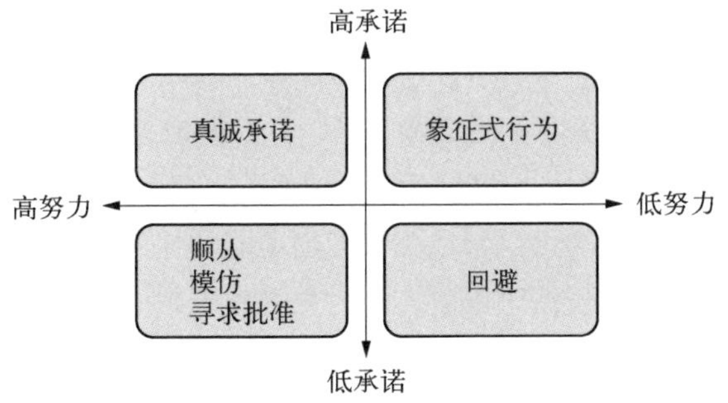

图 4.6 识别矛盾的模式
(改编自 Horwath & Morrison，2001)

案例的继续研究

- Ben 有没有他需要的信息去，形成一个对 Hannah 满足 Paul 和 Saul

的需求的动力的判断？

• 你觉得 Hannah 真正想要的是什么？

……………………………………

关于他们的目标的明确的、详细的对话可以帮助探索父母如何准备改变。动机访谈侧重于目标和成果，并在药物和酒精使用领域得到广泛应用（Miller & Rollnick，1991；Scales、Miller & Burden，2003）。动机访谈需要宽容、耐心和乐观，并且愿意接受复发的必然性。为了在家庭整体评估的过程利用这个方法，社会工作者需要放弃诱惑去进行指导和建议。它依赖于既温和又具有挑战性的访谈，在这个过程中社会工作者应该：

• 表达同情；
• 避免争论；
• 检测和“卷入”阻力之中；

还应该：

• 强调历史差异；
• 多关注表达的目标和实际行为之间的反差。

直接询问关于信仰、宗教习俗或精神性的问题，父母可能会感到不舒服、困扰或者是太拘束。然而揭露父母的观点和基本价值的开放性的问题可以引发对话，为他们的愿望和驱动力提供有用和直观的见解。即使在西方世俗社会，意义和目的的研究仍然是大多数人的重要驱动力（Frankl，1984）。如下问题：

• 你认为真正的生活是怎样的？
• 你希望你们的孩子将来告诉你的孙子们你带给他们的童年吗？
• 回顾生命中的这段日子，你觉得最大的成就是什么？
• 是什么使你继续面对困难？

这些问题可以帮助父母考虑他们的优先事项和有目的性地考虑未来。然后他们的反馈可以进一步讨论关于未来的目标设定和规划，有时父母的答案阐明了干预的必要性，显然他们无法做出他们孩子需要的改变。

……………………………………

练习

下一次你必须与有安全问题的家庭会面时，要求同事观察你的会议，然后再进行讨论。要求你的同事关注你的干预过程并给予一些反馈：

• 对于家庭内的有害行为进行公开的、非判断性的讨论，你的感受如何；

- 为了突出描述的内容和所提出的关注点之间的差异，你使用了什么技巧。

在担心孩子的福利或安全的问题上，社会工作者必须考虑父母对改变的不可避免的矛盾是否是“破坏者”。绝不能假定新的父母身份一定能提供扭转根深蒂固的问题的动力。有时“家庭剧本”就是从人们的童年向前发展思想观念的，把不必要的行为模式注入家庭生活，扼杀他们成为好父母的想法。孩子快速成长然后需要他们的父母履行责任，而不仅仅是承诺。动机评估可以清楚地表明，一个父母可能需要很多个月或者很多年去改变，甚至复发也是不可避免的。然而在怀孕期间和孩子未满 6 个月前出现问题的父母更可能去为他们的家庭维持一个安全的环境（Ward、Brown & Westlake，2012）。

对父母是药物或酒精的滥用者的家庭的评估来说，动机是一个关键问题。普遍的假设是，成为父母应该为这些滥用者提供戒断的动机，但很少讨论的是，养育压力是如何导致滥用情况加剧的。

进行家庭整体评估的社会工作者可以使用意识觉醒问题去解决问题，例如：

- 不考虑我或者你的家庭和朋友的看法，你自己觉得你有酒精或药物的使用问题吗？
- 你能够记得昨天的事情吗？
- 你是否因酒精或药物与家人或者朋友争吵过？
- 你有没有使用酒精或药物来面对问题？
- 你是否曾因为酒精或药物感到身体上或者是情绪上不舒服？
- 你是否曾由于酒精或药物问题出现经济问题？
- 你是否曾因为喝酒或使用药物而放弃爱好或工作？
- 你是否曾因为酒精或药物而被逮捕过？
- 停药后你是否需要第一时间使用药品？
- 关于喝酒或药物使用问题，你是否感到内疚？
- 对你而言，酒精或药物最令你享受的是什么？
- 喝酒或药物使用给你造成了哪些问题或困难？

让这些有问题的人能够反思自己的行为不是一件容易的事情。利用这些问题去探索动机也可以帮助父母从预沉思转移到沉思和决心之中。如果这些人并不觉得喝酒有什么不好，那么要让他们戒断就是非常困难的事情(Rob Jackson，2006)。

父母由于童年时的不良经验不能成为更好的父母，所以在了解他们为什么需要改变和怎样改变之前，评估父母的动机是不可能的，也是不公平的。实现这一评估有赖于父母的学习方式。许多人需要实际指导和有人来模拟更好的育儿方法。有的父母通过观看热门的育儿电视节目受到很好的启发。野生动物节目可以作为有关养育模式、信仰和价值观的讨论重点。其他人可以通过育儿的书籍得到启发，例如：

- Helen Sanderson 和 Maye Taylor 的《赞美家庭：提高家庭生活的实用方法》(*Celebrating Families. Simple, Practical Ways to Enhance Family Life*)。这是对父母的实用指南，也提供了关于欣赏个人和加强沟通的方法。
- Margot Sunderland 的《每个父母需要知道的事：爱、自然和游戏对孩子发展的影响》(*What Every Parent Needs to Know. The Remarkable Effects of Love, Nurture and Play on Your Child's Development*)，是专门写给父母的书，它在不忽略现实的同时解释了神经科学和儿童发展。

• • • 育儿和情感/精神上的双重危险

超过三分之一被诊断有精神疾病的成年人都有还在抚养的孩子和他们一起生活。诊断为双相障碍和精神分裂症的人数不多，但数量仍在增加(Morris & Wates，2006)。大约59%与社区精神健康服务接触的女性都是母亲。一般而言，父母身份会降低他们自杀和自我伤害的风险，所以任何有关父母有自我毁灭想法的迹象，都可能意味着他们需要紧急帮助(Brandon et al.，2010)。当情感或精神上的痛苦与药物和酒精使用问题同时发生，自杀和杀人是最有可能发生的。在没有其他更明显的迹象导致自杀和杀人的时期，酗酒和吸毒现象频繁发生(Appleby，2000)。

怀孕期间和生产之后，由生活方式、亲密关系和习惯的改变引起的激素变化导致了十分之一的母亲都有产后抑郁症。单身父母比其他父母感受到的情感或精神上的痛苦高 3 倍(CSIP/Barnardo's，2007；Parrott、Jacobs &

Roberts，2008)。年轻女性是患抑郁症风险最高的群体，因为生育和抚养的同时，她们也面临着情感或精神的高度紧张与脆弱(Falkov，2012：27)。国民医疗服务体系不记录患者的父母身份，医务人员可能并没有意识到它的意义，但长期以来的研究促使社会工作者以积极和支持的方式承认，并满足成年人作为父母在情感或精神痛苦情况下的需求及其子女的照顾(Aldridge & Becker，2003；Social Exclusion Taskforce，2008；Hugman & Philips，1992；Webster，1992)。

• • • 智力障碍

英国成年人中大约 2.2% 的人被法律定义有“学习障碍”(Doh，2001)。被定为有学习障碍的父母的数量不断上升，但是关于他们需求的有意义的信息是很难以捉摸的。普通人中超过 6.7% 的人在与阅读、写作、决策和组织日常生活做斗争。这些智力障碍的成年人不一定符合成人支援服务的资格标准。不同的来源提供了截然不同的评估，这些评估是关于有多少孩子在有智力障碍的父母身边长大，从而他们的成长过程也受到影响。我们很少有在智力障碍父母照顾中长大的成年人的长期健康和福利的信息(McGaw & Newman，2005)。

要概括这些家庭经验是不容易的，因为在某些育儿领域表现出能力的人，在其他领域可能是不太擅长的。对于智商超过 60 的成年人，智商与育儿能力之间没有直接联系。具有智力障碍的家长可能会努力适应孩子不断变化的需求，他们也需要学习和维持新技能。这些父母比一般人在小时候更有可能被虐待。对于那些童年经历比较坎坷的人，他们的潜力和价值感很差，他们养育孩子会更加困难(Cleaver、Unell & Aldgate，2011)。被污名化的同时缺乏从家庭和朋友那边学习养育能力的机会以及开发新技能的支持，可能进一步减少了他们作为父母的潜能(SCIE，2005c)。

有不同程度和不同类型智力障碍的父母可能会在履行家庭角色和责任方面可能面临困难。儿童所面临的风险可能包括获得产前保健机会不足，以及由遗传或环境影响、行为问题、语言延误和无意忽视导致的发展性延迟而产生的问题(James，2004)。当支持和教育根据个人的需求和能力个别化之后，长期的、家庭为本的整体性干预对维持好的养育方式通常是有效的。提供结构稳定的、密集的、可靠的、长期的正式和非正式的支持是保证父母会成功的最好的方式(McGaw & Newman，2005)。因此，专家诊断和功能评估至关重要(SCIE，2005c；Morris & Wates，2006)。

在英国被最为广泛使用的模式是"育儿评估手册"(McGaw et al.，1998)。它考虑到环境因素、压力以及家长的支持，可以以能力为基础的整体方法来绘制家庭的优势和需求，并注重为父母赋权。McGaw(2000)着重强调评估的过程应该帮助父母学会拒绝而不是鼓励被动和遵从。

没有高质量的评估，没有考虑到父母的具体需求，家庭可能被采用普通的、以服务为主导的干预措施，这样是不可能增强育儿能力的。例如，一位妈妈这样描述她参加一个育儿班：

> 我没有和其他的女人在一起，所以他们说我有社会问题。这不是我有问题，而是小组有问题。他们不能接纳我，却说是我的错，算在我的头上。
>
> (引述自一位母亲的话，Children's Commissioner，2010：24)

这些家庭的法定子女养育工作过重。大约50%患有智力障碍的父母失去了照顾他们孩子的权利。因此，在护理系统中有25%的孩子母亲或父亲一方患有智力障碍，他们被收养的可能性是其他孩子的两倍。

一些父母被"假定无能"。当地政府和民事法庭有时采取刻板印象，认为智力障碍的父母不能学习必要的技能，并会给子女带来风险(McConnell & Llewellyn，2002)。另一方面，有证据表明，高转介和干预措施让一些家庭中的儿童的需要被忽略太久了。评估经常被推迟到紧急情况发表之前，并且伏案与挖掘父母潜能的技术和社会工作评估太少，关于发展潜力和具体需求的专家评估也很少被委托(Cleaver & Nicholson，2008)。因此，这些儿童长期遭受家庭有害经历的双重打击，随后被带入护理系统。这对父母和孩子来说都是悲剧。

● ● ● 残疾的父母和感觉障碍的父母

英国劳动力调查显示，约有300万名儿童与残疾、长期患病和感觉障碍的父母同住。然而，很少有研究是关于父母的残疾对儿童的影响的

(Blewitt et al., 2011; Dearden & Aldridge, 2010)。这些父母说他们最需要帮助的方面是儿童照看、家务和交通，同时他们也反映，由于一些相互关联的原因，他们的需求没有得到满足：

- 儿童和成人服务不能相互协调，评估的质量有时很差(Morris, 2003)。
- 对残疾父母育儿的社区照顾规定不明确，法律也难以理解(Goodinge, 2000)。
- 成人和儿童服务之间的人为划分增加了恐惧、焦虑和脆弱性，并限制父母请求帮助(Wates, 2003)。
- 社会分离意味着很多残疾父母会错过很多支持和信息(Blewitt et al., 2011)。

案例研究

Sally出生时就失明了，被盲人父母抚养着。她和父母的关系并不亲密，但是和她视力良好的哥哥Paul很亲密。Paul已经结婚了且有两个小孩。大约15岁的时候，Sally意识到自己怀孕且立马决定这个孩子应该被别人收养。她的儿子Ethan，视力健康，一出生就配对好了收养父母。但是没到一个星期，Sally就后悔了。她要求联系见面，希望Ethan由她照顾。儿童服务处不同意去联系，于是对她进行评估。这一结论是，她太不成熟，不能充分认识Ethan的需求，而且她的支持网络不足以使她很好地教育子女。

Sally的律师引导了一位专家证人，探讨这些问题并得出结论，认为Sally有成功育儿的潜能且她的哥哥嫂嫂能够给予积极的支持，同时，Ethan有权在他的出生家庭中被抚养。儿童服务处不接受这些建议，还引出了新担忧，质疑Sally教养一个视力正常的孩子的能力。他们强调，在家庭中心的监督接触中，Sally看起来不方便，在举起Ethan时会绊倒玩具，在喂Ethan吃东西时，拿勺子离Ethan的嘴太远他吃不到，也不能在关灯后陪在Ethan身边。

- 评估的问题是什么？
- 成人服务在这个评估中有什么作用？
- 在不熟悉的环境中，基于正式会谈来评估Sally的潜能是否公平？
- 促进儿童服务的决策是什么？
- 如何进行儿童服务的评估？

成人社会保障立法中的重点和对于什么人可以做或不能做的评估的指导是对残疾儿童的赤字做法，而不能解决导致和加剧残疾的社会和经济因素。人权法要求所有父母应该用统一标准来判断，然而关于残疾如何影响家庭和生活方式的假设及误解，对父母要求帮助的合理需求产生了消极的影响(Crawshaw & Wates，2005；Goodinge，2000；Lapper，2005)。残疾父母一直在强调接触不到的环境和沟通形式所造成的问题。他们常常需要支付一些不可避免的额外开支，这些开支都不包括在残疾人补助金之内(SCIE，2005b)。

成人社会工作者，尤其是如果他们在多学科团队工作，可能可以与心理学家、物理治疗师和职业治疗师一起参与家庭整体评估。获得这样的专业知识可以带来更多的创新和调整，使残疾父母更容易养育子女。可以设计个人预算和个性化计划，以区分人们的个体需求和其满足家庭责任的需求。

• • • 结论

传统的约鲁巴世界观认为孩子是生命中最重要的人物(Zeitlin，1999)，且对于大多数父母而言，有孩子是他们身份的核心。对父母来说，没能满足孩子的需求通常是一个沉重的打击，大多数父母失去孩子都会很受伤。不管是儿童领域还是成人领域的评估，都必须明白做父母对成年人的意义，并支持他们发挥最大的能力去养育子女。通过最早、最有效、最强大的干预措施来解决面临困难的家庭的需求的评估，有可能改变在他们困境中的生活。由于儿童的福利和需求一直是至关重要的，所有社会工作者别无选择，只能通过孩子的经验来审视养育过程。

• • • 拓展阅读

Blewitt, J., Noble, J. and Tunstill, J. (2011) *Improving Children's Outcomes by Supporting Parental Physical and Mental Health*. London: Centre for Excellence and Outcomes in Children and Young People's Services (C4EO). Available at www.c4eo.org.uk, accessed on 19 July 2013.

Cleaver, H., Unell, I. and Aldgate, J. (2011) *Children's Needs – Parenting Capacity. Child Abuse: Parental Mental Illness, Learning Disability, Substance Misuse and Domestic Violence* (Second edition). London: The Stationery Office.

Griffin, J. and Tyrrell, I. (2003) *Human Givens: A New Approach to Emotional Health and Clear Thinking.* Chalvington: HG Publishing.

Reder, P., Duncan, S. and Lucey, C. (2003) 'What Principles Guide Parenting Assessments?' In P. Reder, S. Duncan and C. Lucey (eds) *Studies in the Assessment of Parenting.* London: Routledge.

第五章

了解儿童经验

核心内容

- 困境中的父母的行为对家庭中的每个孩子都有不同的影响。
- 每个孩子都是独特的，都有独特的需求，也有他们自己的个性。
- 每个孩子的潜能都受他们面临的独特挑战的影响。
- 与能力受到酒精或药物问题影响的父母一起成长，从概念上来说，在整个成年期和成人生活中都是有害的。
- 当父母的酒精和药物滥用伴随着情感或精神上的痛苦，这两者共同对儿童造成很大伤害。

案例的继续研究

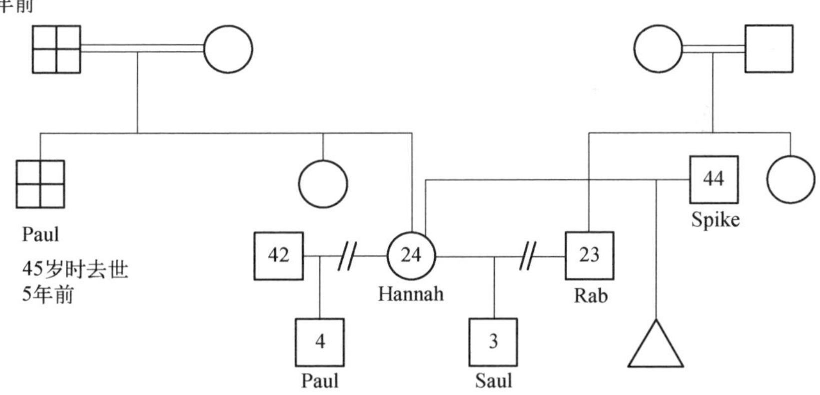

图 5.1 Paul 和 Saul 3 年后的家庭结构

Hannah 被志愿部门的药物与酒精使用诊所转介给社区心理健康小组和专业助产士。Hannah 已经在美沙酮诊所治疗了 18 个月。诊所的工作人员长期以来一直关注她的健康：他们认识到 Hannah 经常使用酒精、海洛因、可卡因和大麻，她的朋友都是街头酒鬼。他们注意到，Hannah 的情绪和行为越来越不稳定，同时他们也担心她怀孕但却没有寻求医疗咨询。转介需要 Paul 和 Saul 的信息，但是很少有 Hannah 为人母的细节信息，因为她没有将他们带入美沙酮诊所（见图 5.1）。

社区精神健康中心的社会工作者 Doreen，在诊所和 Hannah 会面。Hannah 泪流满面，说话速度很快但却不连贯，讲述了她满腹的担忧：拖欠房租、邻居纠纷、Saul 的行为以及父母最近去世等都在她脑海里浮现。她透露，她的伴侣 Spike(42 岁)希望她和他的“朋友”发生性关系，她也不确定自己是否怀孕了，她想要终止妊娠。Doreen 询问 Hannah 的应对机制，并了解到她的友谊是她的“生命线”。

专业助产士 Sue 第二天来到 Hannah 家。她的房子一片漆黑，没有暖气和灯光。Hannah 不在家，但一群 12～15 岁的青少年沉浸在嘈杂的电脑游戏中。他们让 Sue 进来留一个便条给 Hannah。Paul 的体温很高，穿着一个背心睡在客厅地板上。Saul 身上包着一个很脏的尿布，她坚持爬向 Sue，弄出很大的声响，但不会说话。她可以看到 Saul 的手臂和背部有很多小面积的烧伤。Sue 马上就联系了儿童社会服务机构。

Cheryl，一个在职的社会工作者，安排了当天下午与警方联合访问，并确定临时的儿科评估。警方利用他们的紧急权力来转移 Paul 和 Saul。随后他们发现 Spike 有与贩毒和家庭虐待相关的刑事犯罪历史。儿童服务机构发现 Spike 是化名，并向他们重申他已经涉及儿童性虐待多年。他们发起了保护程序。

- Hannah、Paul 和 Saul 的直接需求是什么？
- 评估的问题是什么？
- 在评估过程中，Doreen 的角色是什么？
- Cheryl 在设计评估过程中会涉及的知识、理论和研究有哪些？

为孩子发声赋权

每个孩子都有权在影响他们的一切事情上说出他们的想法，他们的意见需要被认真对待。

(联合国儿童权利公约，关于第 12 条的简要说明，1989)

这一原则同样适用于所有服务中的工作者，并在英国三个司法管辖区的家庭法中被规定：

每项评估都必须通过儿童和家庭的意见来反馈。儿童应尽可能被个别看待，地方当局儿童的社会照料机构有责任确定儿童对所提供服务的意愿和感受。

（HM Government，2013：21）

大多数儿童可以阐明成年社会工作者需要了解的家庭的重要信息。那些与有药物或酒精使用问题的家长一起长大，或在家庭虐待中长大的孩子了解父母的问题，即使大人试图掩盖和减少他们对家庭生活的影响（SCIE，2004）。儿童也可以提供有关情感或精神痛苦的父母的需求的宝贵见解（Armstrong，2002；Dulwich Centre，2008；Riebschleger，2004；Stallard et al.，2004；Totsuka，2008）。年轻的照顾者说，社会工作者应该询问他们的父母是怎样的，什么样的支持是有帮助的，因为他们经常比任何人都更了解这些。如果存在复杂的问题，将焦点从专业角度转移到采取“孩子的视角”可能是有帮助的（Cossar et al.，2011：9；Jones，1997：526）：

有些大人可能太忙，以至于没有听孩子说他们想说的话——有时孩子们会说一些非常有影响力和重要性的事情，因为他们从不同的角度看世界。

（引述自一个孩子的话，Morgan，2010：32）

孩子们经常表示担心，他们对社会工作者不了解所以不能信任他们；他们有一种不公正的感觉所以他们很少发言，而且会因不知情而感到不安（Cleaver & Walker，2004；Cossar et al.， 2011；Morgan，2006）。这些抱怨是有证据的：社会工作者没有与儿童一致地观察、参与、玩耍或谈话，也没有关注真正儿童（CSCI，2005；Horwath，2010）。对儿童死亡的回顾表明了这是多么危险的事（Brandon et al.，2012）。

儿童的观点经常被忽视、被误解、被歪曲或仅被部分阐述，几乎没有证据表明直接的工作是每次评估的核心（Horwath，2010）。这样看来，即使社会工作者听到了儿童的意见，也不一定会把它写入案例会议或法庭听证会的相关材料里面（Cossar & Long，2008；引自 Cossar et al.，2011；Holland & Scourfield，2004）。有趣的是，与个别孩子最密切联系并听取他们的想法和感受的实务工作者（如导师、课堂支持人员、游戏治疗师）有时会报告说，他们被排除在正式的评估过程之外，他们的意见被边缘化：

当对我们有利的时候，我们太快把一个孩子的观点变成真实的，但是如果孩子不同意，那就更难了……然后我们通过减少孩子观点有效性的情境来解释这个观点。

（Archard & Skivenes，2009：397）

当事实表明没有社会工作者直接与 Victoria Climbié 进行沟通时，Lord Laming 强调：

任何社会工作者初步评估的基本要素必须是注视、倾听和观察孩子。

（Laming，2003：238）

然而，随后对儿童死亡的回顾（Birmingham SCB/Badford，2010；Westminster LSCB，2006）对于儿童如此沉默感到非常惊讶。Ofsted 通过对 67 名儿童的死亡回顾进行检测发现：

孩子没有经常被相关专业人士照看，也没有被问及他们的观点和感受。

各机构没有听那些试图代表小孩发言的成年人的想法，即使他们有重要的信息。

父母和照顾者阻止专业人员照看孩子和倾听孩子的想法。

工作者过分关注家长的需求，特别是弱势群体的需求，忽视了对孩子的影响。

各机构没有妥善解释他们的发现来保护孩子。

（Ofsted，2011：4）

对儿童死亡的回顾多次指出，社会工作者有时无法看到儿童的全体。某些特定的儿童群体在家庭评估中比其他儿童更有可能被边缘化，包括：

1. 父母不和社会工作者合作或明显有敌意的儿童；
2. 父母隐瞒在家庭中造成的伤害但顺从社会工作者合作的儿童；
3. 父母有复杂紧迫的生活困难，会分散社会工作者的注意力的儿童；

4. 有敌意、不愿意参与评估或拒绝交谈的儿童；
5. 青少年；
6. 残疾儿童；
7. 没有出现问题的兄弟姐妹；
8. 因残疾、创伤或威胁而无法发言的儿童；
9. 第一语言不是英语的儿童。

(Rose & Barnes，2008；Brandon et al.，2008，2009)

社会工作者可能很难听到父母的观点，更不用说孩子的声音，原因如下：

- 实务工作者的知识和培训比从经验中获得的专业知识更被重视。
- 坚持儿童与家长在一起的承诺导致社会工作者混淆了儿童和家长的身份，使家庭规则的范式反而削弱了儿童的权利(Sawyer，2006)。
- 实务工作者远离孩子(有时是有意的，有时是无意识的)，避免因为他们的挣扎和情绪上的痛苦而不堪重负(Ferguson，2011；Rustin，2005)。
- 实务工作者没有与儿童一起工作所需的技巧(Gibb，2009；Munro，2011b：11；Taylor & Boushel，2009)。
- 有一种假设是，成年人作为照顾者最了解情况，孩子们没有权利说话，因为他们没有责任感。实际上，孩子们通常是明白他们对自己的行为的责任的，且优先考虑受到保护而不受虐待的权利和重视听取的权利(Butler-Sloss，1988；Morgan，2010)。
- 当与父母或其他专业人士的意见产生冲突时，社会工作者常常不确定什么时候和怎样采纳孩子的观点。
- 人员的流失以及缺乏直接工作场所损害了社会工作者直接与儿童接触的意愿(Leeson，2007；Winter，2009)。
- 了解孩子的感觉就像一个不可实现的奢望，于是优先考虑与父母和其他专业人士进行沟通，处理行政事务按时记录并完成报告(Horwath，2010；Munro，2011a)。

你会对他们说一些发生的事情或你的感觉，他们总是急于离开，或者觉得你必须快点谈话。

(引述自一个孩子的话，Children's commissioner，2010：34)

案例研究

- Doreen 应该问 Hannah 什么问题？
- Cheryl 如何确保 Paul 的知识和经验得到正确的理解？
- Cheryl 可以从与 Saul 的直接工作中学到什么？
- Cheryl 应该问 Hannah 什么问题？

为儿童发声赋权取决于对孩子是否充分了解自己的情况和贡献的准确评估。如果孩子的愿望和感受被赋予了价值和意义，就需要清楚孩子的心理和智力发展。评估每个孩子概念化决策的能力需要仔细考虑。社会工作评估必须权衡一些复杂的因素，如年龄、基因、认知和神经发育、生活经历、现在所处的环境和文化背景。从法律、心理学、伦理或实践角度判断儿童的能力都是困难和复杂的(Lefevre，2010；Reder & Duncan，2003b)。以下概括是从心理研究中得出的，给出了一些有用的指导：

- 年幼的孩子的推理能力，对抽象观点的看法，讨论假设性的“如果”是不擅长的(Hobson，1985)。这些能力在童年时期逐渐形成。青春期早期，大多数孩子可以更灵活地思考复杂的问题和抽象观点。
- 年幼的孩子对时间关系的理解有限，他们难以自觉地为计划做出贡献。在童年时期，他们依赖成年人经历过去、现在和未来的事件。直到青春期才真正开始设想，从而制订未来的计划(Piaget，1969)。

“吉利克诉西诺福克和威斯里克地区卫生局案[1986]”(*Gillick v. West Norfolk and Wisbech area Health Authority*[1986])的判决确定了案例法，并已被纳入英国医疗协会指导原则(British Medical Association，2001)：

父母的权利是使得孩子有权做出自己的决定，即当孩子拥有足够的理解力和智慧，才能在需要决定的事情上做出决定。

Thomes(2002)确定了儿童参与的六个关键方面：

1. 儿童参与的选择；
2. 他/她对情况及其他权利的信息的了解；
3. 他对决策过程的控制；
4. 他在任何讨论中的“发声”；

5. 他在说话时所得到的支持；

6. 他独立做决定的能力（自主能力）。

练习

用 5 分钟的时间准备一份声明，可以用来解释你对你负责评估的家庭中的特定儿童或年轻人所承担的专业角色。

我不喜欢看不起我的人，我不喜欢把我当作成年人来看待的人。我喜欢因我的年龄和我说话的人。

（引述自一个孩子的话，Cossar et al.，2011：4）

和儿童一起工作

练习

- 当你还是一个孩子的时候，你向谁倾诉？
- 你能记得你和大人有什么重要的对话吗？这些发生在哪里？谁主动呢？谁是主要说话的人？
- 你是否喜欢与成年人沟通？

总而言之，儿童需要一个互相信任的、稳定的关系（Munro，2011b：129）。他们更可能信任热情、友善、善良、关怀他人和富有同情心的，开放、真诚、有趣和诚实的，不评判他人，尊重他人，平易近人，言行一致，值得信赖，可以与孩子交谈和愉快地玩要，能够处理强烈的感情，并对孩子的想法和感受感兴趣的社会工作者（Bell，2002；Butler & Williamson，1994；Barley & Kent，2007；Jones，2003；Munro，2001，2001a，Chapter 3）。国家儿童局的评估员对“世界上最差的共同评估框架”的描述特别坦诚和有说服力。Kidstime 等项目已经表明，儿童可以探索他们关心的一切，开始开发资源来应对一些可能为他们赋权的困境（Cooklin et al.，2012）。

> 认识到儿童的能力和想法，促进他们的自我表达，并仔细听取他们传达的内容。这需要一种真正的协议和反压制的方式来分享权力。
>
> （Lefevre，2010：69）

当社会工作者无法和孩子建立关系，评估将不可避免地带有致命的缺陷：

> 在整个研究中，有一种与孩子本身脱节的感觉：不关注儿童的情感发展，不考虑生活在该家庭或处于学校环境的孩子是什么样子的，关注的是孩子的残疾而不是孩子本身。这极大地阻碍了应将孩子当作一个人来看待的根本原则。
>
> （Brandon et al.，2012：7）

非正式的、非结构化的交流，是发现孩子们了解什么以及孩子在想什么的最佳方式，其重点是倾听并跟上孩子的思维（Reder & Duncan，2003b：134－136）。虽然一些孩子能够且愿意直接通过语言分享他们的经历，但是大多数人用更广泛的媒体表达自己。许多人以象征性或非言语的方式传达他们的感受和需求（Thomas & O'Kane，2000）。Margaluzzi 的诗歌（Lefevre，2010：64）提到了儿童分享和沟通能力的丰富性，即“儿童的一百种语言”。

练习

- 与几个你在工作之外认识的不同的孩子相处。
- 注意一下他们运用了“儿童的一百种语言”中的几种。
- 注意一下让你感到最舒服的是哪一种。

了解儿童的经历

家庭整体评估依赖于对儿童日常生活的了解：去哪里，一般和谁在一起，对生活中的人们的感受是怎样的，是否经常受益于某些时候的良好经验，还有一直存在的困难。例如，如果精神健康工作者通常在上课时间访问家长，他们可能不会感觉到整个家庭在早上或在进餐时都有的一些特殊压力。当来自不同服务机构的几名工作人员正在进行评估，也许在不同的环境中，他们就有机会获得更加全面的图景。例如，社会工作者可以在一天的不同时间绘制时间表，可以映射出不同时间家庭成员的想法和感觉，以便他们一起发掘有意义的模式并设计所需的更改(Raynes，2003：129)：

专业人士需要适应孩子的世界，不仅要注意孩子所说的内容，还要注意他们没说出口的话，并且在任何情况下都要注意他们的行为。

(Cossar et al.，2011：8)

与那些经常通过直接观察而获得很多专业知识的托儿所护士相比，社会工作者并不总是发展这些技能。学习观察儿童有助于使社工更加关注孩子和孩子的观点。儿童观察可以解决关键问题，如孩子是否自由玩耍，是否表露了情绪，是否表现了关怀给予/情感以及愤怒/控制(Lefevre，2010；McKinnon，2009；Ofsted，2011)。直接观察有几种不同的方法，包括自然的、目的性的、时间采样的和塔维斯托克(Tavistock)方法。其中的每一种都有优缺点(Fawcett，2009)。

孩子可能无法辨识、调节或表达自己的感受，但他们可以感受到一种复杂的感觉，包括对父母的忠诚，并且可能会愤怒地与父母对抗(Cossar et al.，2011)。社会工作者很容易无意识地影响孩子们所说的话，因为儿童对社会工作者未表达的想法和感受特别敏感(Jones，2003；引自 Lefevre，2010：53)。有时被虐待的孩子将行为当作生存策略，因而从一个孩子所做的事情(如逃离、盗窃和说谎)中反馈出来的东西比他们的语言要丰富(Brandon、Schofield & Trinder，1998；Cossar et al.，2011；Howe，2005；Schofield & Beek，2006)。在给孩子其他机会来表达自己的意思之前，随意解释他们的不寻常的或不良行为是不明智的。

一些社会工作者不可避免地会感到比别人更容易与孩子建立友好关系。这不一定依赖于使用特殊的技术或工具，而是要求直觉和灵活性。一些工作人员很友好很热情，不管他们的角色或者处境如何，都邀请孩子坦诚地倾诉。从事儿童服务的基本工具是从儿童身上学习的自我意识，使沟通风格能够有意识地适应孩子的需要(Trevithick，2005)。

男孩子不太可能像女孩子一样向别人倾诉(Butler & Willianmson, 1994; ChildLine, 2003),而且随着年龄的增长,儿童往往会将问题告诉朋友而不是成年人。除非社会工作者采取行动建立信任关系,否则孩子们只会把他们的忧虑告诉朋友或兄弟姐妹。当社会工作者将他们称为"关注对象"而不是人时,孩子们是懂得的,如那些用大量问题质问他们,而不是由孩子自己主导的工作者(Butler-Sloss, 1988; Children's Commissioner, 2010)。孩子们不喜欢只在会议期间才看到他们的社会工作者,当他们不认识的专家做决定时,更不可能使他们信服(Children's Commissioner, 2010; Cossar et al., 2011)。

如果父母和孩子对与社会工作者的会面有不一样的感受,那么可以让孩子们私下沟通,如通过一个代码表达感受,或者给孩子一本日记写下他们的担心,或给孩子一个手机号码来发信息(Cossar et al., 2011; Hutton & Partridge, 2006; Morgan, 2006a; Ofsted, 2011)。社会工作者可以通过将自己的权力和地位放到一边,使孩子感到舒服,例如选取适合孩子日程安排的任务和满足他们需求的地方,利用辩护律师和中介,花时间和他们在操场上玩耍,或者一同购物(Lefevre, 2010: 73)。

以儿童为中心、以关系为基础的实践意味着要:

- 让孩子有安全感,建立信任关系;
- 符合孩子的步调;
- 以儿童熟悉和舒适的方式进行交流,如玩耍、活动,有象征性、有创造性和表现力的技巧;
- 寻找与孩子接触并帮助他们进行交流的方法和工具,如生态图、评级量表、问卷调查表等。

附录3列出了许多资源和工具,旨在支持工作者与儿童的交往和沟通。

练习

回顾一下你最近完成的评估。

- 你是如何与家庭中的孩子接触的?
- 你是如何报告他们对家庭的了解的?
- 准备两封简短的信件来解释你的评估结果,以及你做出的任何决定或建议:一个是关于最年长的孩子的,一个是最年幼的孩子的。

倾听儿童的经历

孩子们能够想出自己解决问题的方式。社会工作者了解这些来帮助加强儿童自身积极的态度，并制定出应对困难的策略(Cossar et al.，2011：9)。儿童有时候会因为他人的羞辱和歧视，或对父母的忠诚、尊重和保护而保留自己的观点(Totsuka，2008)。有时候，文化差异、负面经历或媒体形象会导致社会工作者不被信任。

如果评估很匆忙，那么孩子们可能会保留他们想要说的一些话，如果他们没有透露最糟糕的经历和恐惧的事情，那么评估就会错过这一点(Jones，2003)。孩子有时会以不同于研究人员和专业人士理解虐待以及受害情况的方式描述受伤害的经历(Cawson et al.，2000)。当孩子们将自己觉得麻烦的事情告诉他们信任的成年人时，成年人应该避免询问或做出假设，而应仔细聆听并逐字记录，以防需要进行法医调查的情况。在这种情况下，最重要的是向孩子表现出你感兴趣、关心且能够应付的样子，使他们觉得自己在安全的环境下被倾听和理解：

他们的谈话时间较短，所以我无法跟上，而在我回答之前，他们一直在讨论一个问题，然后再提出一个问题。

(来自一个6岁儿童的建议，
Westcot & Davies，1996：465)

无论何时怀疑儿童是犯罪行为的受害者或者目击者，经过专业训练的警务人员和社会工作者都可以按照“取得最佳证据”(*Achieving Best Evidence*)的规定程序进行正式访问(Ministry of Justice，2011)。在刑事诉讼中确定儿童提供证据的能力的方法，只是要求儿童能够理解他们所提出的问题，并且能够给予可供理解的回答。这意味着3岁的儿童就可以记录他们的证据。

孩子们在这些访谈中表达自己的经验是困难的，有时甚至是创伤性的。如果有足够的证据进行刑事审判，儿童可以得到治疗支持，但不要鼓励他们在审讯之后再谈论这些罪行。“取得最佳证据”是基于心理研究的

(Holliday & Marche, 2012)，但没有通过专门培训的社会工作者有时不确定儿童什么时候以及怎样可以准确地回忆和报告事件，以提供良好的证据。社会工作者也担心他们可能无意中弄乱了儿童的法医证据。心理学的文献中有五个主要线索明确了“取得最佳证据”：

1. 社会和语言规则；
2. 引导性或者误导性的问题；
3. 记忆；
4. 语言发展；
5. 欺骗和谎言。

对前瞻性研究证据的理解不仅对那些进行正式调查访谈的人有帮助，而且对于那些想让孩子们真实而清楚地解释他们的经历的社会工作者来说，也都是有帮助的。

儿童发展

各种评估框架列出了儿童长大后通常会有的发展。这些是有用的，但需要谨慎使用，因为儿童与儿童之间的差异与你在每个发展阶段期望的相似之处一样重要(Davis，1998)。大多数关于儿童发展的研究是在西欧或北美地区进行的，并且是基于在欧洲中产阶级家庭中长大的白人(Lightfoot et al.，2008)。这些知识可能与那些因父母的行为和期望而产生不同的发展模式的家庭中养育的孩子无关。

Robinson 关于不同的育儿方法和规范如何影响附属战略、认知、沟通、社会化和身份形成的讨论，是评估儿童个人发展需求的重要起点(Robinson，2007)。危险的是，没有跨文化观点，家庭评估会审视缺陷，而不是在评估不符合普遍/生物“规范”的孩子的时候确定优势。

Victoria Climbié 的悲剧性死亡的冲击强调了评估儿童发展使用敏感的、灵活的方法的重要性，不应该掩盖儿童的健康和发展的重要性(Laming，2003)。由于文化因素造成的养育不良和儿童健康受损的文化相对论既诱人又危险。社会工作仍然在努力解决文化相对主义问题。鉴于英国的许多机构持续存在地方性种族主义的迹象，社会工作从冷漠到自由地开展多样性、多元文化主义的庆祝活动是一个很大的问题。美国在公民权利冲突中建立“彩虹”身份的经验、南非争取“和平与和解”的斗争以及北爱尔兰建立非教派社区的经验，对于在英国的社会工作背景下，且在我们所服务的复杂问题上，反对种族主义的做法仍然影响不大。法律是明确的，应该根据大多数儿童经验的规范来衡量伤害及其意义。我们不能代表面临不利环境的儿童放弃我们的期望。

思考点

下面情况是否“正常”：

- 鼓励工人阶级的男孩以虐待妇女的男人为榜样；
- 一名 16 岁的盲人被穿上手工制作的衣服；
- 一个有自闭症的男孩需要在家庭住宅中雇用 24 小时轮班的付费护理人员来满足需求；
- 一个 13 岁的穆斯林女孩如果回家较晚便被用皮带殴打。

你遇到过怎样的文化相对主义的例子?

家庭法将“发展”广泛地定义为拥有身体、智力、情感、社会和行为的发展，融入了身体和精神健康两方面。儿童应该积极改变、发展和成长，影响环境或者受到他们所处环境的影响(Aldgate et al.，2006)。其他专业人员在对孩子的进步感到担忧的情况下，对家庭整体评估做出了宝贵的贡献，例如，培训重点为有关发展问题的托儿所的护士和健康访问员、学校护士、教师等(SCIE，2008b)。当孩子的父母养育不恰当时，他们的发展就会受到影响，从胚胎到青春期，并且可以在成年人的生活中持续下去。理解成人困难如何影响儿童的情感和心理发展，这对家庭整体评估至关重要。适应敏感护理的意义在第六章会有进一步的讨论(Brandon et al.，2012；Cleaver et al.，2011；King & Trowell，1992；O'Hagan，2006)。

因为青春期是一个基本的阶段，有时身体、心理和智力会快速变化为成年做准备，这也是一个非常脆弱的时期。青春期的发展建立在早期实现的里程碑上，大脑结构的成熟变化部分取决于是否实现了早期的发展步骤。压力和逆境的暴露可能导致青春期风险增加，以及不健康的生活方式的选择增多，包括使用药物、酒精、香烟，饮食习惯差和早期性行为等。

关于青少年照顾的需求的种类在家庭和国家层面很少有讨论和形成共识。我们总是很容易忽视与面临困难的父母生活在一起的青少年的经验和需求，特别是如果他们极力拒绝自己参与其中。持续的压力和逆境干扰青少年形成积极关系的能力，使他们面临更大风险，如教育失败、帮派成员关系、失业、贫困、无家可归、家庭虐待、犯罪活动和暴力犯罪、监禁以及早期单亲等(Brown & Ward，2012：68－69；Shonkoff & Garner，2012)。青少年是仅次于遭受不幸死亡的婴儿最容易走向死亡的群体，这也印证了他们持续的脆弱性(Brandon、Bailey & Belderson，2010)。

残疾儿童

残疾儿童在评估过程中很容易被边缘化。工作者需要创造机会给残疾儿童表达他们的看法：

James 通过肢体语言和面部表情交流。他的姐姐认为他很好。她说他一直都很高兴，当他心烦意乱的时候，他会“尖叫”。我觉得她总结得很好，也许我会补充的是，开心和尖叫之间有很多灰色地带。

(引述自一位家长的话，Murray 2006；Marchant，2008：153)

假设所有儿童都能够且乐意表达他们的经历、希望和感受，且能够寻找到其他一些与社会工作交流的方式。这意味着对照顾者要特别有自信，或者要寻找特别人士的帮助(Marchant，2008)。附录 3 有几项有用的资源可用于支持残疾儿童的沟通与交流：

残疾儿童的脆弱性得到越来越多的承认，且在这些严重案例的审查中占 12%。有时家庭表现为充满爱的和乐于合作的，在这些情况下，有害的风险无法被识别。所有年龄段的残疾儿童，都比一般孩子能更清楚地看到残疾。对于残疾儿童而言，这可能意味着他们比非残疾儿童更有可能面临较低的育儿标准，例如，把他们关在卧室里很长时间以保证安全。

(Brandon et al.，2012：4)

英国大约 3%的儿童都是残疾人，且他们在儿童照顾中心占有很大的比例(DoH，2000b)。残疾儿童很少能够接收到他们需要的服务。即使他们不太可能受到伤害（不管是在家庭还是在照顾中心），但虐待残疾儿童经常被忽视甚至被容忍（Cross、Kate & Ratnofsky，1993；Stuart & Baines，2004；Sullivan & Knutson，2000）。情绪易变、伤害或行为困难，这可能被解释为其他儿童的虐待指标，有时被错误地归因于残疾儿童自身的障碍。任何涉及家庭包括残疾儿童家庭的社会工作者，需要利用评估来确定其具体需求和任何有危害的风险，并通过了解其发展轨迹来获得支撑（Ofsted，2011）。这通常意味着从多种资源中寻找对孩子的不同观点，因为我们不能假设残疾儿童有能力概念化或表达出残疾或虐待的经历（Oosterhoorn & Kendrick，2001）。

• • • 成年人的困难对儿童的影响

父母经历的成年生活困难与对孩子的伤害之间的联系确实存在（Brandon et al.，2012；Cleaver et al.，2011）。干预和尊重家庭生活的高标准服务不应该成为改善儿童生活的必要条件，因此基本问题不应是“这是否是一个儿童保护案例”，而是“这个孩子需要什么”（Munro，2002）。国家评估框架对需求的重视是有用的，因为它引起了儿童关注充分发挥潜力的发展之路。

练习

回想一下中学的第一年你们班上的孩子们。

- 你如何得知他们在家里有什么问题？
- 你注意到家里有问题的孩子的行为是怎样的？
- 在家里遇到问题的孩子在课堂上有什么困难吗？

• • • 父母情感或精神痛苦的儿童的经历

我曾经因为留下了一个饮料瓶子感到内疚，我从没想过她会用它来自我伤害。……

（Carly，21岁，一对双胞胎孩子的母亲，回忆她的童年经历，Royal College of Psychiatrists，2004）

练习

电影《关于男孩》（*About a Boy*）是导演Chris和Paul Weitz在2002年制作的一部浪漫喜剧，它基于Nick Hornby的小说，讲述了Marcus教育Will（一个愤世嫉俗和自私的年轻人）关心、照顾他人并承担责任的故事。

- Marcus是如何受到Fiona的情感或精神痛苦的影响的？
- 什么压力因素影响了Marcus？
- Marcus需要什么？
- 如果成年时Marcus的需求还未得到满足，会发生什么？

在英国有200多万名儿童——也就是每个小学班级中至少有7个孩子——住在受情感或精神痛苦困扰的家庭中（Layard，2005；Morris & Wates，2006）。这些孩子不一定因儿童服务而被了解，但可能会被成年心理健康工作者发现，他们需要思考父母的心理困扰是如何危及家庭生活和/或对儿童造成伤害的（CSIP/Barnardo's，2007；SCIE，2009）。Barnardo的资源包"保持家庭记忆"的目的是提高工作者对父母、子女和家庭可能面临的问题的认识（Wardale，2007）。

受情感或精神痛苦困扰的父母的孩子占所有新转介给儿童社会服务的儿童的四分之一，他们更有可能受益于儿童保护程序，而且比其他孩子更有可能转介给当地政府照顾（Tunnard，2004）。

成年人在情感或精神上痛苦的家庭中的大多数孩子都有良好的童年。例如，如果家庭受到良好的专业护理和非正式的支持，那么受精神分裂症严重和持久的影响的父母的孩子也许不会经历任何伤害。然而情感或精神上的痛苦可能会严重影响人们作为父母的能力（Cleaver et al.，2011）。

痛苦的父母可能不会被诊断为精神疾病或接受治疗，但是仍然会对孩子造成深刻的破坏性的影响。为父母在情感或精神痛苦的情况下提供的服务可能与他们所需要的不一致（Schizophrenia Commission，2012；Wells，1997）。

案例研究

Angela 在青少年时期第一次经历了焦虑，当她 31 岁时儿子出生后，她觉得这种焦虑感又回来了。Angela 两年前与她的伴侣分开，Oliver 现在 6 岁。Angela 患有广场恐惧症，这使她有时候不能一次离开家几天。

- Angela 的广场恐惧对 Oliver 的日常生活有什么影响?
- 如果没有改变，Oliver 12 岁时会面临哪些困难?
- 这个家庭需要什么支持来满足 Oliver 的需求?
- 为了履行她作为母亲的角色，Angela 需要哪些支持?
- Angela 自己需要什么支持?

孩子们可能会面对三种不同的逆境：

1. 父母的精神痛苦可能会影响孩子形成安全的依恋的机会，从而影响他们的发展并损害他们自己的心理健康。父母患有精神疾病的儿童有三分之二以上也存在精神健康问题。第六章进一步探讨了家庭中的重要依恋经验。

2. 父母的情感或精神痛苦通常是导致虐待和忽视情况发生的一个原因。至少已确定有三分之一的儿童死亡与此有关。事实上，最近有报道(Brandon et al.，2012)提出，情感或精神上的痛苦在大多数案件中都起着重要作用。有自伤或自杀倾向的父母应该受到高度重视，因为有时这些情况会最终导致父母杀害子女或者自杀，所以有必要对他们的危害进行评估(Brandon et al.，2009；Falkov，1996；Reder & Duncan，1999)。

3. 英国 15 万名年轻护理人员中，有 30%的人正在帮助解决父母的精神痛苦问题(Blewitt et al.，2011)。他们是最不可能被提供照顾者评估的群体。这些孩子比其他孩子遇到困难的可能性高出 3 倍，而且往往受到污名或欺凌的影响。由于情感或精神上的痛苦可能会导致不可预测的危机，年轻护理人员需要能够应对困难时期的策略。第六章进一步讨论了照顾儿童的意义。

一些孩子也受到父母精神痛苦的实际和社会后果的影响，如不同程度的冲突关系、家庭分裂与关系的断裂(Falkov，1996，2012；Green，2002)。

健康、需求和风险形成一个连续的整体(图 5.2)(Falcov et al.，1998)。在这个连续体中，孩子们可能受到父母的深刻影响，例如：

- 经历幻想和幻觉；
- 全神贯注于个人世界；

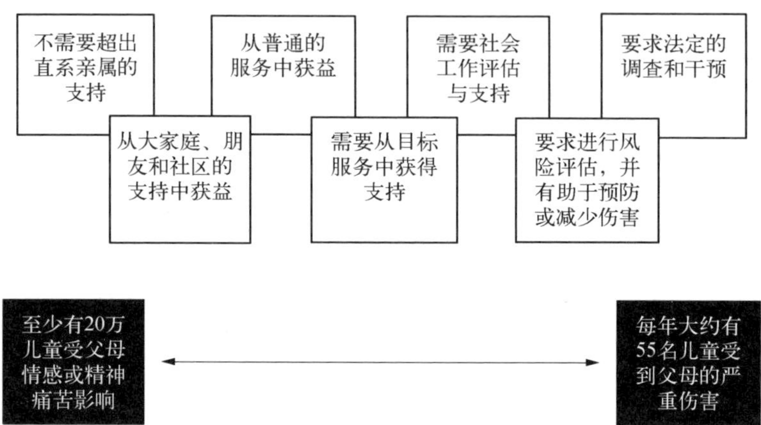

图 5.2 健康、需求和风险的连续性
（改编自 Falkov et al.，1998）

- 感觉不舒服时无法进行日常活动；
- 药物治疗无效，情绪失调；
- 容易出现不可预知的行为。

儿童在情感或精神痛苦的父母身边成长是否有危害总是需要详细的评估。家庭关系必须从孩子和父母的角度来理解。以儿童为中心的专家与以成人为中心的专家之间的协调评估通常是一种最佳方法，应包括对父母精神痛苦所造成的所有心理冲突的分析(Reder & Duncan，2003a)。

强迫性行为、依赖和成瘾的影响

思考点

- 你如何定义药物滥用？
- 你如何定义酒精滥用？
- 你有和一个有过度依赖和成瘾问题的人生活在一起过吗？
- 这对你有什么影响？
- 你是如何处理的？
- 你的个人经历如何影响你参与的那些受到依赖或成瘾问题影响的家庭的评估？

儿童应该比父母所意识到的更了解父母的依赖问题。他们可能感到羞耻，害怕他们可能被带走。因为情绪不稳定或者注意力和记忆受损，有些人为了满足孩子的基本需求而努力奋斗，保持情感上的关爱，并保持家庭安全。依赖和成瘾经常涉及最严重的虐待案件，特别是忽视，并且在所有护理程序中占三分之二。无法照顾孩子所引起的伤心常常导致依赖的恶性循环，这是由压倒性的痛苦驱动的，进一步削弱了人们改变的动力。

酒精/药物的使用是儿童社会工作者最常遇到的问题，在伦敦的儿童服务机构所已知的家庭中占 34%，在苏格兰占 40%（Harwin、Ruan & Tunnard，2011；引自 Munro，2011b）。现在，成人和儿童服务通常与三代人均受酒精/药物依赖问题影响的家庭一起工作（Bancroft et al.，2004）。即使在成人和儿童服务方面，酒精与药物问题已经面临着越来越多的关注，但是社会工作者在这两个方面受到的培训也是十分有局限的。因而他们往往准备不足，难以对儿童构成的风险进行评估（Adamson & Templeton，2012）。

练习

请对你过去 12 个月的工作量进行非正式审核。

- 在遇到的家庭的生活中，强制行为、依赖和成瘾有什么影响？
- 与这些现象相关的专业发展需求是什么？
- 制订一个行动计划，以加强你的知识和理解，并与你的督导进行讨论。

药物滥用问题

药物滥用问题咨询委员会（Advisory Council on the Misuse of Drugs，2003）估计，英国每 25 万～35 万名儿童中有一名滥用毒品的父母。这占英格兰和威尔士所有儿童的 2%～3%。具有严重药物滥用问题和生活混乱的父母不太可能和孩子一起生活。

评估和治疗计划主要是基于在美国进行的研究，但是英国特有的药物滥用的三个方面对于整个家族的评估特别重要：

1. 大多数药物滥用者使用几种药物。根据可用药物的情况，他们通常会将海洛因与苯二氮类或可卡因以及其他物质混合在一起。最重要的问题是，药物滥用也大量使用酒精、烟草和大麻。这种模式意味着药物滥用者会受到严重的影响后，他们的孩子与其接触，也会有不可预测的影响。

2. 许多药物滥用者注射他们的药品，因为这样可以使他们用最少的钱体验最好的效果。然而，冒险注射会导致几个不可预测的不良后果，如过量、无意识、无意识死亡和感染血源性病毒。知道这一点，孩子可能会生活在一种焦虑和恐惧的生活当中。

3. 父母成为药物滥用者是更广泛模式的一部分，父母自己曾经的糟糕童年经历、不良教育方式、情感和精神上的痛苦以及生活在弱势群体中等几个因素损害了有效和安全的养育方式，并对儿童的成长产生不利影响。

各种不利因素和风险与怀孕期间药物的使用有关。这些因素包括出生体重低、早产、围生期死亡和婴儿猝死。在怀孕期间注射药品的妇女有可能将艾滋病毒或严重的肝炎传染给婴儿。使用药物，特别是可卡因，可以在怀孕中影响胎儿的成长和发育。因为药物在怀孕的头 12 周可能导致结构性脑损伤，有时甚至在妊娠之前产生伤害。在第二和第三个季度里，使用海洛因和其他鸦片制剂，如可卡因和苯二氮类，都可能导致婴儿出生时产生药物依赖性，患有戒断症状，需要在医院接受治疗。

随着孩子的成长，他们可能会经历更多的不良体验，包括：生活贫困；身体和情感暴力或忽视；监护不足；短期或长期分居；糟糕的生活环境；频繁搬家；在家里接触有害物质和用具；教育中断；社会接触受限；不适当的成人行为；参与犯罪活动(Advisory Council on the Misuse of Drugs，2003)。

对儿童的不良影响通常是多重和累积的，并将根据儿童的发展阶段而有所不同……它们可能会造成大范围的影响，也可能经常是微妙和难以检测的。

(Advisory Council on the Misuse of Drugs，2003：10)

父母药物滥用问题对儿童的影响有：

- 未能茁壮成长；
- 血源性病毒感染；
- 免疫不足和医疗保健不足；
- 一系列情绪、认知、行为和心理问题；
- 早期嗜酒和毒品滥用问题；
- 越轨行为；
- 教育程度低。

嗜酒问题

评估家庭内饮酒问题的严重程度的标准并不一致，因为研究证据有限，没有确定的定义界定是否构成问题。政府评估指出在英国有130万～200万名儿童与有嗜酒问题的人住在一起(Cabinet Office，2004)。然而，英国的家庭调查分析所显示的数据是明显高于这个的(Manning et al.，2009)。这些证据表明，不到350万的儿童(30%)与一个成年嗜酒者生活在一起，且22%是与危险嗜酒者住一起。同样的研究发现，约有50万名儿童(4%)与成年人一起定居，这些成年人是具有精神健康问题的嗜酒者，大约1.2万名儿童(1%)曾目睹在酒精作用下的家庭暴力。父母嗜酒造成儿童死亡的人数占了22%(Brandon et al.，2010)。

不一定是有酒精依赖的父母对儿童造成的伤害最大。在所有家庭暴力施虐者当中，嗜酒者占了三分之一。许多情况下，儿童所遭受的痛苦并不来自酒精本身，而是由于它产生的冲突和不协调，与家庭压迫以及与之相关的养育方式有关(Finney，2004)。受到嗜酒父母影响的儿童比那些与嗜酒者生活在一起的孩子更容易受到服务的重视。与嗜酒问题一起成长的男孩比女孩更少寻求帮助，但又由于其表现行为更有可能会被评估，如在青少年违法服务中(Adamson & Templeton，2012)。

在怀孕期间有严重嗜酒问题的妇女很有可能会流产。在妊娠期间嗜酒会导致胎儿酒精光谱障碍(Foetal Alcohol Spectrum Disorders，FASD)。该综合征描述了一系列行为、身体和智力障碍的模式，包括发育不良，面部特征和身体特征的独特模式，以及中枢神经系统的问题(Cleaver et al.，2011)。我们不知道有多少孩子受FASD的影响，但是从美国和加拿大的经验来看，他们会影响许多与社会工作者联系的儿童(Adamson & Templeton，2012)。当儿童表现出无诊断的发育延迟，在评估过程中应该考虑FASD的可能性。儿童在童年时期可能不断经历嗜酒父母的伤害，导致身体、心理和行为问题(Tunnard，2002b)。

赌博问题

赌博问题与事业和健康问题有关，且可能破坏家庭。从本质上讲，赌博主要是男性的问题，在英国成年人口当中只占0.6%，但是正在改变的模式指出女性赌博问题正在日益增多(Gambling Commission，2011；Shaw et al.，2007)。儿童与赌徒一起成长的影响很少被研究，尽管如此，这会将儿童置于酒精和药物滥用、心理社会问题、教育困难、自我伤害、自杀的风险中，并使得他们可能成为赌徒(Jacobs et al.，1989)。定性研究报告了儿童在赌博问题影响下所产生的强烈的消极情绪，包括愤怒、伤心、抑郁、困惑、羞愧、无助和无处不在的失落感(Darbyshire、Oster & Carrig，2001；Lesieur & Rothschild，1989)。

网络成瘾

《精神障碍诊断和数据手册》第5版(*The Fifth Edition of the Dragnostic and Statistical Manual of Mental Disorders*，DSW－V)现在将网络成瘾视为精神障碍，但是很少有关于其对家庭影响的研究。有趣的是，同时在成年人和儿童领域服务的工作者经常遇到有人运用网络干预人际关系、睡眠模式和购物、烹饪和保洁等日常责任。这些经验表明，父母被强制加入在线活动对儿童的心理社会影响可能与酒精或药物滥用问题的影响程度相同(Lyn McLean，Senior Social Work Manager，personal communication，May 2011)。

案例的继续研究

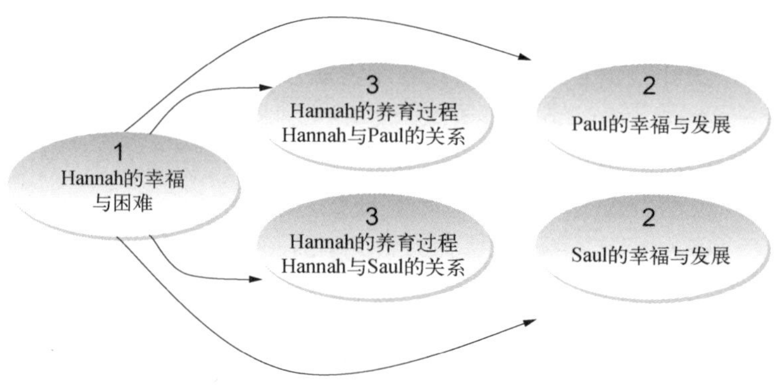

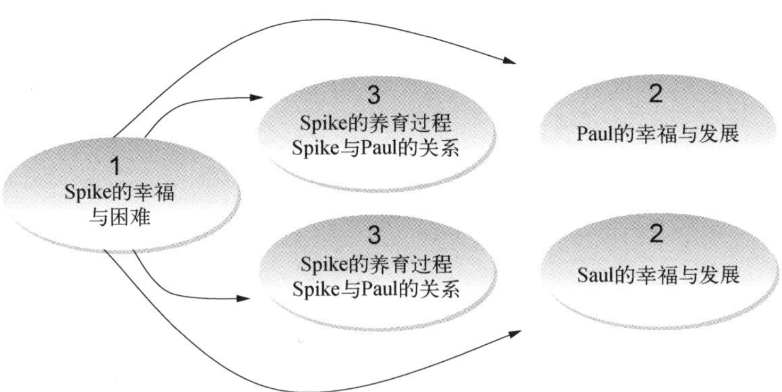

图 5.3　评估 Hannah 和 Spike 的困难对 Paul 和 Saul 的影响
（改编自 Falkov，2012）

再次阅读 Hannah 的案例，思考以下问题（图 5.3）：

- Hannah 的脆弱性如何影响 Paul 和 Saul？
- 你可以假设在他们的生活当中其他成年人的意义吗？
- Paul 现在的需求是什么？
- 如何评估 Saul 的长期需求？

• • • 结论

有信心了解孩子且与孩子一起工作需要有良好的儿童发展知识。与儿童和家庭一起工作的焦虑，指出了在任何领域中与孩子一起工作时会有的情感上的代价，特别是对于社会工作和社会工作者。

（Brandon et al.，2012：7）

不管是从事成人服务还是儿童服务，你总是很容易会将注意力分散给儿童。有时，在成人领域评估一位面临困难的家长的实务工作者，是唯一能与他们的孩子谈话的人。听孩子讲话并不需要专业的训练，但是它的确要求工作者能够对他们表达真正的兴趣，有准备的交流（无论哪种方式）会产生更好的效果，也能将他们的关注点首先聚焦在孩子的福利方面。毕竟这些是我们期望父母能够做到的事情。

• • • 拓展阅读

Berg, I.K. and Steiner, T. (2003). *Children's Solution Work*. New York: Norton.

Cleaver, H., Unell, I. and Aldgate, J. (2011) *Children's Needs – Parenting Capacity. Child Abuse: Parental Mental Illness, Learning Disability, Substance Misuse and Domestic Violence* (Second edition). London: The Stationery Office.

Cossar, J., Brandon, M. and Jordan, P. (2011) *'Don't make assumptions.' Children's and Young People's Views of the Child Protection System and Messages for Change*. London: Office of the Children's Commissioner. Available at www.childrenscommissioner.gov.uk, accessed on 19 July 2013.

Dalzell, R. and Chamberlain, C. (2006) *Communicating with Children: A Two-Way Process*. London: National Children's Bureau. Available at www.ncb.org.uk, accessed on 19 July 2013.

Falcov, A., Mayes, K. and Diggins, M. (eds) (1998) *Crossing Bridges: Training Resources for Working with Mentally Ill Parents and their Children*. Brighton: Pavilion.

Falcov, A. (2002) 'Addressing Family Needs when a Parent is Mentally Ill' in H. Ward and W. Rose (eds) *Approaches to Needs Assessment in Children's Services*. London: Jessica Kingsley Publishers.

Falcov, A. (2012) *The Family Model Handbook. An Integrated Approach to Supporting Mentally Ill Parents and their Children*. Brighton: Pavilion. www.thefamilymodel.com.

Holliday, R. and Marche, T. (2012) *Child Forensic Psychology. Victim and Eyewitness Memory*. London: Palgrave Macmillan.

Hutton, A. and Partridge, K. (2006) *'Say It Your Own Way'. Children's Participation in Assessment: A Guide and Resources*. Barkingside: Barnardo's/Department for Education and Skills.

Lefevre, M. (2010) *Communicating with Children and Young People. Making a Difference*. Bristol: Policy Press.

Lightfoot, C., Cole, M. and Cole, S. (2008) *The Development of Children* (Sixth edition). New York: Worth.

Ofsted (2011) *The Voice of the Child: Learning Lessons from Serious Case Reviews. A Thematic Report of Ofsted's Evaluation of Serious Case Reviews from 1 April to 30 September 2010*. Available at www.ofsted.gov.uk/resources/voice-of-the-child-learning-lessons-serious-case-reviews.

Phillips, R. (ed.) (2004) *Children Exposed to Parental Substance Misuse. Implications for Family Placement*. London: BAAF.

Reder, P. and Duncan, S. (2003) 'How Much Should Children's Views Count?' In P. Reder, S. Duncan and C. Lucey (eds) *Studies in the Assessment of Parenting*. London: Routledge.

Robinson, L. (2007) *Cross-Cultural Child Development for Social Workers*. London: Palgrave Macmillan.

Ward, H., Brown, R. and Westlake, D. (2012) *Safeguarding Babies and Very Young Children from Abuse and Neglect*. London: Jessica Kingsley Publishers.

Weld, N. (2009) *Making Sure Children Get 'HELD'. Ideas and Resources to Help Workers Place Hope, Empathy, Love and Dignity at the Heart of Child Protection and Support*. Lyme Regis: Russell House Publishing.

第六章

了解家庭关系

核心内容

- 与整个家庭的互动使评估员能够系统地了解个人需求。
- 神经科学的广泛应用使得评估者能够了解依恋和亲密关系对于个人健康的重要性。
- 亲缘关系支持网络和年轻护理人员对家庭健康的贡献往往取决于成人与儿童服务之间的良好协作。
- 权力和控制的滥用是家庭虐待、对儿童的身体伤害以及性暴力之间的连接纽带。

案例研究

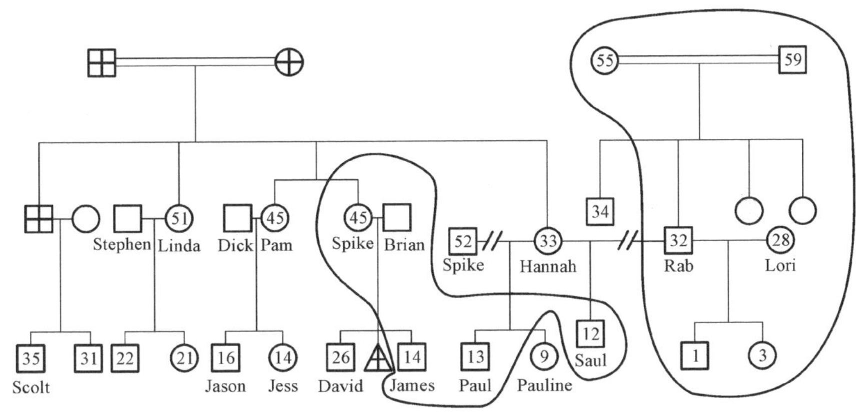

图 6.1 Paul 和 Saul 9 年后的家庭结构

9 年前开始执行护理程序后不久，Paul 和 Saul 就和 Pat 以及 Brian 住在了一起，他们提出要照顾好这两个孩子。Hannah 的姐妹 Linda、Pat 和 Pam 一直和 Hannah 保持联络。当儿童社会照顾进行干预时，整个家庭的关系得到缓解，并同意 Pat 和 Brian 是 Paul 和 Saul 的最佳选择。Dick 和 Pam 提出要照顾新宝贝 Pauline，但是她仍然在 Hannah 身边，因为 Hannah 在进行强化戒毒计划的时候，母亲和婴儿最初是在一起的。

Pat 和 Brian 得到了全家人的支持，每个人都全心全意地欢迎两个男孩进入大家庭。Pat 和 Brian 对自己的生活进行了许多改变，布置了独立的卧室。他们希望 Hannah 能够“长大”，并与家人和好，但这还没有发生(见图 6.1)。

Paul和Saul比家人预期的要更难照顾，且他们没有得到儿童服务的支持。Paul和Saul之间的关系十分密切，不允许Pat或Brian接近他们。起初，家庭对此不太担心，但是当他们进入青春期时，这些男孩们出现了惊人的堕落行为，且往往会互相伤害对方的身体。男孩们会立刻与试图干预他们的成年人对立，通常随之而来的是危险和戏剧性的变化。男孩们公开手淫，经常在公共场合互相猥亵。在家里他们有一些不可能被解释或被忽略的奇怪的习惯。Paul总是抓他的皮肤和墙上的壁纸，Saul在橱柜里排便，有时涂抹粪便。他们都将碎纸乱丢在房间里，生气的时候会"蹭鼻涕"给人们。他们有时还会一起放火。由于发展迟缓和行为问题，现在两人都在一所优秀的特殊学校改善学习障碍。Saul非常胆小，表现得十分怯懦、小心谨慎，觉得任何可能出错的事情都会被归咎于他。而Paul因为冲动，一直陷入被欺凌的困境，有身体不协调和言语障碍的问题。

Brian上周中风，现在在医院。Pat感到担心，如果没有他，很多事情都解决不了。她一直"高度紧张"，无法工作。Pam很乐意照顾James，并说Saul可以和她的家人在一起。她不想看到兄弟俩分开，但觉得他们没办法管教Paul。Scott强烈地认为，Paul应该留在家中，大家一起来联系儿童社会服务。

Saul和Paul的案子在他们与Pam和Brian住一起之后就结束了。之前在成人心理健康领域工作过的儿童社会工作者Arziki访问了Pam和Pat。Arziki对于从Pam和Pat那里听到的两个男孩的情况表示很担忧。Arziki了解到，这个家庭已经意识到Paul是Spike的儿子。Pam和Pat担心他继承了他父亲的一些性格特征。他们认为Paul对其他孩子而言存在性侵害的可能性。

在与Pam和Pat会面之后不久，Arziki收到了Rab母亲Helen的电子邮件。事实证明，Rab首先通过他的哥哥认识了Hannah，因为他哥哥与Hannah的侄子Scott是同事。Rab的家人已经意识到Saul的进步，并允许他与他们一起住。Rab和Lori以及他们的两个孩子已经和Ken和Helen一起生活，因为他们都有智力障碍。他们非常后悔至今都没有给Saul一个家。

- 评估的问题是什么？
- 9年前Pam的需求是什么？
- Paul现在需要什么样的养育关系？
- Saul现在需要什么样的养育关系？

- Paul 和 Saul 的优势与劣势分别有哪些?
- 这个家庭需要什么支持?

作为关系系统的家庭

当人们谈论保护孩子时，他们谈论了解孩子的需要(Laming，2009)，但他们往往不谈论是什么驱使施虐者的虐待或忽视。因此，问题的核心被忽略了，即孩子与照顾孩子的人之间的关系。这对我来说是一个令人愤怒的系统性失败。

(Gopfert et al.，2010：40)

儿童被不同的家庭生活经历所塑造(Whiting & Whiting，1975;引自 Lightfoot et al.，2008：424)。即使他们长大，不再与家人同住，家庭是大多数儿童生活中最重要的存在(Morgan，2011)。

家庭可以理解为系统，每个家庭成员是其中的一部分。模式发展决定人们如何相互影响。每个成员的行为都以可预测的方式影响他人和受其他人的影响。

人们通过与各种角色的人员进行互动，并通过参与，不断丰富自己的角色来促进人的发展。

(Bronfenbrenner，1979：104)

虽然家庭成员的见解、思考和独特的观点是有价值的，但仅仅依靠人们说的是远远不够的。人们并不总是按照他们所说的，甚至他们所相信的话去做。孩子们可能因为从忠诚、保密或否认而保留信息(Taylor & Kroll，2004：1126)。因而需要花时间与家人一起观察和倾听他们的互动情况。这对于评估幼儿的依恋关系至关重要。与父母和兄弟姐妹一起观察孩子与他人的关系，这在他们成长时仍然提供有用的信息。例如，他们如何互动？孩子是否将父母作为“安全基地”，并向他们寻求安慰或者保护？兄

弟姐妹之间关系怎样？（Lefevre，2010：161）

评估者的判断有时会被社会工作关系扭曲，因为这个家庭可能是友善的、反抗的或者敌对的。当社会工作者有意识地重新关注家庭关系时，可避免陷入困境(Juffer、Bakermas-Kranenburg & van Ijzendoorn，2007)。当家属用一些理由来撒谎或隐瞒信息时，直接观察也是一种强有力的方法(Fauth et al.，2010：11)。

案例的继续研究

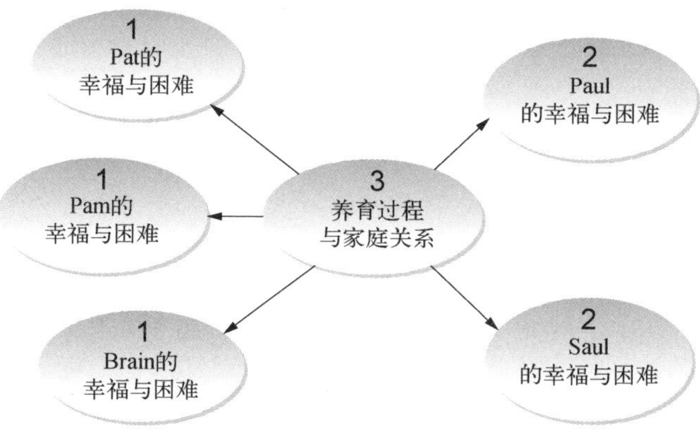

图 6.2　辨别养育过程与家庭关系对 Pat/Pam/Brain/Paul/Saul 的影响
（改编自 Falkov，2012）

再次阅读案例(图 6.2)，思考以下问题：

- Paul 和 Saul 之间的关系如何影响 Brian?
- Pam 和 Pat 的关系如何影响对 Pam 的养育?
- Paul 在家庭中的角色如何影响 Saul?

探索关系

当你坐下来问人们关于他们的关系的问题，以及家庭如何作为一个系统工作时，人们可能会比较压抑，不太了解如何谈论这些事情，甚至不知道从哪里开始。日常事情经常发生在自觉意识之外。

练习

想一下与你关系最亲密的同事：

- 他们与你沟通时有什么特别的方式？
- 在哪些情况下你们最有可能产生相互信任？
- 你的一些同事之间的沟通方式与他们与你之间的沟通方式是否不同？
- 哪一个同事解释事情特别复杂，通过：
  - 画表、画地图或者图片；
  - 表演出来；
  - 用比喻或者故事；
  - 给你一个特别详细的描述。
- 你知道你同事的首选学习方式吗？

喜欢阅读和写作的人可以通过保持每天写日记或者每周写日记来观察和描述家庭互动和体验。这些可以一起完成也可以单独完成。一些父母或孩子可能更愿意与工作者秘密地分享内容，其他人可能会在任何不同意见或存在差异的领域比较这些讨论(Lyn McLean，2013)。人们读书和写作时，最快乐的事是确保他们描述了该说的一切细节。关注一下谁承担了讲故事的角色。

用笔和大量的纸张来创建图表和图像可以是非常有用的方法，使家庭能够与你有一些超出意识过程的沟通。你可以要求他们绘制家庭树、生态图、家庭平面图、自画像、时间线或卡通故事来解释他们的经历。一些家庭发现创建思维导图特别有帮助。你可以要求家庭使用本书中使用的各种工具，特别是第三章(图 3.9)中介绍的差异矩阵，以帮助他们展现复杂的生活故事。当图像出现在页面上时，视觉学习者可能会以不同或更全面的方式思考和描述他们的体验。感性学习者将通过强调、点击页面来强调他们的想法，甚至可以将笔从手中拿走，并接管。这些过程将产生一些有用和有趣的内容，你可以一起看，但他们的真正目的是让人们了解彼此之间的互动。家庭治疗师和戏剧治疗师有悠久的传统，也使用更多的物理方法，如家庭雕塑，或使用人们可以在家中代表关系的物品。

当人们把重点放在别的地方时，人们在谈话时才会感到自由和舒服。大多数社会工作者都熟悉这样一种现象：儿童和青少年在你开车时，经常和你分享他们的经历。与父母一起时，卷起你的袖子，表示与他们同在，如和他们一起洗东西，使他们能更深入地思考，以及了解他们对家庭关系的看法。或者你可以和他们的家人一起去打扫房间。

• • • 依恋和亲子关系

> 自我的发展就等于自我关系中的经验的总和。
>
> （Fonagy et al.，2002：40）

关于依恋、家庭关系和神经生物学的文献很可能是儿童社会工作者心目中最重要的参考文献，但对成人服务实务工作者来说却并不是。

成年人常常将儿童发展的依恋策略带入后续关系中，但也可以适应和改变他们与他人联系的方式。将依恋模式作为工作策略虽然强调有些父母在有自己的家庭时仍会重新出现混乱的关系，但是其他人能够打破这个循环（Baim & Morrison，2011；Main & George，1983；Ricks，1985）：

> 年幼的孩子将自己的世界作为一种关系的环境，而这些关系几乎影响到他们发展的各个方面——智力、社会、情感、身体、行为和道德。
>
> （National Scientific Couneil on the Developing Child，2004）

儿童的进步和家庭幸福取决于健康的依恋关系（National Scientific Couneil on the Developing Child，2004）。儿童在安全的依恋关系下长大时，他们会：

- 热爱学习；
- 有舒服的感觉；
- 有积极的社会能力；
- 有维系和理解人际关系的能力；
- 理解情感、承诺和道德。

在亲子关系中，成年人的职责是关心孩子，并且始终留意孩子；孩子的职责就是表达自己的需要，并在成年人中创造这种全神贯注的精神状态（Bowlby，1999；Hill，2004）。

婴幼儿的脑部发育依赖于婴儿与其父母之间的积极互动(Gerhardt，2004)。这意味着父母对孩子大脑的情感方面的发育有巨大的影响，特别是在早期快速发展的时期(Brown & Ward，2012)：

父母不是魔术师。他们不能保证他们的孩子在以后的生活中幸福，或者保护他们免受损失和拒绝。但是他们可以极大地影响他们孩子大脑中的系统，这些系统是潜在的更深层次生活的关键。

(Sunderland，2006：15)

有不同的模型来理解依恋关系。大多数社会工作者都熟悉四个依恋模式：安全、回避、矛盾和混乱(Howe，2005)。为儿童制订这些策略，以便在遇到压力时与父母保持联系：

- 安全型：大约55%的人经历过抚养和适应期敏感的父母。他们开发内部运作模式，期望他人可以使用，体验爱和被爱。
- 回避型：大约23%的人与父母的关系在某种程度上是敌对的、拒绝的或控制的。这些孩子自己学会调节自己的情绪，几乎没有什么要求，所以他们看起来很虚弱，需要或有需要的时候，不会让父母离得更远。
- 矛盾型：虽然大约8%的人的父母的回应是不一致的，但他们都专注于自己的情绪需求，他们的孩子学会夸张依恋行为，以确保他们取得父母的关注。
- 混乱型：大约15%的人被曾有过偏激行为的成年人养育。当孩子们意识到他们不能预测父母的不稳定行为时，他们害怕接近他们。随着他们的需求未得到满足，这些孩子没有学习如何规范自己的情绪，反过来也会有不可预知的行为。

了解依恋关系是家庭整体评估的基础，但应谨慎对待：

- 有几种用于评估依恋关系的工具(见附录2)，其中一些是在研究中而不是在临床环境中开发的，并且他们对实践评估的价值是有限的(Solomon & George，1999)。
- 依恋是关系的一个重要方面，但它们不是同义词。区分依恋行为和一般育儿活动/护理并不总是容易的。评估依恋不能与亲子关系分离(O'Hegan，2006)。

- 在儿童受到伤害的地方，很难确定他们所表现的问题是否是由于伤害、痛苦或创伤的破坏所引起的(Allen，2001)。
- 儿童通过发现、发明和重塑依恋策略来积极适应自己的经验和环境(Grittenden & Landini，2011)。
- 在陷入困境的家庭中，父母与子女之间的关系可能非常不好，因而兄弟姐妹试图相互满足对方的依恋需求。
- 每个孩子在家庭中的经历是独一无二的。父母的照顾可能在一些孩子的早期受到损害。每个孩子的气质和需要是不同的，一个孩子可能在其发展的一个阶段受益于父母的关注，但在另一个阶段可能不会受益。

如果家庭动力难以得知，Grittenden 和 Landini(Grittenden，2008；Grittenden & Landini，2011)建议，由通过协议训练的专家进行成人依恋评估的调解，可以解决棘手的问题。

练习

想一下你最近评估过的一个家庭。

- 父母能否一致地说明自己的童年经历和发展情况?
- 你是如何与他们探讨这个问题的?
- 他们能反思童年的影响吗?
- 是否有证据显示，未解决的童年问题会影响他们做父母的能力?

神经科学与生物化学

我们现在更了解如何以及为什么早期的经验会影响大脑发育。情感生活起源于边缘系统、无意识和大脑的原始核心，无论是好还是坏，孩子和父母之间的关系是对大脑发育的最强大的环境影响因素。与父母的情感调谐(emotional attunement)和积极的早期互动使孩子们能够创造出压力调节系统，在整个童年和成人生活中都能为他们服务。敏感的关键时期的不良的经验，会在大脑中形成框架，并影响长期的健康与发展。例如，如果怀孕母亲的压力激素在大脑第三阶段的生长期间突然增加，那么未出生的婴儿会特别脆弱。

不适当的养育过程影响脑部生长的几个相互关联的方面：突触的发生和大脑的较高区域的发育，下丘脑—垂体—肾上腺轴(其决定对压力的物理反应)和髓突的发育。儿童不同阶段的特定类型的经验，决定了获得最佳的发展和进步的机会。家长关心儿童所产生的影响是累积的和长期的：工作者需要考虑每个孩子的发展轨迹，与处于艰苦奋斗的父母(Brown & Ward，2012)一起工作。幸运的是，挽救早期伤害永远不会太晚。在青春期和成年早期，有几个重要的干预机会为儿童提供了与他人联系的新途径。如果情感上的虐待和忽视被允许转移，家庭整体评估应考虑年龄较大的儿童和年龄较小的儿童的需要。

如果父母身体不协调或反应迟钝，孩子学习如何调节压力时就会受到影响。抑郁症和对药物/酒精的需求的关注或压迫性伴侣的要求可能会损害母亲的自我调节能力。由于这一领域的大部分研究集中于产后抑郁症，我们对于父亲身体不适时或父母的情感/精神健康状况波动时孩子会如何表现几乎没有什么了解(Marryat & Martin，2010)。

评估情感上的伤害和忽视

众所周知，评估情感和心理健康是有吸引力和挑战性的。如果担心情感上的伤害或疏忽，任何服务领域的社会工作者都可能无法界定或识别它们，并决定何时或如何评估和干预(Davies & Ward，2012；引自 Brown & Ward，2012：55)，因为：

- 情感上的伤害和忽视涵盖了广泛而多样化的问题；
- 几个月和几年的缓慢的家庭发展模式，有时意味着工作者会慢慢接受不良的养育方式，不再期待改变；
- 委托行为比工作者的疏忽行为更容易识别——工作者经常等待特定事件引发干预；
- 低级别的护理通常难以识别出情感上的伤害和忽视，因为对良好的养育方法的定义是主观的，不同的工作者对同一个家庭可能有不同的看法。

了解情感上的伤害和疏忽的养育的影响有助于我们了解父母的健康、

儿童的发展、养育过程和家庭关系都相互影响的复杂方式。

……………………………

练习

Jeannette Winterson 在 1985 年罗马一世时期发表了她的第一部小说《橘子不是唯一的水果》(*Oranges are not the Only Fruit*)。27 年后，她出版了自传《当你是一个正常人时，为什么要快乐？》(*Why Be Happy When You Could Be Normal*)。这两本书提供虚构的和非虚构的两种解释，说明伴随她成长的严重困扰的关系和创伤。

- 阅读《当你是一个正常人时，为什么要快乐？》。
- 养母的行为对 Jeannette 有什么影响？
- 她的养父的出现是否在一定程度上缓解了 Jeannette 的受伤经历？
- Jeannette 童年时期的弹性来源是什么？
- 你是否同意 Jeannette 对身份的发展的看法？

……………………………

情感上的虐待和忽视损害了儿童各个方面的发展，并使儿童在成长的每个阶段表现出认知、情感、社会和行为问题。儿童长大后，评估可能会有所不同。每个阶段最常见的问题(MacMillan & Wathan，2009)是：

- 婴儿的监管、依恋、成长和发育迟缓；
- 焦虑障碍、情绪障碍、破坏行为、学业失败以及童年中期不良的同伴关系；
- 品行障碍、嗜酒、吸毒、其他冒险行为和青春期复发性受伤。

Howe(2005)提供了一个框架，将洞察力与父母依恋模式相结合。他的类型学群体特征在有情感上的伤害和忽视的家庭背景中发现，并指出这些不同的模式如何影响到每个发展阶段的孩子。

这一切都指出对情感虐待和忽视情况进行早期证据收集和法律干预的重要性，以及在家庭司法中更为审慎的做法(Davies & Ward，2012)。如果随后出现诸如非意外伤害或性虐待指控等重大事件，事件的发生应与由于情感伤害或忽视而已经在进行的任何预先存在的申请一并处理。律师在法律规划早期阶段向父母提供意见，这意味着他们可以支持父母认识到他们需要改变和避免诉讼。这样一来，社会工作者就会评估与父母的律师合作的家庭，为父母提供有用的、现实的法律指导。

• • • 评估情感上伤害的影响

O'Hagan(2006)强调，评估应包括对儿童的心理和情感生活的探索，提供在每个发展阶段观察和识别这些障碍的框架，并表明专业人士对情感上伤害的分析可能有缺陷：

- "情感虐待"包含并融合了情感和认知方面的伤害。虽然这些往往是共存的，但情感伤害的影响与心理伤害的影响是截然不同的。而早期照顾者在婴儿期提供的情绪调节的质量对情感发展至关重要，与其他成年人和兄弟姐妹的关系也有助于儿童心理发展。
- 他常常使用诸如"伤害""滥用"和"虐待"这样的术语，就好像它们是可以互换的一样，这其实是无益的。
- 我们对情感虐待的专业定义很难适用于婴儿，但婴儿早期受到情感伤害的损害最大。

2010 年发行的《一起工作》(*Working Together*)的版本(DCSF，2010)有力地强调：某些程度的情感虐待涉及所有虐待儿童的类型，尽管它可能单独发生。

身体或性虐待通常是家庭关系中的严重问题，因为在照顾和信任已经受到损害的情况下，他们最有可能出现。身体伤害调查往往揭示与情感虐待有关的发展和行为问题。预先存在的情感伤害或忽视的证据往往与儿童问题一起发现，特别是与性伤害有关。指向性伤害的行为问题包括睡眠障碍、尿床、逃学、青春期冒险行为、情感或精神痛苦、酒精或药物滥用问题、早期性冲动以及进入多重性关系等。

• • • 忽视性的养育过程的影响

当被忽视的孩子的需求没有得到满足时，他们就面临着"缺席的创伤"(Golding & Hughes，2012)。忽视对孩子有直接的影响，这已在早期的语言学习延误现象中被证明了。它对儿童的长期影响极为有害：严重的认知和学习问题；社会疏离和与同辈群体交往困难；内在化问题(Hildyard &

Wolfe，2002；引自 Brown & Ward，2012）。当孩子们经历极度严重的被忽视的情况时，这甚至会阻止大脑的发育。

对儿童死亡的回顾经常将被忽略视为儿童生活中的重要背景特征。不幸的是，Brandon 的概述表明，他们的母亲本身也受到以下影响：

- 童年时期的情感和（或）身体上的忽视；
- 被生病和（或）精神痛苦的成年人养育，但没有寻求并接受帮助或没有得到有效的帮助；
- 有几个阶段远离父母的照顾；
- 性虐待或性剥削；
- 年轻时离家出走；
- 年轻时的早期性冲动；
- 多次怀孕与流产。

● ● ● 亲缘关系网

> 过分关注服务内容，而不是了解个人、家庭或社区中的保护性影响的根源，这可能会损害和减少自然发生的针对儿童风险的缓冲区。
>
> （Newman & Blackburn，2002）

有时改变最好是用最少的干预来实现。动员非正式支持的轻微专业接触有时会带来更自然、有机和可持续的变化。保持重要的现有关系有助于提升儿童的恢复能力（Gilligan，2007）。

2007 年，大约 7 000 名被英国当地政府照顾的儿童与亲戚朋友处于亲属护理中。家庭权利小组估计另有 30 万户家庭向儿童提供非正式护理，45%的非正式照顾者是祖父母（Hadley Centre，2008）。大多数有药物使用问题的儿童远离亲生父母，只有 5%进入了护理系统（Advisory Council on the Misuse of Drug，2003，2007；SCIE，2004）。

亲属照顾者可能有其他照顾责任，并且经常需要应付不稳定和复杂的家庭动态（Barnard，2003；Pitcher，1999）。与其他寄养照护者相比，亲戚和朋友更有可能生活在过度拥挤的环境中，患有残疾或慢性疾病，成为孤独的照顾者，并陷入经济困境（Farmer & Moyers，2008）。他们描述了孤立的感觉，并且普遍欢迎更多的经济和社会工作支持（Broad Hayes & Rushforth，2001）。对亲属照顾者的正式安置因地方当局而异，而且讽刺的是，他们及其养育的子女通常比寄养照顾者及其照顾的儿童获得更少的建议和实际支持。针对他们的情况，我们需要仔细评估成年人和儿童的需求，特别是因为非正式的亲属照顾安排通常发生在某些危急时刻，人们可能需要一些帮助来预测长期的挑战（Lindsay Hill，Senior Lecturer in Social Work，personal communication，April 2013）。

案例的继续研究

- 对 Paul 和 Saul 承担责任如何影响 Pat 和 Pam 之间的关系？
- 对于继续负责 Paul 的相关家庭成员，有哪些评估问题？
- 如果照顾 Saul，Rob 的父母需要什么支持？

年轻的照顾者

照顾者，这个词在负面上的重量应该比其他词更重，使这页纸的这个地方更下沉一点，起了褶皱，因为听起来简单的工作随着它的消耗与耗尽会使人疲惫不堪。照顾提供许多附带的好处，包括喂养和梳理、分享和玩耍带来的纯粹的感官喜悦。做个领路人，感觉自己被深深地需要时，有一种独特的满足感，而且找到让自己所爱的人生活愉快的方法也很有趣。但是照顾的确会使你的世界变得狭窄，导致你被定格在一个固定的地方。

（Ackerman，2011：135）

思考点

- 你认为照顾父母的责任应该完全依靠国家吗？
- 5 岁的孩子应承担哪些家庭责任？
- 你认为一个 15 岁的女孩可以对她的父亲进行亲密的照顾吗？例如，

帮他洗澡或帮助他上厕所。

- 你认为一个 8 岁男孩可以监督母亲的用药情况吗？

将儿童视为照顾者需要注意的是，我们不知道有多少孩子为家庭成员提供照顾，但估计在英国至少有 15 万名年轻的照顾者(Blewitt et al.，2011)。其中大约 15%来自少数民族，30%的人照顾一个有情感或精神上痛苦的家庭成员(Dearden & Becker，2004；SCIE，2005a)。儿童提供的照顾的经济价值是不可计算的，但由于英国非正式护理人员的贡献价值已经被量化为 1 190 亿美元，是成人和儿童社会照顾服务年度费用的四倍并超过整个 NHS 年度预算(Buckner & Yeandle，2011)。女孩的照顾责任的影响通常更大，因为母亲比父亲更可能承受精神痛苦，女孩比男孩更容易提供情感和家庭照顾，特别是对于母亲(Dearden & Becker，2000，2004；Roberts et al.， 2008)。年轻的照顾者不能被认为是一个单一的团体，他们的经历往往天差地别。

思考点

- 在你自己的家庭或朋友圈中，你扮演着什么角色？
- 你可以依靠谁？
- 你可以为别人做些什么？
- 你关心别人吗？
- 你认为自己是一个照顾者吗？

(改编自 Wallace & Davies，2009：15)

年轻的照顾者的经验并不总是消极的。在爱和适当的支持下，孩子并不一定都要承担繁重的照顾任务，照顾的角色可以带来成就感和尊重。一些儿童不会因为角色逆转而受到损害，而是在自己的心中感受到真正的自豪感(Aldridge & Becker，2003；Cooklin，2006；Newman，2002；SCIE，2005a；Warren，2007)。许多人提出，照顾者的角色给予他们归属感和亲密感，并且他们很乐意担当这个角色(SCIE，2005a)。照顾责任可以为儿童提供发展和成熟的机会，在家庭中获得信心，提高生活技能和组织能力并树立家庭的权威，有助于在成年后过上好的生活(Barnett & Parker，1998；Dearden & Becker，2000)。

对年轻的照顾者的评估应该是尽可能全面又有所侧重的，要考虑到他们提供的情感支持、实际帮助和亲密照顾(Cossar et al.， 2011；SCIE，

2005a)。社会工作者需要时间来了解他们及其具体需要，因为即使他们不是唯一提供支持的人，他们也应该被评估。如果非常缺乏家庭动力，那么分配一个社会工作者给他们对他们是有帮助的(Cossar et al.，2011)。

成人服务领域的工作者最有能力提供有关父母情况的信息和有效的支持服务的内容，使用 1995 年的《照顾者(许可与服务)法案》[*Carers (Recognition and Services) Act*]评估在家庭中承担责任的孩子的需求，并使用 1986 年的《残疾人(服务、咨询和代理)法案》[*Disabled Persons (Services, Consultation and Representation) Act*]第 8 节来评估父母在育儿方面的有关支持的具体需要。皇家信托保险公司发布了《关爱儿童和青少年的活动和成果措施手册》(*Manual for Measures of Caring Activities and Outcomes for Children and Young People*，Joseph、Becker & Becker，2009)，可作为干预前、干预过程中和干预后的一次性评估，以探索支持的影响。

儿童服务领域的社会工作者的评估可以集中在年轻的照顾者的发展福祉上，以便为有需要的儿童提供支持。儿童的需求被家人、朋友和专家所忽视，并不罕见。当父母经历情感或精神危机时，所有关注点都会集中到管理他们的痛苦等更紧迫的问题上(Hetherington et al.，2003；Weir，2003)。年轻的照顾者的需求可能会被忽视是因为教师有时会将他们的迟到、缺席、疲倦或逾期当作不当行为来处理，以至于他们失去被介入和启动家庭评估的机会(Butler & Astbury，2005；Eley，2004)。

年轻照顾者的帮助范围(Mental Health Foundation and Priness Royal Trust for Carers，2010)非常广泛，包括：对兄弟姐妹的关心；个人日常护理，如穿衣服、收集处方、服药、提东西、解释、翻译、情感支持、护理和洗澡等亲密护理；一般家务工作，如烹饪、打扫和购物，并带父母接受治疗。这些照顾责任会对儿童的身心健康、心理健康、教育和社会发展产生不利影响(Aldridge & Becker，2003；Blewitt et al.，2011；Finkelstein et al.，2005；Gorin，2004)。例如，照顾责任可能影响儿童受教育，造成他们的孤僻、欺凌他人和有限制的社会发展，并增加儿童长大后的失业、贫困和孤僻的可能性。

心理健康基金会和皇家信托保险公司提供的信息有关于照顾有精神困扰问题的家长的年轻照顾者所描述的感觉，如下：

- 孤立，因为无法作为一个家庭外出；
- 孤单，因为他们不喜欢询问周边的朋友问题；
- 因为与别人不一致而烦恼；

- 因为不明白为什么父母的心情或行为发生变化，因而很沮丧；
- 如果他们出门，留下父母一个人就会很内疚；
- 没有时间和朋友一起玩；
- 孤独，因为耻辱心导致很难与别人交朋友；
- 听话，不想让父母失望；
- 当父母不得不入院时，害怕离开家门；
- 当父母被强制住院时感到烦恼；
- 担心他们会受到照顾；
- 因为担心后果，害怕告诉任何人家里的问题；
- 被欺凌；
- 因为照顾的责任，担心学校任务完成不了；
- 因为焦虑和疲惫，在学校无法集中精力；
- 担心专家可能不明白一个年轻的照顾者想要与父母保持良好的关系，想法成熟，关爱父母并愿意帮助他们；
- 无法拒绝这些沉重的责任；
- 担心危害自己的教育和未来。

Barnardo(2007)提出了关于照顾有心理疾病的父母的儿童的需求的一系列建议，这些建议可以很容易地扩展到所有复杂的家庭需求的评估：

成年人精神健康领域的工作者应该认识到年轻的照顾者在家庭中扮演的角色，并且应该花时间来告知并加入他们。

父母患有精神健康问题的年轻照顾者应能够获得有关精神健康问题的相关信息。

父母患有精神健康问题的年轻照顾者应该能够获得支持，重视他们的家庭，同时给予他们公开谈话的空间，并获得他们需要的帮助。

成人心理健康服务应通过向家长提供专业服务，并帮助他们与当地的育儿支援项目联系，来支持父母的养育角色。

成人心理健康服务应收集有关家长参与服务的信息，以便为服务发展提供信息。

（Barnardo's，2007：8－9）

不良关系网、虐待和剥夺

成年人服务领域的工作者表示，越来越多的人关注“伙伴犯罪”。受害者往往独立生活，极少有专业支持，可能被恶意的“朋友”虐待和剥削。这并不是一个新现象。Edgerton针对智力障碍者的民族志研究表明，“隐藏的多数”可能选择更有能力的朋友或合作伙伴。这些关系使他们能够独立生活，实现“竞争中的斗争”，但也让他们容易受到朋友或家长的伤害，如经济或性剥削，身体或性暴力，骚扰或欺凌等(Edgerton，1967，1993，2001)。

尽管近期针对那些有受伤害或被剥削的风险的成年人的保护政策和程序正在迅速发展，但如果没有个人的同意，社会工作者就没有合法的权力来进行干预，除非证明他们寻求帮助的能力明显受到损害。那些以父母为目标，为了获得机会伤害或剥削父母及其子女的、有虐待倾向的成年人可以积极疏远这个家庭与朋友、邻居的关系，并减少他们与专业人员的联系(Children's Commissioner，2010：29)。有时候，在一个更强大的伴侣的不利影响下，母亲会直接虐待他们的孩子(Cannon & Cortini，2010)。

家庭虐待

如果是第一次遇到家庭虐待，没有经验的社会工作者很难理解为什么人们会陷入虐待关系。当我们开始了解受害者(如在“斯德哥尔摩综合征”中)如何陷入复杂的三角关系，内化与了解他们的压迫或采取无意识的防御机制，来与施虐者形成创伤纽带时，有家庭虐待发生的家庭的复杂动力就有了意义。由明尼苏达州的德卢斯的“家庭虐待干预计划”开发的权力和控制轮帮助评估人员了解施虐者通常用于建立和维持控制的整体行为模式(见图6.3)。

如果他们没有通过表面上显露的东西来了解是什么驱使虐待行为的发生，并考虑引发虐待或虐待持续的根本问题，那么评估就抓错了重点。我们不能假定虐待如何发生或在一种关系中意味着什么(Fiona Lewis，2013)。请记住，男女两性都会遇到各种人际关系中的虐待事件。女同性恋者和男性(无论是异性恋、双性恋还是同性恋者)往往难以获得适当的帮助。

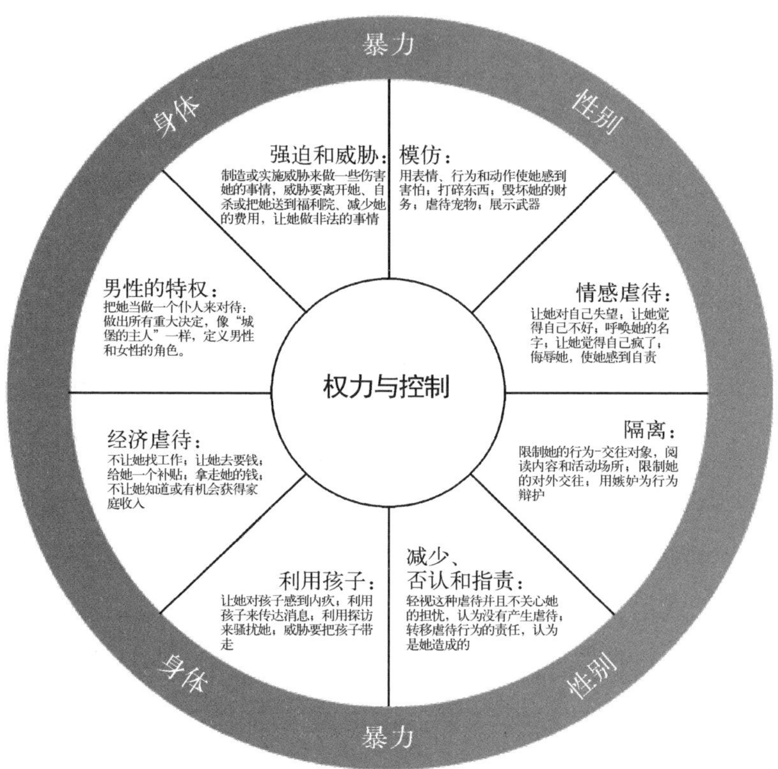

图 6.3　权力和控制轮：德卢斯模式

案例研究

1. 21 岁的 Ryan 和 19 岁的 Aaminah 以及他们 4 岁的女儿 Wareesha 一起住在提供床位和早餐的宿舍里。Aaminah 患有糖尿病，期待在两个月内会有儿子。Ryan 曾经在仓库工作，但一年前失去了工作，觉得没有希望再次在当地就业。过去 6 个月以来，他们做得很好，生活上已经有了更多的改善。可是邻居告诉警察，他们看到 Ryan 抓住了 Wareesha 的手，同时把 Aaminah 推下楼梯。

2. 在 Aaron 与 39 岁的 Stephanie 相处的几个星期内，为了“帮助她保持冷静”，Stephanie 带她 16 岁的女儿 Chelsea 去了全科医生诊疗室。当问到她自己脸上露出的一些印记时，Stephanie 告诉接待员，Aaron 打了她，并且背部和手臂上露出的伤痕大概有一个星期了。Aaron 是因为打架、暴力犯罪和家庭暴力被当地警局所熟知。

3. 56 岁的 Debbie 最近刚从多年的多发性硬化患者的病房提前退休。她最近与 29 岁的 Sophie 进入了一段新关系。Dedbie 的唯一的儿子——14 岁的 Pranav——告诉他的学校辅导员，昨天晚上他听到他的妈妈大声喊叫，于是跑到楼下，发现 Sophie 正在用一根香烟烫 Debbie 的手臂。Pranav 和 Sophie 扭打起来，以保护自己的妈妈，迫使 Sophie 离开他们的房子。

4. Crystal 有 3 个孩子，分别是 4 岁、6 岁和 12 岁。Crystal 有很长时间的嗜酒和自我伤害的历史。社区心理健康服务和家庭支持工作者一起介入家庭活动许多年了。每个孩子都有不同的父亲，每个人都知道所有这些关系都充满暴力。多年来，社会工作者一直担心，Crystal 似乎在使这些令人不安的关系戏剧性地不断蓬勃发展。上周一个新的男人搬了进来。

思考这些情况并进行比较。

- 什么导致了虐待?
- 评估的问题是什么?
- 当规划这个评估时需要考虑什么?
- 在直系家庭中的评估是否需要涉及更广泛的家庭和专业网络的参与?

家庭虐待在大多数情况下指的都是男性对女性的虐待。在英国，厌女症在年轻人中越来越普遍，16～24 岁的女性现在最有可能遭受虐待。受虐待的妇女更有可能产生相关的精神和身体健康问题，更有可能经历反复的严重的身体暴力(DoH，2002)。所有文化都存在家长式做法和传统，女性在整个社会中都遭受着家庭内的压迫。人们总是普遍地淡化对女性的暴力行为并为之寻找合理的辩护。

练习

观看 Eminem 和 Rihanna 的《爱你说谎的方式》(*Love the Way you lie*)。

- 图像传递了歌曲所描绘的关系的哪些信息?
- 歌词传递了歌曲所描述的关系的哪些信息?
- 什么信念支持这些信息?

媒体表现往往反映了当代对家庭虐待态度的模糊性，有时候谴责，但在另一些时候又美化它。因此，评估员必须尝试了解每个家庭成员在个人身份、性别角色、养育风格、家庭关系和伙伴关系方面的态度和期望，并考虑特定的文化影响。

尽管警务实践方面发生了重大变化，但在刑法和民法方面，法律框架仍然分散，令人困惑，往往不足以保护受到家庭虐待影响的家庭(Musgrove & Groves，2007；引自 Braye & Preston-Shoot，2010：40)。

成人服务领域的工作者，特别是有针对性的家庭虐待服务的工作者，可以在家庭虐待受害者作为父母的角色方面给予支持并做出重大贡献。家庭虐待可能会损害父母的自尊心和信心，特别是当一个父母被另一个父母贬低时(Davies & Ward，2012)。儿童服务对家庭虐待的回应是碎片化的：极少数家庭得到充分评估，少数家庭得到服务，而且仍然倾向于尽量淡化家庭虐待，错误地评估责任，忽视其对儿童安全和健康的影响(Family Rights Group，2011)。

施虐者和受虐者在评估、规划和干预方面都需要信心和技巧(Stanley et al.，2009)。评估过程必须仔细判断，因为它不可避免地会改变一个家庭中的施虐情况。评估可能使事情变得更糟：有时探索和定义这个问题会加剧施暴者的行为。但是忽视这个问题，或是与沉默勾结，也可能加强虐待的模式。社会工作者"改善安全，减少伤害"的工具包提供了实用的信息和指导(DoH，2009)。

练习

在存在家庭虐待的情况下，了解工作中复杂的动态情况。观看电影《曾经是战士》(*Once Were Warriars*)。这是导演 Lee Tamahori 在 1994 年根据 Alan Duff 的一本小说改编拍摄而成的。它讲述了一个家庭生活在贫困的城市，有嗜酒问题以及身为毛利人的不利处境的故事。它生动地描绘了 Jake 的犯罪行为，Jake 与他的伴侣 Brth 之间的复杂互动关系，Jake 的行为对孩子的影响以及暴露在他们生活当中的危险。

- 在什么情况下 Beth 可能会对 Jake 的行为负责？
- Jake 对 Beth 的暴力在什么方面会导致 Grace 的悲剧？
- Nig 的只有一边脸的文身有什么意义？
- Jack 和 Beth 之间的性关系在她的决策过程中扮演怎样的角色？

大约三分之一的孩子在生活中都经历了某种形式的家庭虐待(Mullender、Hague & Imam，2002)。目前，普通的服务(如警察的服务)和有针对性的服务(如避难所的服务)，都要求关注任何涉及儿童的虐待事件的儿童社会服务。

我们已经认识到，“看到或听到另一个人受虐待的创伤经历”可能会损害儿童的身体健康、行为、情绪健康和认知发展(Stanley，2009)。虐待对儿童的影响以及儿童如何应对压力因人而异，这取决于儿童的年龄和发展阶段(Shonkoff & Garner，2012)。未出生的婴儿可能会受伤，因为当母亲的身体遭到袭击时，她们受到母亲经历的这些压力的影响。特别是女性有时会发现，在她们怀孕的时候家庭虐待会开始或升级。一些孩子表现出外在行为，使他们比其他孩子更具侵略性、不妥协，具有破坏性和反社会性。其他人内化了他们的压力，因此表现为过度控制、焦虑、抑制、悲伤、退缩、低自尊和抑郁症状(Onyskiw，2003)。家庭整体评估不仅仅应该确定虐待造成的伤害，阻止并确保未来的安全，而且还应评估其对儿童未来健康和发展的影响(Cleaver et al.，2011)。

家庭虐待往往与虐待儿童一起发生，家庭虐待与性虐待之间也存在着紧密的联系(DoH，1995，2009)。家庭虐待是三分之二的儿童遇害或严重伤害的一个重要因素(Brandon et al.，2009)。这些联系并不是出人意料的，因为许多凶手正是因为无法自我调节和无法控制冲动，而被驱使对他人行使强制力量或使用暴力。虽然我们长期以来证明了这种模式的存在，但将男性虐待另一半或者虐待子女的相关内容纳入法律制度当中却花了很长时间(Shipway，2004)。

不幸的是，50%的家庭离婚后虐待仍然持续，但受害者离开施虐的伴侣后，评估往往已经完成了一半，支持也减少了。当父母决裂后，社交媒体为暴力行为增添了一个新的维度。Brandon 等人(2012)强调了儿童与父母分居具有潜在的不利影响，特别是分居后所导致的持续的威胁控制行为。冲动的分居行为可能对儿童的安全造成直接的危害，包括被杀害的风险。孩子夹在父母中间会受到情绪的伤害，也可能会在冲突中被伤到。这些事件特别容易在接触期间出现(Stanley et al.，2009)。儿童和家庭法庭咨询处(Children and Family Court Advisory and Support Services，CAFCASS)估计，在法院处理的家庭案例中涉及家庭虐待的指控约有 60%，不到 1%的案例中接触被禁止(Coy et al.，2012)。

即使没有被虐待的历史，分居或离婚被认为是成年人最有压力的生活事件之一，也可能触发或加剧父母面对的个人困难。大多数父母在分开时不会伤害孩子，但是关系破裂、生活的变化和被人侮辱可能是儿童遇到的最常见的痛苦的来源，家庭破裂会给儿童带来深刻的短期或长期不良影响（Fawcett，1998；Pryor & Rodgers，2001）。有人认为，离婚率上升也加剧了青少年抑郁症增多和自杀率上升（Evans、Hawton & Rodham，2005）。

• • • 身体和性伤害的关系情境

英国每年约有 55 名儿童由暴力或忽视直接导致死亡。对儿童的身体伤害最好被理解为侵略行为。在大多数身体受到虐待的情况下，父母感到愤怒，但是没有控制也没有禁止这样的事情发生。身体虐待通常出现在一种不熟悉的关系情境中（Frude，2003：195）。

1 岁以下的婴儿最容易受到身体伤害：他们从属于受害儿童保护计划的可能性要比其他任何年龄都高 3 倍，而且面临着平均 8 倍的受到杀害的风险。婴儿占儿童意外死亡人数的 45%（Cuthbert、Rayns & Stanley，2011；引自 Brown & Ward，2012：50）。以长期来看，身体虐待具有深远的不良后果。在童年时期遭受身体虐待的青少年和成年人尤其可能患有抑郁、焦虑和创伤后应激障碍，在身体和智力上发展不良，社会关系出现问题，表现出更加艰难、激进的行为，并且更多地因暴力犯罪而被捕（Creighton，2002；Gibbons et al.，1995；均引自 Brown & Ward，2012）。

一个孩子很可能受伤的最有用的预测指标是，父母以前已经给他们造成了伤害。在身体受到殴打导致严重伤害或死亡的情况下，母亲和父亲在童年期间往往有目击过家庭虐待或生活在家庭虐待当中。身体受到虐待的母亲往往很年轻，被描述为“不成熟”、脾气不好，父亲则有“行为问题”的历史（Brandon et al.，2008）。在童年期间遭受抛弃、忽视或拒绝的父母，可能过度依赖别人，担心被遗弃。

这些压力意味着一些父母似乎高度依赖别人。同时，有些人可能会避开能够帮助他们的人。一些在童年时期感到很无助，面对过忽视、性虐待、身体殴打、胁迫和控制的成年人，可能会助长暴力、统治和控制行为。当这些人的养育受到监督时，他们可能觉得无法控制自己的行为，同时感觉到别人过分控制，导致未解决的“照顾和控制冲突”（Reder &

Duncan，1999，2003c）。

收集暴力的父母的发展与关系史的相关信息，听取父母的故事，看看他们说了什么，他们是如何说的，以及他们的经历对他们的行为的影响，有助于了解他们在压力下是如何应对的（Howe，2005）。只专注于事件本身的社会工作评估是无益的。因为孩子如何以及为何受到伤害的风险只能通过探索其潜在的模式、态度和信仰来理解。

英国法律对体罚的模糊性规定有时候会使得身体伤害的评估变得复杂。1998 年，人权法院裁定，体罚是不人道和有辱人格的行为。在学校等公共场所不再容忍体罚，但在英国所有三个司法管辖区，使用合理的惩罚、合理的殴打、合理的训斥是个别家长可以决定的事，即使这与《联合国儿童权利公约》（1989）不符。

与儿童保护机构所报告的相比，现实生活中儿童身体受到虐待的现象还要更多。全科医生不能报告这些伤害，除非他们认为儿童似乎或很可能被虐待并受到严重伤害。儿童和成人服务领域的社会工作者需要有足够的信心，使他们能够确定何时需要进行医疗评估。这意味着了解受伤的情况是否符合孩子的发展阶段，知道孩子们偶然发生的常见伤害模式，以及拥有足够的基本解剖学知识，以了解受伤是否符合给定的解释（Brandon et al.，2010a，2012）。关于非意外伤害的研究证据并没有大多数人期望的那样全面。

目前有三种有用的信息来源：

- “儿童事故预防信托基金”（2009）为保障儿童安全提供了有用的指导方针。
- NICE 已经出版了关于何时怀疑儿童虐待的指导方针。
- NSPCC 和威尔士的 CPSR 组织已经提出了关于瘀伤、烧伤、烫伤、骨折、叮咬和口腔损伤以及头部和脊柱损伤的一些关键信息。

当儿童安全需要儿科评估时，应将儿科医生纳入战略讨论。在与儿童见面之前，向儿科医生提供关于这些问题的清晰、具体的信息以及尽可能多的背景资料是有帮助的。儿童和家长需要准备接受儿科医生进行的详细医学评估。儿科评估是整体的，所以儿童和父母都需要理解它们可能涉及：

- 使用一些开放的、直接的问题，将儿科史结构化；
- 回顾这些复杂和长期的健康问题的年表；

- 观察孩子的行为和方式，父母与孩子的互动情况，以及孩子对身体检查的反应；
- 检查身体。

身体检查将涉及观察和记录的内容：

- 身体受伤位置图；
- 身高、体重、头围和成长评估；
- 一般的外观和卫生情况；
- 一般身体体检；
- 口腔和牙齿卫生；
- 耳朵；
- 头皮和发丝；
- 生殖器或者会阴——取决于孩子的年龄和提出的担忧；
- 脚趾、手指、指甲。

儿科评估可以做的不仅仅是提供关于损伤的意见。评估经常发现未得到满足的健康需求或发展、行为困难，有时会使医疗问题陷入困境，这些问题将受益于治疗。儿科医生可以帮助解释瘀伤、骨折、成长和发育问题是否具有合法的医疗原因。然而不能期望儿科评估多年瘀伤、多年骨折或者确认或排除性虐待。它不能总是解释受伤的原因或区分意外和故意伤害（Dr Sian Bennett，Clinical Director，Brighton and Hove Children's Services，personal communication，February/May 2013）。

与怀疑或知道有性虐待情况的家庭合作尤其具有挑战性，因为人们会感到厌恶、焦虑、愤怒和耻辱。一些实务工作者非常密切地认同儿童受害者，而其他人则十分同情已经无法保护子女的父母。还有些人可能会对施虐者感到同情。利用情感和智慧来认识和管理家庭以及自己的感受需要诚实和忠诚，拥有自我意识和对所有参与者保持尊重态度的能力。

思考点

在你的经验中，想要确定儿童所受到的身体伤害的难点是什么？

- 你对确认儿童受到性虐待有多少把握？
- 什么专业技能和个人素质是与身体或性方面受到伤害的受害者合作的关键要素？

- 制订行动计划，以增强你对这些问题的了解和理解，并与你的督导进行讨论。

虽然有些母亲会虐待子女，但大多数儿童性犯罪都是受害者所认识的男性犯下的。不过社会工作者只看到冰山一角。目前认为，约有21%的女孩和11%的男孩在童年时期遭受性虐待。反抗力最弱的儿童更有可能被反复虐待并遭受持续的伤害。

31%的遭受性虐待的儿童没有告诉任何人，只有约10%的儿童遭受性虐待行为后向警方报告，而此只占犯罪记录的1%。实际上，只有10%向警方报案的儿童性虐待事件提交给刑事法庭，大多数施虐者被无罪释放。

一旦确定了家庭中有明显的儿童遭受性虐待的风险，评估的重点是将来可以做些什么来保持整个家庭的安全。主要的干预措施是：

- 给父母、受害者和他们周围的保护网络赋权(安全和保护)；
- 如果他将来要和孩子一起生活，加强施虐者的内部和外部控制力量；
- 积极监测家庭功能，这种监测必须持续、协调并涉及所有与家庭成员接触的机构。

结论

长期以来，社会工作受到批评，被认为只专注于高临界危害的证据(Howe，1996；Munro，2011a，b)。介入门槛高，导致当我们应该试图理解的时候，我们需要寻找可以证明的内容。而父母和孩子们生活的许多问题根植于复杂的关系中。评估需要关注的不仅仅是事件本身，而是侧重于关于人际关系以及他们所表达出来的关于事情的态度、信念和家庭模式。要了解家庭中真正发生的事情，社会工作者需要停止“做”、倾听，而要与人们建立真正的人际关系。方法和程序为家庭整体评估提供了必要的框架，但要了解他们，必须尝试加入家庭之中，以便他们将我们置于他们所面临的困难环境面前。确定家庭关系是否得到支持、治愈或必须结束，往往是复杂的家庭评估的核心。

拓展阅读

Baim, C. and Morrison, T. (2011) *Attachment Based Practice with Adults. Understanding Strategies and Promoting Positive Change. A new practice model and interactive resource for assessment, intervention and supervision.* Brighton: Pavilion Publishing.

Brown, R. and Ward, H. (2012) *Decision-making Within a Child's Timeframe. An Overview of Current Research Evidence for Family Justice Professionals Concerning Child Development and the Impact of Maltreatment.* Working Paper 16. London: Childhood Wellbeing Research Centre.

DoH (Department of Health) (2009) *Improving Safety, Reducing Harm. Children, Young People and Domestic Violence. A Practical Toolkit for Front-Line Practitioners.* London: HMSO.

Gerhardt, S. (2004) *Why Love Matters: How Affection Shapes a Baby's Brain.* Hove: Brunner-Routledge.

Howe, D. (2005) *Child Abuse and Neglect: Attachment, Development and Intervention.* Basingstoke: Palgrave Macmillan.

Iwaniec, D. (2006) *The Emotionally Abused and Neglected Child. Identification, Assessment and Intervention. A Practice Handbook.* London: Wiley.

O'Hagan, K. (2006) *Identifying Emotional and Psychological Abuse. A Guide for Childcare Professionals.* Maidenhead: Open University Press.

Satir, V. (1988) *The New Peoplemaking.* Palo Alto, CA: Science and Behaviour Books.

第七章

后记

思考点

请独立思考或与同事讨论以下要点：

- 地方政府应如何建立起成人和儿童之间的服务，以便于我们共同合作来评估一个家庭的全部需要，既注意到可能对儿童造成危害的危险，又能满足某些成人寻求保护的需要？
- 社会工作者可以如何管理相互竞争的话语需求呢？通过凭经验赢得专家尊重、跨部门工作、社区预防、早期干预、家庭支持、儿童和成人保护、风险管理、个性化和永久规划这些方式吗？
- 我们怎样才能确保我们的评估能够引导我们采取明智的(具体的、可衡量的、可实现的、现实的、及时的)干预措施，从而为儿童和他们的父母带来更好的结果？
- 公共服务部门如何确保在成人和儿童团队中整合不同学科的行为，不会损害那些既需要儿童服务又需要成人服务的家庭与其相对应的社会工作者之间的协作？
- 在家庭整体评估的过程中，你需要怎样的支持去履行你的职责？

本书首先将评估描述为一个有指导作用的过程，而随后的章节强调了本质、观察和倾听这三点。与你的同事和你所服务的家庭一起解决其他的服务问题，清楚地了解他们的不同观点，反思和彻底明白他们的观点有助于你深入了解情况，做出正确的判断。这意味着，将过去、现在和未来这三点联系起来，有助于在提出社会工作的干预措施时，把这些家庭早前的经历以及他们希望凭借这个项目有可能得到的最好的结果考虑在内。

前六章探讨了“父母之间的矛盾对家庭生活和孩子的健康造成不利影响”这一个问题的复杂性和不确定性的不同方面。与父母及其家人一同进行评估的社会工作者面临着一系列根本性的挑战，包括：

- 当遇到和思考一些不可思议的、可辨别的、具有挑战性的虐待行为时，要保持思想开放，持有非评判的精神和乐观的态度；
- 认识到每个人和每个家庭的独特性，并利用证据基础来实现良好的结果；
- 优先考虑儿童的福祉，同时处理好父母之间的不同的、相互对立的需求；
- 关于风险承担和风险规避的实践的政治议程不一致；

• 行使权力，同时确保专业权力永远不会被独断或滥用。

以上的挑战和每个家庭中所发生的具体困境，不能简单地通过连续定位在一个看似正确的思维模式上来解决。社会工作者常常不得不设法去思考他们的行为，而这些行为是根本对立和不相容的(Cooper et al., 2003)。这有时让我们感到很困惑。

社会工作在地方政府的工作中占主导地位，常常意味着要在雇主、职业价值观、职业自我定位、案主和公众之间进行多重责任的协商。这个挑战意味着要一直保持着紧张的活力状态，而不是屈服于官僚主义，要在政策和实践中，毫不怀疑地去实践。

(Braye & Preston-Shoot，2002)

为了增加复杂性，以下的三个方面与每个社会工作者之间都是紧密联系的，同时反映了职责的多样性。我们都必须适应我们的自我、身份和角色。为了形成自身与同事及所合作的家庭成员这三者间的真实可靠的关系，我们每个人都必须找到一种方式管理自我、身份和角色这三个方面之间的失调并加以整合(见图 7.1)。

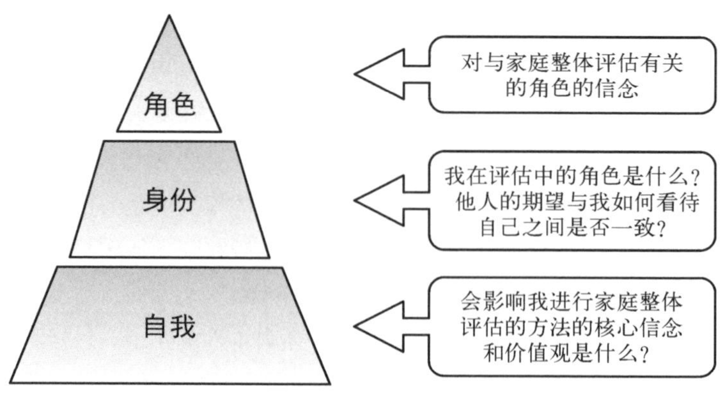

图 7.1　角色、身份和自我
(Wonnacott, 2012)

练习

想象一下，发布了一个公告：世界即将在 30 分钟内走向一个灾难性的结局。世界上所有现存的记录和信息系统都将被摧毁，但是少数人将会生存下来。世界上每一个人都被邀请向将被传授给子孙后代的知识库贡献书面信息。

- 现在请用 15 分钟来记录你自己的知识和经验，有助于未来的社会工作者借鉴你所提供的实践经验去帮助那些有困难的家庭。

（改编自 Dolan，1998）

……………………………………

基于关系型的实践被广泛提倡，并依赖于自我的创造性使用。自我的使用是一个很难表达的概念，也是一个定义不清的“适当的专业行为”（图 7.2）。自我、身份和角色的整合意味着作为一名社会工作者，你必须做到：

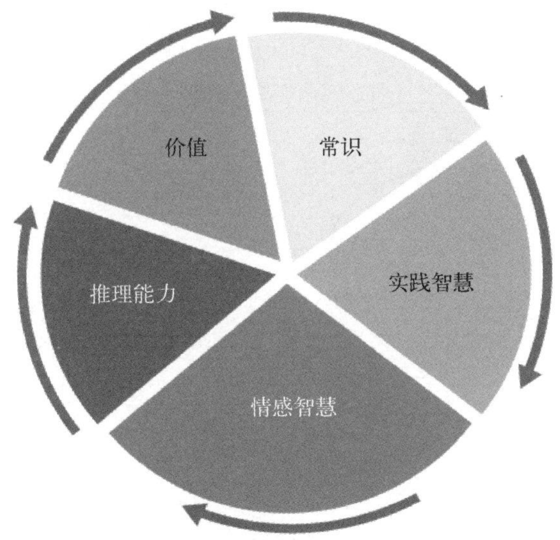

图 7.2　成人和儿童服务干预的知识和技能
（Munro，2008）

- 热情友好，但又不过度亲密；
- 坚强果断，但并不专横；
- 放松，但不是不关心；
- 关心，但不多追问；
- 鼓舞人心，但言谈不轻率；
- 助人，但不是家长式的作风；

- 思想开放，能够形成自己的判断；
- 朴实，又不傲慢；
- 诚实，又不野蛮粗鲁。

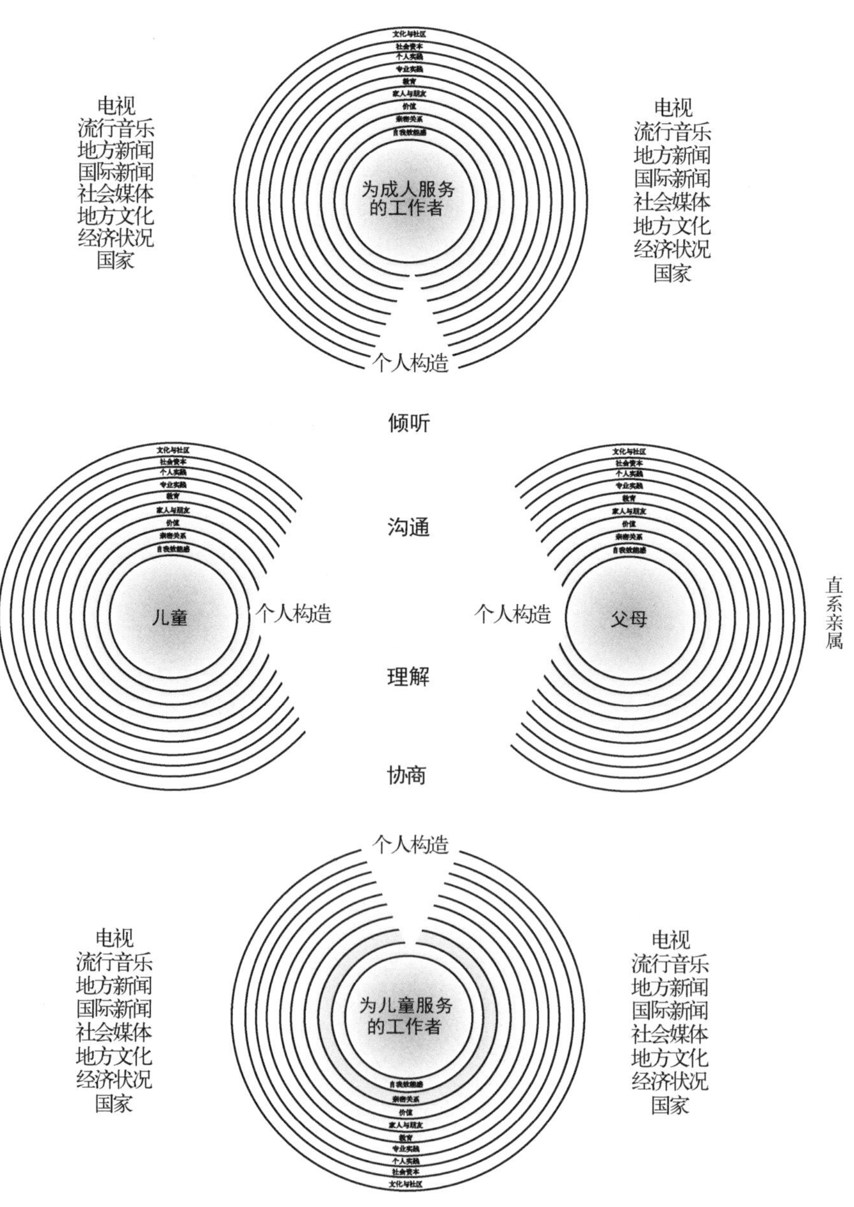

图 7.3　倾听、沟通、参与和理解

Munro(2008)确定了社会工作者必须使用的知识和技能的范围，以确保及时地反映和推论。

这本书的前提是，良好的社会工作评估依赖于人际关系的建立。这个前提取决于共同建设的想法。将家庭成员的见解与专业观点结合起来，对达成合理的判断是至关重要的，这些判断将引导有目的性的干预。当评估与自身的需求发生碰撞时，要求每一个家庭成员和评估者都要放下防备心，打开一个通道，通过这个渠道交流他们自己的观点，并倾听对方的世界观、知识和经验。当我们与整个家庭接触并与从事其他服务的同行合作时，就会产生多重的现实，社会工作者有责任去了解这些多重现实所讲述的故事(图 7.3)。

书中每一章都将社会工作构建为道德型的事业，在实践过程中出现了许多的困境。伦理问题的产生，往往是由于如何平衡竞争价值这个问题具有不确定性。在日常生活中开展道德社会工作，需要高度的道德意识。Kohlberg(1969)提供了一个模型，来了解我们是如何通过六个阶段来发展道德推理能力的。这个过程从一个简单的阶段即“我做了，因为如果不做，我就会受到惩罚”开始，逐渐发展到一个推理的阶段，展示了个人所拥有的内在化规范和价值观，而这些规范和价值观与高于一切的原则相关联。社会工作者所要求的道德推理水平反映了 Kohlberg 的六个阶段论：

任何事的对或错是基于我们自己的选择，我们要通过个人的思考来达到道德的原则。这些原则是抽象的、普遍的，如正义、平等……尊重人类作为个体的尊严……只有行动起来，我们才能最终为自己的行为承担全部责任。

(Gross，1996)

这就是专业责任和合乎情理的实践。

附录 1　家庭整体评估中常用术语、缩略词、全称与解释

缩写	全　称	解　释
ABE	Achieving Best Evidence	获得最佳证据
ADHD	Attention Deficit Hyperactivity Disorder	注意缺陷多动障碍
AHP	Allied Health Professionals	职业医疗专家
AMHP	Approved Mental Health Professional	心理健康专业人员
AOT	Assertive Outreach Team	主动外展团队
ASBO	Anti-Social Behaviour Order	反社会行为障碍
BPD	Borderline Personality Disorder	边缘人格障碍
BPI	Basic Personal Information	个人基本信息
CAADA	Co-ordinated Action Against Domestic Abuse	反对家庭虐待的儿童和家庭行为
CAFCASS	Children and Family Court Advisory and Support Service	儿童和家庭法庭咨询和支持服务
CAMHS	Child and Adolescent Mental Health Service	儿童和青少年心理健康服务
CBT	Cognitive Behavioural Therapy	认知行为理论
CCPAS	Churches' Child Protection Advisory Service	教会的儿童保护咨询服务
CDRP	Crime and Disorder Reduction Partnerships	减少犯罪和混乱的合作伙伴关系
CMHT	Community Mental Health Team	社区精神健康小组
CPA	Care Programme Approach	护理程序
CPN	Community Psychiatric Nurse	社区精神科护士
CPS	Crown Prosecution Service	皇家检察处
CQC	Care Quality Commission	护理质量委员会
CRB	Criminal Records Bureau	犯罪记录局

（续表）

缩写	全　称	解　释
CRT	Crisis Resolution Team	危机处理小组
CSCI	Commission for Social Care Inspection	社会照顾监督委员会
CST	Care Standards Tribunal	护理标准审裁处
DAAT	Drug and Alcohol Action Team	药物和酒精行动小组
DBT	Dialectical Behaviour Therapy	辩证行为疗法
DCSF	Department for Children, Schools and Families	儿童、学校和家庭部
DoH	Department of Health	卫生署
DoLS	Deprivation of Liberty Safeguards	剥夺自由保障
DRR	Drug Rehabilitation Requirement	药物康复要求
DSM-V	Diagnostic and Statistical Manual of Mental Disorders—5th edition	《精神疾病诊断和统计手册》第5版
DTTO	Drug Treatment and Testing Order	药物治疗和检测清单
ECHR	European Convention on Human Rights and Fundamental Freedoms	欧洲人权和基本自由公约
ECM	Every Child Matters	《每个孩子都重要》(英国教育绿皮书)
EHRC	Equality and Human Rights Commission	人权平等委员会
FACS	Fair Access to Care Services	护理服务展览会
FGM	Female Genital Mutilation	女性割礼
FIP	Family Intervention Project	家庭干预项目
FMA	Family Mediation Association	家庭调解协会
FMU	Force Marriage Unit	(英国内政部)强制婚姻事务组
ICS	Integrated Children's System	综合儿童系统
IMCA	Independent Mental Health Advocate	独立精神健康倡导者
IRO	Independent Reviewing Officer	独立审查官员
ISA	Independent Safeguarding Authority	独立保障机构
LAA	Local Area Agreement	地方协议
LEA	Local Education Authority	地方教育机构
LGBT	Lesbian, Gay, Bisexual and Trans	女同性恋、男同性恋、双性恋和跨性别人士

（续表）

缩写	全　　称	解　　释
LSCB	Local Safeguarding Children's Board	地方儿童保护委员会
LSP	Local Strategic Partnership	地方战略伙伴
MAPPA	Multi-Agency Public Protection Arrangements	多机构公共保护安排
MARAC	Multi-Agency Risk Assessment Conference	多机构风险评估会议
MASH	Multi-Agency Safeguarding Hubs	多机构保障中心
MHA	Mental Health Act	《精神健康法案》
MHAC	Mental Health Act Commission	精神健康法委员会
MHRT	Mental Health Review Tribunal	心理健康评估法庭
NASS	National Asylum Support Service	国家庇护支持服务
NHS	National Health Service	国家健康服务
NIs	National Indicators	国家指标
NOMS	National Offender Management Service	国家罪犯管理处
NR	Nearest Relative	最近的亲属
NSF	National Service Framework	国家服务框架
NTA	National Treatment Agency	国家治疗机构
PBR	Payment by Results	按结果付款
PCG	Primary Care Group	初级保健小组
PCO	Primary Care Organization	初级保健组织
PCP	Person-Centred Planning	以人为本的规划
PCT	Primary Care Trust	初级保健信托基金
PHCT	Primary Health Care Team	初级健康保健队
PTSD	Post-Traumatic Stress Disorder	创伤后应激障碍
SAP	Single Assessment Process	单一评估流程
SARCs	Sexual Assault Referral Centres	性侵犯转介中心
SCAN	Specialist Clinical Addiction Network (disbanded April 2011)	专科临床成瘾网络（2011 年 4 月解散）
SCT	Supervised Community Treatment	社区治疗监管
SEN	Special Educational Needs	特殊教育需求
SENCO	Special Educational Needs Co-ordinator	特殊教育需求的协调员

（续表）

缩 写	全　　称	解　　释
SHA	Strategic Health Authority	战略卫生局
SMMGP	Substance Misuse Management in General Practice	全科医学中的物质滥用管理
SSD	Social Services Department	社会服务部
SWP	Social Work Practices	社会工作实务
TAC	Team Around the Child	围绕孩子的团队
TAF	Team Around the Family	围绕家庭的团队
UNCRC	United Nations Convention on the Rights of the Child	联合国儿童权利公约
WAG	Welsh Assembly Government	威尔士政府

附录 2　成人和儿童服务中最常用的临床工具及量表

获取最好的证据（Ministry of Justice, 2011）	为与易受伤害的成人、儿童和犯罪受害者或目击证人进行法医访谈提供了详细的法定指导。经过训练的警察和社会工作者使用了该协议进行的结构化访谈
青春期健康量表（Birleson, 1980）	一份 18 项的自我报告问卷，用于确定 11～16 岁儿童的童年抑郁症的指标
成人依恋指标（Main, 1990）	适用于 16 岁以上的成年人和年轻人，确定成人依恋策略
成人健康量表（Snaith et al., 1978）	一份 18 项的自我报告问卷，供家长使用，以确定易怒和抑郁症的指标
成人一青少年的父母列表（Bavelock, 1984）	用于与父母一起确定孩子的期望、对孩子需求的敏感度以及对体罚和父母角色的态度的自我报告问卷
酒精量表（Piccinelli et al., 1997）	和成年人一起指出饮酒危害的自我报告问卷
酒精使用障碍鉴定测试：AUDIT（Babor et al., 1992）	供成人使用的简要的自我报告问卷，由临床医生在面谈中完成并编码。由世界卫生组织开发，作为一种简单的筛查工具，用于获取饮酒有害程度的早期指标并识别轻度依赖
酒精使用问卷（Bentovim & Cox, 2000）	一份用于儿童服务的自我报告调查问卷，共 5 项，是一个为父母提出酒精使用问题的工具
对家庭能力、优势和困难的评估（Bentovim & Bingley Miller, 2001）	包括各种模块，探索对当前情况、儿童需求的适应性、育儿质量，家庭关系的各个方面以及历史影响的家庭和职业观点。提供了一种基于证据的标准化的方法，以应对目前的家庭优势和困难，这些困难在评估儿童的重大伤害中发挥了作用，并且也在评估改变的能力，实现儿童安全环境的家庭资源，以及可能在重大伤害中起作用有助于儿童康复和未来的健康的家庭因素
心智能力评估工具：AMCAT（Mental Health Foundation & SCIE, 2010）	帮助成人和社会护理人员反馈、评估、审核和了解他们对心智能力的评估的在线问卷
ASSET（Youth Justice Board, 2006）	为评估所有接触刑事司法系统的年轻罪犯提供了一个共同的结构框架。它确定了可能导致违规行为的因素或情况。它包括重要的风险评估和自我报告问卷以捕捉孩子的情况

(续表)

ASSIST	一个供家庭虐待受害者使用,以评估未来危害风险的自我报告问卷
贝克的抑郁症指标Ⅱ:BDI-Ⅱ(Beck、Steer & Brown, 1996)	有21个多选题,是成人和13岁以上的儿童的自我报告。由健康专业人员使用,每个答案分配0~3分计算测试得分,以确定抑郁症的严重程度
Bene-Anthony 家庭关系测试(Bene & Anthony, 1957; Bene, 1985)	心理学家用评分系统从儿童的角度评估家庭关系的情感方面
Bethlem 母婴互动量表(Kumar & Hipwell, 1996)	精神病母亲和婴儿使用的观察时间表。七个分量表描述目光接触、身体接触、声音接触、情绪、日常、宝宝的身体风险以及宝宝对互动的贡献
CAGE 问卷(Kitchens, 1994)	由全科医生和酒精服务机构用四个简单问题筛查成人酗酒情况的一份问卷。答案两项为"是"表明需要进一步调查
生活环境指标评估疏忽:CLEAN(Watson-Perczel et al., 1988)	家庭环境的清洁程度的评估指标,以产生反映三维家庭条件的综合百分比分数:干净/脏,衣服/亚麻布和均不属于的物品
化学品使用、滥用和依赖程度:CUAD(Appleby et al., 1996)	在精神病医院中使用的半结构化访谈方式,以筛查严重精神病患者中的物质使用情况
虐待儿童的潜在指标:CAP(Milner, 1986)	由心理学家进行的160项调查问卷,筛选父母中起逆转作用的家庭因素,有助于孩子的康复和未来的健康
儿童健康量表:CLL(Gaudin、Plansky & Kilpaqtrick, 1992)	由家庭医生进行的43项评估量表,评估与儿童的身体、心理和社会需求有关的维度
童年生活水平量表(Polansky et al., 1981)	根据对父母的观察与家人共同完成的99个项目的等级评估,评估家长育儿的质量以识别疏忽
冲突策略量表:CTS(Straus et al., 1996)	一份涉及父母规训策略的20项自我报告量表
通用评估框架(DoH, 2005)	所有儿童服务机构的实务工作者采用了一种独立的方法来评估儿童的需求,并确定那些通过普遍服务无法满足其需求的儿童
反对家庭虐待的共同行为:CAADA(www.caada.org.uk)	独立的家庭虐待顾问使用的一种标准化的方法来确定成年受害者遭受家庭虐待的风险的程度,并协调安全干预措施的一个风险评估工具
CRAAFT(Knight et al., 1999)	一个2项的短暂筛选工具,为青少年评估治疗药物或酒精使用问题的需要
达特茅斯生活方式工具评估:DALI(Rosenbergrt et al., 1998)	18项的面谈者管理的自我报告量表,用于精神病学环境,筛查严重精神障碍患者滥用药物的情况

(续表)

家庭虐待、跟踪和"以荣誉为基础"的暴力风险识别、评估和管理模式:DASH(Richards, 2009)	旨在多机构使用,以确定成年受害者受到虐待的风险,并为调动资源提供信息的列表
家庭暴力风险评估模型(Bell, 2007)	由Barnardo开发,旨在评估家庭暴力对有子女的家庭造成的风险的严重程度,帮助工作者就儿童面临的风险做出决定,并为家庭规划有效的干预措施。它有9个评估领域来协助社会工作者和其他儿童保护专业人员在儿童"需要帮助"或"需要保护"时做出决定
药物滥用鉴别测试:DUDIT(Berman et al., 2005)	一份11项的自我报告调查问卷,旨在与成人一起使用,由临床医生在面试中填写和编码并与审计署一起使用
药物滥用筛查工具:DAST-10(Skinner, 1982)	一份28项的自我报告量表,筛选除酒精以外的药物滥用并测量药物依赖的严重程度
爱丁堡产后抑郁量表:EPDS(Cox、Holden & Sagovsky, 1987)	一份10项的自我报告调查问卷,筛查妇女分娩后临床抑郁症的症状,经常由全科医生和健康访问者使用
艾伯格儿童行为量表:ECBI(Eyberg & Pincus, 1999)	一项36项的自我报告调查问卷,用于父母对孩子问题行为频繁发生的评估
家庭活动量表(Bentovim & Cox, 2000)	从儿童中心量表中得出的自我报告问卷(Smith 1985)[AQ],确定了以儿童为中心的联合家庭活动和独立/自主儿童活动的程度。有针对2～6岁的儿童和7～12岁的儿童两个版本
F1表(BAAF, 2000)	为养育和收养机构提供收集、分析和展示有关未来寄养者、父母和其他照顾者信息的标准方法
儿童需求和家庭评估框架:NAF(DoH et al., 2000a)	为儿童社会服务评估提供了一个生态范式
心理健康和成瘾的功能评估:FAMHA(Anderson & Bellsfield, 1999)	一份44项的量表,由方案培训的临床工作人员管理评估,通过双重诊断患者当前的生物心理社会功能,以评估严重患者的需求并确定适当的治疗干预措施
分级护理概述:GCP(Polnay & Srivastava, 1997)	一个表明父母的照顾和质量的描述性工具,根据儿童照顾者和家庭工作人员的等级来确定疏忽程度
G-map评估(Print et al., 2007)	这是一种治疗性评估模式,适用于表现出性虐待行为的年轻人
临床历史风险管理-20:HCR-20(Webster et al., 1997)	在监狱和法医精神病学环境中存在的20项结构化专业风险判断,可评估暴力行为的可能性和面对患有精神疾病的暴力犯罪者的管理策略
家庭事故预防清单:HAPI(Tertinger、Green & Lutzker, 1984)	一个评估儿童家庭环境安全的清单,包括五类安全隐患:家庭火灾和电路问题、机械窒息、投放物窒息、枪支以及固体/液体毒物

(续表)

家庭环境评估量表(Davie et al., 1984)	将家庭清洁度的11个指标作为关于基础儿童保育的初步筛选要求
家庭清单(Caldwell & Bradley, 2003)	一套结构化的观察/访谈工具,用于评估育儿家庭环境的质量,涵盖父母与孩子的互动和活动、家庭环境的安全和质量以及孩子的规训和情感培育
初始偏差评估:IDA(Thornton, 2002)	心理测量指标,使用四个关键域来评估被监禁的性犯罪者(英格兰和威尔士)所构成的风险,整合了静态风险评估(STATIC-99)、稳定的动态风险评估、基于治疗反应的进展评估以及风险管理
微心理国家考试:MMSE(Folstein、Folstein & McHugh, 1975)	简单的定量仪器,衡量成人精神疾病患者的认知状态,并筛选认知障碍
照顾活动的多维评估:MACA-YC18(Joseph、Becker & Becker, 2009)	一份18项的自我报告措施,提供年轻人所做的照顾活动的指数,该指标区分了家庭任务、家庭管理、个人照顾、情感照顾、兄弟姐妹照顾和财务/实践照顾
照顾活动的多维评估——年轻照顾者:MACA-YC42(Joseph et al., 2009)	一份42项的自我报告措施,提供对年轻人所做的照顾活动的性质和程度的详细解释
罪犯评估系统:OASys	为触犯刑事法律的成年犯的评估提供了一个通用的结构框架
父母评估手册:PAM(McGaw et al., 1998)	基于父母知识—技能—实践模型的结构化评估和筛选工具,用于评估有智力障碍的父母,评估内容包括儿童照顾和发展生活技能、安全和卫生、父母的健康、关系和支持
家长行为列表(Fox, 1994)	一份100项的自我报告量表,评估父母抚养1~5岁儿童的优点和缺点,使用三个子量表:表达、纪律和培育
亲子关系列表:PCRI(Gerard, 1994)	一份78个项目的自我报告列表,评估5~15岁儿童的父母如何看待抚养子女的任务,以及如何使用七种不同的尺度来看待子女:父母的支持、父母抚养的满意度、参与度、沟通、限制、自主性和角色定位
家长发展访谈:PDI(Aber et al., 1985; Slade, 2005)	一份45项的半结构化个案访谈,检查父母对孩子的表达,他们作为父母与孩子之间的关系。有婴儿版本、幼儿版本和简短版本
家长意见问卷:POQ(Azar et al., 1984)	一份80项的自我报告问卷,旨在通过六个分量表来衡量父母对不同发展阶段儿童行为的期望:自我照顾;家庭责任和对兄弟姐妹的照顾;对父母的帮助和感情;让孩子独处;适当的行为和感受;惩罚
育儿日常困境列表(Crnic & Greenberg, 1990)	一份50项的自我报告列表,通过探索他们对一系列与儿童相关的情景的反应来评估父母的愤怒情绪

（续表）

控制量表的育儿轨迹：PLOC－SF（Campis、Lyman & Prentice-Dunn，1986）	一份自我报告调查问卷，评估 20 个育儿压力的频率、影响和强度
育儿风险量表（Mrazek、Mrazek & Klinnert，1995）	探索育儿的五个关键维度，情绪可用性（情绪的程度）、控制（灵活度和便利程度）、精神紊乱（存在、类型、严重程度）、知识基础（了解基本的儿童照顾和发展）、承诺（充分确定儿童照顾责任的优先顺序）
育儿压力指数一简表：PSI－SF（Abidin，1995）	一个 36 项的自我报告心理测量工具，用三个因素来衡量与父母角色直接相关的压力：父母/子女功能失调的互动、父母的压力以及问题儿童
以人为本的风险评估和管理体系（Titterton，2005）	一种系统/协作的方法，用于评估社区和长期居住环境中易受伤害的成年人的管理并承担风险，以提高生活质量
照顾的积极和消极结果：PANOC－YC20（Joseph et al.，2009）	一个 20 项的自我报告指标，衡量年轻护理人员所经历的积极和消极结果
干预后自我评估：PISA－CR2（Joseph et al.，2009）	自我报告问卷，引出年轻护理人员对所接受干预措施及其影响的看法
物质和精神障碍的精神病学研究访谈：PRISM（Hasin et al.，1996）	为研究目的而开发的半结构化诊断访谈，以确定药物滥用和精神疾病的共同发病率
对性再犯罪者的快速风险评估：RRRASOR（Hanson，1997）	一份 4 项的静态精算量表，用于识别已知性犯罪者重新犯罪的风险，在法医相关部门中使用
近期生活事件问卷（Brugha et al.，1985）	一份 21 项的自我报告问卷，引出有关近期负面生活事件的重要性的信息
性犯罪者治疗评估项目：STEP（Beech et al.，2002）	由英格兰和威尔士的缓刑服务机构使用的心理测量指标，评估成年的儿童性犯罪者构成风险的稳定动态因素
性暴力风险－20：SVR－20（Boer et al.，1997）	一份 20 项的风险因素列表，在法医精神卫生机构中，用于评估被定罪的性犯罪者的未来暴力风险，它使用了三个主要类别的已知风险因素：社会心理调整、性犯罪历史以及未来计划
谢里丹图表（Sheridan，1960）	主要由健康访问者使用的图表，描述 0～5 岁儿童发展的关键阶段，使用基于父母的信息报告、专业观察和互动。包括运动、感知、沟通、独立能力、注意力和自律的发展
STATIC－99 & Static－2002R（www.static.org）	一个 10 项的精算测量工具，在成年男性性犯罪者从监狱释放时使用
特殊教育需求的法定评估（DoE）	由相关部门进行评估，在六个部门中发表声明，描述儿童的特殊教育需求和他们应得到的帮助

（续表）

STELLA 项目工具包 2007（www.avaproject.org.uk）	一个工具包和一本指导书，为家庭暴力和药物滥用领域的工作者提供安全且适当的回应
特殊情况测试（Ainsworth et al., 1978）	用于观察护理人员与 9～18 个月儿童之间的依恋关系的一种程序
优势和劣势问卷（Goodman, 1997）	一份 25 项的自我报告调查问卷，从父母那里获取有关其子女情绪和行为发展的信息。设计了三种不同的版本来评估 3～4 岁、4～11 岁和 11～16 岁的儿童
药物滥用治疗量表：SATS（McHugo rt al., 1995）	这是一份用于评估严重精神疾病患者滥用药物治疗阶段的量表，该量表采用八阶段恢复过程模型
症状检查表-90-修订：SCL-90-R（Derogatis, 1983）	一份 90 项的自我报告心理测量表，旨在评估当前心理症状的模式
各种家庭问卷和量表（Bentovim & Cox, 2000）	收集了 8 份调查问卷和量表，出版了需要帮助的儿童及其家人的评估框架 优势和劣势问卷 育儿日常困境列表 家庭环境调查表 成人健康量表 青少年健康量表 近期生活事件问卷 家庭活动表 酒精量表
UK90 表（RCPCH）	健康访问者用来监测婴儿生长的百分位图表

附录 3 儿童与父母服务中的实用工具和资源

名 称	来 源	对 象	描 述
Boardmaker 软件	www.mayer-johnson.uk		Boardmaker 的创建基于符号的印刷通信材料。该软件拥有超过 4 000 个图片通信符号和 40 多种语言
通讯盒	与 Niki Lyne 合作的包容性解决方案	儿童	这是一个专门用于社会护理团队的资源，旨在加强对儿童的倾听，并使得员工能够考虑到儿童的意见。它包含提高有效参与的工具和资源，每个盒子都专门设计了能最好地满足对不同年龄或能力的服务的需求
情绪表达	Margot Sunderland & Philip Engleheart	儿童	探索、表达和理解重要情绪的创造性方法
HELD	Nicki Weld	儿童和家庭	一本以促进希望、同理心、爱和尊严，关注个人和人际关系为工作理念的资源手册
怎么样：一个关于感情、权利和安全、个人照顾和性的儿童图像词汇	NSPCC & Triangle	残障儿童	提供了可以用作词汇来帮助儿童沟通一系列重要问题的 389 幅图像
我先说	Children's Society	残障儿童	一个包含良好实践指南和带有贴纸和图示板的工具包，以帮助孩子表达自己的观点
我的立场	www.childandfamilytraining.org.uk	儿童和部分成年人	一个支持有关经验交流，包括可能不大好的事件或关系的电脑包
倾听青少年之声	Penny Lancaster & Vanessa Broadbent	青少年	一个包含倾听幼儿之声概念的工具包。它包括一本专业的开发手册《听和看》，并附带光盘、视听材料和案例研究小册子
马赛克法	Clark & Moss(2001)；Clark & Statham (2005)	幼儿	这种方法汇集了口头和视觉工具，并采用参与性活动来引导幼儿提出对他们生活中重要细节的看法

（续表）

名　称	来　源	对　象	描　　述
育儿工具包	London Network of Parents with Learning Difficulties, Elfrida Society and Valuing People Team	父母	有学习障碍的伦敦父母根据他们的经验、他们的家人所需要的东西所创造的工具包
防止故障	Mark Hamer	家庭	提供注重解决方案的危机干预方法的指导手册
说出你自己的方式	Hutton & Partidge (2006)	儿童和青少年	一个包含鼓励儿童参与评估过程的实用资源指南和光盘的工具包
秘密	National Deaf Children's Society	聋哑儿童	旨在鼓励聋哑儿童认真思考，帮助他们在可能有害的情况下做出选择，并鼓励他们迅速从负责任的成年人那里寻求帮助
谈话垫子	Joan Murphy & Lois Cameron, University of Stirling	有交际困难的儿童与成年人	使用附有符号的垫子作为沟通的基础，旨在帮助有沟通困难的人思考与他们讨论的问题，并为他们提供一种以可视化且容易记录的方式有效表达自己的沟通工具。它有助于人们理解、思考和表达自己的观点，并可以被不同能力、不同文化、不同生活环境下的人们使用
父母一儿童游戏	Jenner & McCarthy (1995)	父母与儿童	这是训练家长使用积极的以儿童为中心的策略，通过实时技能培训影响孩子行为的一种治疗方法
治疗师的工具包	Susan Carrell	所有服务使用者	一本充满增强治疗干预措施的手册
聪明的老鼠	Virinia Ironside	5～11岁的儿童	旨在帮助他们了解可能正在经历精神疾病的家庭正在发生什么的一本儿童读物

参考文献①

Aber, L., Slade, A., Berger, B., Bresgi, I. and Kaplan, M. (1985) 'The Parent Development Interview.' Unpublished manuscript, Barnard College, Columbia University, NY.

Abidin, R.R. (1995) *Parenting Stress Index – Manual* (Third edition). Odessa, FL: Psychological Assessment Resources.

Ackerman, D. (2011) *One Hundred Names for Love: A Stroke, a Marriage and the Language of Healing.* New York: Norton.

Adams, T. (2001) 'The social construction of risk by community psychiatric nurses and family carers for people with dementia.' *Health, Risk and Society 3,* 3, 307–319.

Adamson, J, and Templeton, L. (2012) *Silent Voices. Supporting Children and Young People Affected By Parental Alcohol Misuse.* London: Children's Commissioner. Available at www.childrenscommissioner.gov.uk, accessed on 19 July 2013.

ADCS (Association of Directors of Children's Services) (2012) *Safeguarding Pressures. Phase Three.* Available at www.adcs.org.uk, accessed on 19 July 2013.

Advisory Council on the Misuse of Drugs (2003) *Hidden Harm. Responding to the Needs of Children of Problem Drug Users.* London: Home Office. Available at www.gov.uk/government/uploads/system/uploads/attachment_data/file/120620/hidden-harm-full.pdf, accessed on 19 July 2013.

Advisory Council on the Misuse of Drugs (2007) *Hidden Harm Report Three Years On: Realities, Challenges and Opportunities.* London: Home Office. Available at www.gov.uk/government/publications/hidden-harm-report-three-years-on-realities-challenges-and-opportunities, accessed on 19 July 2013.

Ainsworth, M.D.S., Bleher, M.C., Waters, E. and Wall, S. (1978) *Patterns of Attachment.* Hillsbaum, NJ: Erlbaum.

Aldgate, J., Jones, D.P.H., Rose, W. and Jeffrey, D. (2006) *The Developing World of the Child.* London: Jessica Kingsley Publishers.

Aldridge, J. (2006) 'The experiences of children living with and caring for parents with mental illness.' *Child Abuse Review 15,* 2, 79–88.

Aldridge, J. and Becker, S. (2003) *Children Caring for Parents with Mental Illness. Perspectives of Young Carers, Parents and Professionals.* Bristol: Policy Press.

Allen, J.G. (2001) *Traumatic Relationships and Serious Mental Disorders.* Chichester: Wiley.

Anderson, A.J. and Bellsfield, H. (1999) 'Functional assessment of mental health and addiction.' *International Journal of Psychosocial Rehabilitation 4,* 39–45.

Appleby, L. (2000) 'Safer services: Conclusions from the Report of the Confidential Inquiry.' *Advances in Psychiatric Treatment 6,* 5–15.

Appleby, L., Dyson, V., Altman, E., McGovern, M.P. and Luchins, D.J. (1996) 'Utility of the Chemical Use, Abuse and Dependence Scale in screening patients with severe mental illness.' *Psychiatric Services 47,* 647–649.

Archard, D. and Skivenes, M. (2009) 'Hearing the child.' *Child and Family Social Work 14,* 4, 391–399.

Arksey, H., O'Malley, L., Baldwin, S., Harris, J., Mason, A. and Golder, S. (2002) *Services to Support Carers of People With Mental Health Problems.* London: National Co-ordinating Centre for NHS Service Delivery and Organisation R & D.

① 为方便读者查阅，本书按原版复制参考文献。

Armstrong, C. (2002) 'Behind closed doors: Living with a parent's mental illness.' *Young Minds Magazine 61*, 28–30.

Asmussen, K. and Weizel, K. (2009) *Evaluating the Evidence: What Works in Supporting Parents Who Misuse Drugs and Alcohol.* London: National Academy for Parenting Practitioners. Available at www.pupprogram.net.au/media/8998/napp_briefing_substance_misuse.pdf, accessed on 19 July 2013.

Azar, S.T., Robinson, D.R., Hekimian, E. and Twentyman, C.T. (1984) 'Unrealistic expectations and problem-solving ability in maltreating and comparison mothers.' *Journal of Counselling and Clinical Psychology 52*, 687–691.

Babor, T.F., de la Fuente, J.R., Saunders, J. and Grant, M. (1992) *AUDIT: The Alcohol Use Disorders Identification Test. Guidelines for Use in Primary Health Care.* Geneva: World Health Organization.

Baim, C. and Morrison, T. (2011) *Attachment Based Practice with Adults. Understanding Strategies and Promoting Positive Change. A New Practice Model and Interactive Resource for Assessment, Intervention and Supervision.* Brighton: Pavilion Publishing.

Bancroft, A., Wilson, S., Cunningham-Burley, S., Becket-Milburn, K. and Masters, H. (2004) *Parental Drug and Alcohol Misuse: Resilience and Transition Among Young People.* York: Joseph Rowntree Foundation. Available at www.jrf.org.uk, accessed on 19 July 2013.

Banerjee, S., Clancy, C. and Crome, I. (2002) *Co-existing Problems of Mental Disorder and Substance Misuse (Dual Diagnosis).* London: Royal College of Psychiatrists Research Unit. Available at http://handbooks.homeless.org.uk/hostels/individuals/multipleneeds/rcpsydd.pdf, accessed on 19 July 2013.

Banks, S. (2006) *Ethics and Values in Social Work* (Third edition). Basingstoke: Palgrave.

Bannister, D. and Fransella, F. (1980) *Inquiring Man. The Psychology of Personal Constructs* (Second edition). London: Penguin.

Barker, I. and Pack, E. (1996) 'User involvement. A decade of experience.' *Mental Health Review 1*, 4, 5–13.

Barlow, J. and Scott, J. (2010) *Safeguarding in the 21st Century: Where to Now?* Dartington: Research in Practice.

Barnard, M. (2003) 'Between a rock and a hard place: the role of relatives in protecting children from the effects of parental drug problems.' *Child and Family Social Work 8*, 291–299.

Barnardo's (2007) *Keeping the Family in Mind: A Briefing on Young Carers Whose Parents Have Mental Health Problems.* Barkingside: Barnardo's. Available at www.barnardos.org.uk, accessed on 17 July 2013.

Barnardo's (2008) *Homes Fit for Children? The Housing Crisis for Large Low Income Households in the South West.* Bristol: Barnardo's.

Barnes, M., Chanfreau, J. and Tomaszewski, W. (2010) *Growing up in Scotland: The Circumstances of Persistently Poor Children.* Edinburgh: The Scottish Government.

Barnett, B. and Parker, G. (1998) 'The parentified child: early competence or childhood depriation?' *Clinical Child Psychiatry and Psychology 3*, 4, 146–155.

Bavelock, S.J. (1984) *Adult-Adolescent Parenting Inventory.* Eau Claire, WI: Family Development Resources.

Beck, A.T., Steer, R.A. and Brown, G.K. (1996) *Manual for the Beck Depression Inventory II.* San Antonio, TX: Psychological Corporation.

Beech, A., Friendship, C., Erikson, M., et al. (2002) 'The relationship between static and dynamic risk factors and reconviction in a sample of UK child abusers.' *Sexual Abuse: A Journal of Research and Treatment 14*, 155–167.

Bell, M. (2002) 'Promoting children's rights through the use of relationship.' *Child and Family Social Work 7*, 1–11.

Bell, M. (2007) *Domestic Violence Risk Assessment Model.* Barkingside: Barnardo's.

Belsky, J. and Vondra, J. (1989) 'Lessons from Child Abuse: the Determinants of Parenting.' In D. Cicchetti and V. Carlson (eds) *Child Maltreatment: Theory and Causes and Consequences of Child Abuse and Neglect.* Cambridge: Cambridge University Press.

Bene, E. (1985) *Manual for the Family Relations Test* (Second edition). Windsor: NFER-Nelson.

Bene, E. and Anthony, E.J. (1957) *Manual for the Family Relations Test.* Windsor: NFER-Nelson.

Bentovim, A. (2010) 'Safeguarding and Promotion of the Welfare of Children Who Have Been Sexually Abused. The Assessment Challenges.' In J. Horwath (ed.) *The Child's World. The Comprehensive Guide to Assessing Children* (Second edition). London: Jessica Kingsley Publishers.

Bentovim, A. and Cox, A. (2000) *The Family Pack of Questionnaires and Scales.* London: Department of Health.

Bentovim, A. and Bingley Miller, L. (2001) *The Family Assessment: Assessment of Family Competence, Strength and Difficulties.* London: Child and Family Training.

Beresford, P. (2007) *The Changing Roles and Tasks of Social Work from Service Users' Perspectives: A Literature Informed Discussion Paper.* London: Shaping Our Lives.

Berman, A.H., Bergman, H., Palmstierna, T., et al. (2005) 'Evaluation of the Drug Use Disorders Identification Test (DUDIT) in criminal justice and detoxification settings and in a Swedish population sample.' *European Addiction Research 11*, 22–31.

Bernstein, B. (1964) 'Social class, speech systems and psychotherapy.' *British Journal of Sociology 15*, 54–64.

Biesteck, F.P. (1961) *The Casework Relationship.* London: George Allen & Unwin.

Birleson, P. (1980) 'The validity of depressive disorder in childhood and the development of self-rating scales.' *Journal of Child Psychology and Psychiatry 22*, 73–88.

Birmingham SCB (Safeguarding Children Board) and Radford, J. (2010) *Serious Case Review in Respect of the Death of a Child. Case Number 14.* Available at www.lscbbirmingham.org.uk/downloads/Case+14.pdf, accessed on 6 November 2013.

Blewitt, J., Noble, J. and Tunstill, J. (2011) *Improving Children's Outcomes by Supporting Parental Physical and Mental Health.* London: Centre for Excellence and Outcomes in Children and Young People's Services (C4EO). Available at www.c4eo.org.uk, accessed on 19 July 2013.

Boer, D.P., Hart, S.D., Kropp, P.R. and Webster, C.D. (1997) *Manual for the Sexual Violence Risk-20 (SVR-20): Professional Guidelines for Assessing Risk of Sexual Violence.* Vancouver, Canada: British Columbia Institute Against Family Violence.

Bogenschneider, K., Small, S. and Tsay, J. (1997) 'Child, parents and contextual influences on perceived parenting competence among parents of adolescents.' *Journal of Marriage and the Family 59*, 345–362.

Bond, C.F.J. and DePaulo, B.M. (2006) 'Accuracy of deception judgements.' *Personality and Social Psychology Review 10*, 3, 214–234.

Bostock, L., Bairstow, S., Fish, S. and Macleod, F. (2005) *Managing Risk and Minimising Mistakes in Services to Children and Families.* Children and Families Services Report 6. London: Social Care Institute for Excellence. Available at http://socialworkpdf2.tripod.com/scierisk.pdf, accessed on 19 July 2013.

Bourdieu, P. (1991) *Language and Symbolic Power.* Cambridge: Polity Press.

Boushel, M. (1994) 'The protective environment of children: towards a framework for anti-oppressive, cross-cultural and cross-national understanding.' *British Journal of Social Work 21*, 2, 173–190.

Bowlby, J. (1988) *A Secure Base: Parent–Child Attachment and Healthy Human Development*. New York: Basic Books.

Bowlby, J. (1998) *Attachment: Attachment and Loss* (Volume 1) (Second edition). New York: Basic Books.

Bowlby, J. (1999) *Attachment and Loss, Volume 1* (Second edition). New York: Basic Books.

Bradshaw, J. (2002) 'Child poverty and child outcomes.' *Children and Society 16*, 131–140.

Bradshaw, J., Finch, N., Mayhew, E., Ritakallio, V. and Skinner, C. (2006) *Child Poverty in Large Families*. Bristol and York: Policy Press and Joseph Rowntree Foundation.

Brandon, M., Schofield, G. and Trinder, L. (1998) *Social Work with Children*. Basingstoke: Macmillan.

Brandon, M., Belderson, P., Warren, C., Howe, D., Gardner, R., Dodsworth, J. and Black, J. (2008) *Analysing Child Deaths and Serious Injury through Abuse and Neglect: What Can We Learn? A Biennial Analysis of Serious Case Reviews, 2003–2005*. London: Department for Children, Schools and Families.

Brandon, M., Bailey, S., Belderson, P., Gardner, R., *et al.* (2009) *Understanding Serious Case Reviews and their Impact – A Biennial Analysis of Serious Case Reviews 2005–2007*. London: Department for Children, Schools and Families. Available at www.education.gov.uk/publications/standard/publicationdetail/page1/DCSF-RR129, accessed on 19 July 2013.

Brandon, M., Bailey, S. and Belderson, P. (2010) *Building on the Learning from Serious Case Reviews: A Two Year Analysis of Child Protection Database Notifications 2007–2009*. London: Department for Education.

Brandon, M., Sidebotham, P., Ellis, C., Bailey, S. and Belderson, P. (2010a) *Child and Family Practitioners' Understanding of Child Development: Lessons Learnt from a Small Sample of Serious Case Reviews*. London: Department for Education.

Brandon, M., Sidebotham, S., Bailey, S. Belderson, P. Hawley, C., Ellis, C., and Megson, M. (2012) *New Learning from Serious Case Reviews*. Research Report DFE-RR226. London: Department for Education.

Brawn, E., Bush, M., Hawkings, C. and Trotter, R. (2013) *The Other Care Crisis. Making Social Care Funding Work for Disabled Adults in England*. The National Autistic Society, Mencap, Leonard Cheshire Disability, Services for Deaf-blind People and Scope. Available at www.scope.org.uk, accessed on 19 July 2013.

Braye, S. and Preston-Shoot, M. (2010) *Practising Social Work Law* (Third edition). Basingstoke: Palgrave Macmillan.

Braye, S. and Preston-Shoot, M. (2002) 'Social Work and the Law.' In R. Adams, L. Dominelli and M. Payne, *Social Work Themes, Issues and Critical Debates* (Second edition). Basingstoke: Palgrave.

Brayne, H. and Carr, H. (2010) *Law for Social Workers* (Eleventh edition). Oxford: University Press.

Breakwell, G.M. (1993) 'Psychological and Social Characteristics of Teenagers Who Have Children.' In A. Lawson and D.L. Rhode (eds) *The Politics of Pregnancy: Adolescent Sexuality and Public Policy*. New Haven, CT: Yale University Press.

Brearley, C.P. (1982) *Risk in Social Work*. London: Routledge & Kegan Paul.

Brewer, M., Dickerson, A., Gambin, L., Green, A., Joyce, R. and Wilson, D. (2012) *Poverty and Inequality in 2020. Impact of Changes in the Structure of Employment*. York: Joseph Rowntree Foundation. Available at www.jrf.org.uk, accessed on 19 July 2013.

British Association of Social Workers (2012) *The Code of Ethics for Social Work. Statement of Principles*. Available at www.cdn.basw.co.uk, accessed on 16 December 2013.

British Medical Association (2001) *Consent, Rights and Choices in Health Care for Children and Young People.* London: BMJ Books.

Broad, B., Hayes, R. and Rushforth, C. (2001) *Kith and Kin: Kinship Care for Vulnerable Young People.* London: National Children's Bureau.

Bronfenbrenner, U. (1979) *The Ecology of Human Development: Experiments by Nature and Design.* Cambridge, MA: Harvard University Press.

Brophy, J. (2008) 'Child maltreatment in diverse households: challenges to law, theory, and practice.' *Journal of Law and Society 35,* 1, 75–94.

Brown, G.W. and Harris, T. (1978) *Social Origins of Depression.* London: Tavistock.

Brown, R. and Ward, H. (2012) *Decision-making Within a Child's Timeframe. An Overview of Current Research Evidence for Family Justice Professionals Concerning Child Development and the Impact of Maltreatment.* Working Paper 16. London: Childhood Wellbeing Research Centre.

Browne, K.D., Beech, A.R. and Craig, L.A. (2010) *Assessments in Fo ensic Practice. A Handbook.* Chichester: Wiley.

Brugha, T., Bebington, P., Tennant, C. and Hurry, J. (1985) 'The list of threatening experiences: a subset of 12 life-event categories with considerable long-term contextual threat.' *Psychological Medicine 15,* 189–194.

218

精通社会工作中家庭整体评估

Buckner, L. and Yeandle, S. (2011) *Valuing Carers: Calculating the Value of Carer's Support.* London: Carers UK.

Butler, A.H. and Astbury, G. (2005) 'The caring child: an evaluative case study of the Cornwall Young Carers project.' *Children and Society 19,* 4, 292–303.

Butler, I. and Roberts, G. (2004) *Social Work with Children and Families: Getting into Practice.* London: Jessica Kingsley Publishers.

Butler, I. and Williamson, H. (1994) *Children Speak: Children, Trauma and Social Work.* Harlow: Longman/NSPCC.

Butler-Sloss, B. (1988) *Report of the Inquiry into Child Abuse in Cleveland, 1987.* Cmnd 412. London: HMSO.

Byng-Hall, J. (1995) *Rewriting Family Scripts.* London: Guilford Press.

Cabinet Office (2004) *Alcohol Harm Reduction Strategy for England.* London: Prime Minister's Strategy Unit. Available at http://webarchive.nationalarchives.gov.uk/20100407195200/http://www.cabinetoffice.gov.uk/media/cabinetoffice/strategy/assets/alcohol_ria.pdf, accessed on 19 July 2013.

Cabinet Office (2005) *The Multidimensional Analysis of Social Exclusion Bibliography.* London: Cabinet Office. Available at www.bris.ac.uk/poverty/downloads/socialexclusion/multidimensional.pdf, accessed on 19 July 2013.

Calder, M.C. and Hackett, S. (2003) *Assessment in Child Care. Using and Developing Frameworks for Practice.* Lyme Regis: Russell House Publishing.

Caldwell, B.M. and Bradley, R.H. (2003) *Home Observation for Measurement of the Environment: Administration Manual.* Tempe, AZ: Family and Human Dynamics Research Institute, Arizona State University.

Cameron, G. and Coady, N. (2007) *Moving Toward Positive Systems of Child and Family Welfare.* Waterloo, Ontario: Wilfred Laurier University Press.

Campis, L.K., Lyman, R.D. and Prentice-Dunn, S. (1986) 'The parental locus of control scale: development and validation.' *Journal of Clinical Child Psychology 15,* 260–267.

Cassell, D. and Coleman, R. (1995) 'Parents with psychiatric problems.' In P. Reder and C. Lucey (eds) *Assessment of Parenting: Psychiatric and psychological contributions.* London: Routledge.

Cawson, P., Wattam, C., Brooker, S. and Kelly, G. (2000) *Child Maltreatment in the United Kingdom: A Study of the Prevalence of Abuse and Neglect.* London: NSPCC.

Child Accident Prevention Trust (2009) *Accidents and Child Development.* Available at www.capt.org.uk, accessed on 19 July 2013.

ChildLine (2003) *Boys Allowed.* London: NSPCC.

Children's Workforce Development Council (CWDC) (2009) *NQSW Guide for Supervisors.* Available at www.cwdcouncil.org.uk, accessed 9 December 2013.

Children's Commissioner (2010) *Family Perspectives on Safeguarding and on Relationships with Children's Services.* London: The Office of the Children's Commissioner.

Clark, A. and Moss, P. (2001) *Listening to Young Children: The Mosaic Approach.* London: NCB.

Clark, A. and Statham, J. (2005) 'Listening to young children. Experts in their own lives.' *Adoption and Fostering 29,* 1, 45–56.

Clark, B., and Davis. A. (1997) 'When money's too tight to mention.' *Professional Social Work,* March, 12–13.

Clarke, C.L. (2000) 'Risk: Constructing care and care environments in dementia.' *Health, Risk and Society 2,* 1, 83–93.

Cleaver, E. (1969) *Post Prison Writing and Speeches.* (Ed. R. Scheer). London: Cape.

Cleaver, H. and Nicholson, D. (2008) *Parental Learning Disability and Children's Needs. Family Experiences and Effective Practice.* London: Jessica Kingsley Publishers.

Cleaver, H. and Walker, S. (2004) 'From policy to practice: The implementation of a new framework for social work assessment of children and families.' *Child and Family Social Work 9,* 81–90.

Cleaver, H., Unell, I. and Aldgate, J. (1999) *Children's Needs – Parenting Capacity: The Impact of Parental Mental Illness, Problem Alcohol and Drugs Use, and Domestic Violence on the Development of Children.* London: HMSO.

Cleaver, H., Unell, I. and Aldgate, J. (2011) *Children's Needs – Parenting Capacity. Child Abuse: Parental Mental Illness, Learning Disability, Substance Misuse and Domestic Violence* (Second edition). London: The Stationery Office.

Cleaver, H., Nicholson, D., Tarr, S. and Cleaver, D. (2008) *Child Protection, Domestic Violence and Parental Substance Misuse: Family Experiences and Effective practice.* London: Department for Children, Schools and Families.

Colmer, E. (2010) 'Addressing mental health legacies: Learning from research.' *Context 108,* 9–13.

Cooklin, A. (2006) 'Children as carers of parents with mental illness.' *Psychiatry 5,* 1, 32–35.

Cooklin, A. Bishop, P., Francis, D., Fagin, L., and Asen, E. (2012) *Kidstime Workshops: A Multi-Family Social Intervention for the Effects of Parental Mental Illness.* London: Wisepress.

Cooper, A., Hetherington, R. and Katz, I. (2003) *The Risk Factor. Making the Child Protection System Work for Children.* London: Demos.

Cooperrider, D.L. and Whitney, D. (1999) *Appreciative Inquiry.* San Francisco, CA: Berrett-Koehler.

Copeland, M.E. and Mead, S. (2000) *What Recovery Means for Us.* New York: Plenum Press.

Core Info (2013) Cardiff Child Protection Systematic Reviews. Available at www.core-info.cardiff.ac.uk, accessed on 19 July 2013.

Cornell, S. and Hartmann, D. (1998) *Ethnicity and Race – Making Identities in a Changing World.* London: Sage.

Cossar, J., Brandon, M. and Jordan, P. (2011) *'Don't make assumptions.' Children's and Young People's Views of the Child Protection System and Messages for Change.* London: Office of the Children's Commissioner. Available at www.childrenscommissioner.gov.uk, accessed on 19 July 2013.

Cossar, J. and Long, C. (2008) *Children and Young People's Involvement in the Child Protection Process in Cambridgeshire.* Submitted to the Children's Workforce Development Council, February.

Coy, M., Perks, K., Scott, E. and Tweedale, R. (2012) *Picking up the Pieces. Domestic Violence and Child Contact.* London: Rights of Women and CWASU. Available at www.rightsofwomen.org.uk/pdfs/Policy/Picking_Up_the_Pieces_Report_final.pdf, accessed on 19 July 2013.

Cox, J.L., Holden, J.M. and Sagovsky, R. (1987) 'Detection of post-natal depression: development of the 10 item Edinburgh Post-Natal Depression Scale.' *British Journal of Psychiatry 150*, 782–786.

CPAG (Child Poverty Action Group) (2012) *Child Poverty Facts and Figures.* Available at www.cpag.org.uk/child-poverty-facts-and-figures, accessed on 19 July 2013.

Craig, G. (2005) 'Poverty Among Black and Minority Ethnic Children.' In CPAG (Child Poverty Action Group), *At Greatest Risk: The Children Most Likely to be Poor.* London: CPAG.

Crawshaw, M. and Wates, M. (2005) 'Mind the gap: A case study for changing organisational responses to disabled parents and their families using evidence based practice.' *Research, Policy and Practice 23*, 2, 111.

Cree, V.E. (2003) 'Worries and problems of young carers: issues for mental health.' *Child and Family Social Work 8*, 4, 301.

Creighton, S. (2002) *Physical Abuse.* London: NSPCC. Available at www.nspcc.org.uk/Inform/research/briefings/physicalabuse_wda48220.html, accessed on 19 July 2013.

Crittenden, P. (2008) *Raising Parents: Attachment, Parenting and Child Safety.* Milton: Willan.

Crittenden, P.M. and Landini, A. (2011) *Assessing Adult Attachment. A Dynamic-Maturational Approach to Discourse Analysis.* New York: Norton.

Crnic, K.A. and Greenberg, M.T. (1990) 'Minor parenting stresses with young children.' *Child Development 61*, 1628–1637.

Cross, S.B., Kaye, E. and Ratnofsky, A.C. (1993) *A Report on the Maltreatment of Children with Disabilities.* Washington, DC: National Centre on Child Abuse and Neglect.

CSCI (Commission for Social Care Inspection) (2005) *Every Child Matters: Messages from Inspections of Children's Social Services.* London: CSCI.

CSIP/Barnardo's (2007) *Keeping the Family in Mind* (Second edition). Available at www.barnardos.org.uk/keeping_the_family_in_mind.pdf, accessed on 19 July 2013.

Cuthbert, C., Rayns, G. and Stanley, K. (2011) *All Babies Count: Prevention and Protection for Vulnerable Babies.* London: NSPCC.

CWDC (Children's Workforce Development Council) (2009) *NQSW Guide for Supervisors.* Available at www.cwdcouncil.org.uk, accessed on 19 July 2013.

Dale, P. (2004) 'Like a fish in a bowl: parents' perceptions of child protection services.' *Child Abuse Review* 13, 137–157.

Dale, P., Davies, M., Morrison, T. and Waters, J. (1986) *Dangerous Families: Assessment and Treatment of Child Abuse.* London: Tavistock.

Daniel, B., Taylor, J. and Scott, J. (2010) 'Recognition of neglect and early response. Overview of a systematic review of the literature.' *Child and Family Social Work 15*, 2, 248–257.

Darbyshire, P., Oster, C., and Carrig, H. (2001) 'Children of parents who have a gambling problem; a review of the literature and commentary on research approaches.' *Health & Social Care in the Community 9*, 185–193.

Davidson, L. (2005) 'Recovery, self management and the expert patient – Changing the culture of mental health from a UK perspective.' *Journal of Mental Health 14*, 1, 25–35.

Davie, C.E., Hutt, S.J., Vincent, E. and Mason, M. (1984) *The Young Child at Home.* Windsor: NFER-Nelson.

Davies, C. and Ward, H. (2012) *Safeguarding Children Across Services: Messages from Research on Identifying and Responding to Child Maltreatment.* London: Jessica Kingsley Publishers.

Davis, J.M. (1998) 'Understanding the meanings of children: a reflexive process.' *Children and Society 12*, 5, 325–335.

DCSF (Department for Children, Schools and Families) (2010) *Working Together to Safeguard Children.* Nottingham: DCSF Publications.

Dearden, C. and Aldridge. J. (2010) 'Young Carers: Needs, Rights and Assessment.' In J. Howarth (ed.) *The Child's World: The Comprehensive Guide to Assessing Children in Need* (pp.214–228) (Second edition). London: Jessica Kingsley Publishers.

Dearden, C. and Becker, S. (2000) *Growing Up Caring: Vulnerability and Transition to Adulthood – Young Carers' Experience.* York: Youth Work Press.

Dearden, C. and Becker, S. (2004) *Young Carers in the UK: The 2004 Report.* London: Carers UK and the Children's Society.

Derogatis, L.R. (1983) SCL-90-R: Administration, Scoring and Procedures Manual II. Towson, MD: Clinical Psychometric Research.

DfE (Department for Education) (2008) *Safeguarding Children in whom Illness is Fabricated or Induced.* London: HMSO.

DfES (Department for Education and Skills) (2005) *What to do if you're Worried a Child is being Abused.* London: HMSO.

DfES (2006) *Information Sharing: Practitioners' Guide.* London: HMSO. London: Office for National Statistics.

de Shazer, S. (1985) *Keys to Solutions in Brief Therapy.* New York: Norton.

de Shazer, S. (1994) *Words Were Originally Magic.* New York: W.W. Norton.

Dickenson, D., Johnson, M. and Samson Katz, J. (1993) *Death, Dying and Bereavement.* London: Sage.

Dingwall, R., Eekelaar, J. and Murray, T. (1983) *The Protection of Children: State Intervention and Family Life.* Oxford: Blackwell.

Dixon, L., Browne, K.D. and Hamilton-Giacritsis, C. (2005) 'Risk factors of parents abused as children national analysis of the interagency continuity of child maltreatment (part 1).' *Journal of Psychology and Psychiatry 46*, 47–57.

DoH (Department of Health) (1995) *Child Protection. Messages from Research.* London: HMSO.

DoH (2000a) *No Secrets: Guidance on Developing and Implementing Multi-Agency Policies and Procedures to Protect Vulnerable Adults from Abuse.* London: HMSO.

DoH (2000b) *Quality Protects: Disabled Children Numbers and Categories and Families.* London: HMSO.

DoH (2001) *Valuing People. A New Strategy for Learning Disability for the 21st Century.* London: HMSO.

DoH (2002) *Women's Mental Health: Into the Mainstream.* London: HMSO.

DoH (2005) *Common Assessment Framework for Children and Young People.* London: DoH.

DoH (2007). *Our Health, Our Care, Our Say.* London: HMSO.

DoH (2009) *Improving Safety, Reducing Harm. Children, Young People and Domestic Violence. A Practical Toolkit for Front-Line Practitioners.* London: HMSO.

DoH, DfEE (Department for Education and Employment), and Home Office (2000a) *Framework for the Assessment of Children in Need and Their Families.* London: HMSO.

DoH, DfEE, and Home Office (2000b) *Framework for the Assessment of Children in Need and Their Families. Practice Guidance.* London: HMSO.

Dolan, Y.M. (1998) *One Small Step. Moving Beyond Trauma and Therapy to a Life of Joy.* Watsonville, CA: Papier-maché Press.

Dulwich Centre (2008) 'Children, parents and mental health.' *The International Journal of Narrative Therapy and Community Work 4*, 3–14.

Dumbrill, G.C. (2006) 'Parental experience of child protection intervention: a qualitative study.' *Child Abuse and Neglect 30*, 27–37.

DWP (Department for Work and Pensions) (2005) *Households Below Average Income 2004.*
Edgerton, R.B. (1967) *The Cloak of Competence. Stigma in the Lives of the Mentally Retarded.* Berkeley, CA: University of California Press.

Edgerton, R.B. (1993) *The Cloak of Competence* (Revised and updated). Berkeley, CA: University of California Press.

Edgerton, R.B. (2001) 'The Hidden Majority of Individuals with Mental Retardation and Developmental Disabilities.' In A.J. Tymchuck, C.K. Lakin and R. Luckasson (eds), *The Forgotten Generation: The Status and Challenges of Adults with Mild Cognitive Limitations.* Baltimore, MD: Paul H. Brookes.

Egan, G. (2002) *The Skilled Helper. A Problem-Management and Opportunity-Development Approach to Helping* (Seventh edition). Belmont, CA: Thomson.

Eley, S. (2004) 'If they don't recognise it, you've got to deal with it yourself: gender, young caring and educational support.' *Gender and Education 16*, 1, 65–75.

Eminson, D.M. and Postlethwaite, R.J. (1992) 'Factitious Illness: recognition and management.' *Archives of Disease in Childhood 67*, 12, 1510–1516.

Erickson, M. (1959/1980) 'Further Clinical Techniques of Hypnosis: Utilization Techniques.' In E. Rossi (ed.) *The Collected Papers of Milton H. Erickson on Hypnosis. 1. The Nature of Hypnosis and Suggestion.* New York: Irvington.

Essex, S., Gumbleton, J. and Luger, C. (1996) 'Resolutions: working with families where responsibility for abuse is denied.' *Child Abuse Review 5*, 191–201.

Evans, E., Hawton, K. and Rodham, K. (2005) 'Suicidal phenomena and abuse in adolescents: A review of epidemiological studies.' *Child Abuse and Neglect 29*, 1, 45–58.

Eyberg, S.M. and Pincus, D. (1999) *Eyberg Child Behaviour Inventory and Sutter-Eyberg Student Behaviour Inventory, Revised: Professional Manual.* Odessa, FL: Psychological Assessment Resources.

Falkov, A. (1996) *A Study of Working Together Part 8 Reports. Fatal Child Abuse and Parental Psychiatric Disorder: An Analysis of 100 Area Child Protection Committee Case Reviews Conducted under the Terms of Part 8 of Working Together under the Children Act 1989.* London: Department of Health.

Falkov, A. (2012) *The Family Model Handbook. An Integrated Approach to Supporting Mentally Ill Parents and their Children.* Hove: Pavilion. www.thefamilymodel.com.

Falkov, A., Mayes, K. and Diggins, M. (eds) (1998) *Crossing Bridges: Training Resources for Working with Mentally Ill Parents and their Children.* Brighton: Pavilion.

Family Policy Alliance (2005) *Response to Draft Consultation on Guidance and Working Together to Safeguard Children.* London: Family Rights Group.

Family Rights Group (2011) *Working with Risky Fathers.* London: Family Rights Group.

Farmer, E. and Moyers, S. (2008) *Fostering Effective Family and Friends Placements.* London: Jessica Kingsley Publishers.

Farmer, E. and Owen, M. (1995) *Child Protection Practice: Private Risks and Public Remedies.* London: HMSO.

Farnfield, S. (2008) 'A theoretical model for the comprehensive assessment of parenting.' *British Journal of Social Work 38*, 1076–1099.

Fauth, R., Helicic, J., Hart, D., Burton, S. and Shemmings, D. (2010) *Effective Practice to Protect Children Living in 'Highly Resistant' Families.* London: C4EO. Available at www.c4eo.org.uk, accessed on 19 July 2013.

Fawcett, M. (1998) *What Hurts? What Helps: A Study of Needs and Services for Young People Whose Parents Separate and Divorce.* Belfast: RELATE.

Fawcett, M. (2009) *Learning through Child Observation* (Second edition). London: Jessica Kingsley Publishers.

Featherstone, B. and Evans, H. (2004) *Children Experiencing Maltreatment: Who Do They Turn To?* London: NSPCC.

Ferguson, H. (2011) *Child Protection Practice.* Basingstoke: Macmillan.

Finkelstein, N., Rechsberger, E., Russell, L., VanDeMark, N., *et al.* (2005) 'Building resilience in children of mothers who have co-occurring disorders and histories of violence: intervention model and implementation issues.' *Behavioural Health Services and Research 32,* 2, 141–154.

Finney, A. (2004) *Alcohol and Intimate Partner Violence: Key Findings from the Research.* Home Office Findings No. 216. Available at www.ncjrs.gov/App/publications/abstract.aspx?ID=205274, accessed on 19 July 2013.

Fish, S., Munro, E. and Bairstow, S. (2008) Report 19. *Learning Together to Safeguard Children: Developing a Multi-Agency Systems Approach for Case Reviews.* London: SCIE. Availble at www.scie.org.uk, accessed on 16 December 2013.

223

参考文献

Folstein, M.F., Folstein, S. and McHugh, P.R. (1975) 'Mini-mental state. A practical method for grading the cognitive state of patients for the clinician.' *Journal of Psychiatric Research 12,* 3, 189–198.

Fonagy, P. and Target, M. (1997) 'Attachment and reflective function: their role in self-organisation.' *Development and Psychopathology 9,* 679–700.

Fonagy, P., Gergely, G., Jurist, E. and Target, M. (2002) *Affect Regulation, Mentalisation and the Development of Self.* New York: Other Press.

Fonagy, P., Steele, H., Higgitt, A. and Target, M. (1994) 'The Emmanuel Miller Memorial Lecture 1992: "The theory and practice of resilience".' *Journal of Child Psychology and Psychiatry 35,* 2, 231–257.

Forrester, D., Kershaw, S., Moss, H. and Hughes, L. (2008a) 'Communication skills in child protection: how do social workers talk to parents?' *Child and Family Social Work 13,* 1, 41–51.

Forrester, D., McCambridge, J., Waissbein, C. and Rollnick, S. (2008b) 'How do child and family social workers talk to parents about child welfare concerns?' *Child Abuse Review 17,* 1, 23–35.

Fox, R.A. (1994) *Parent-Behaviour Checklist.* Brandon, VT: Clinical Psychology.

Franey, C., and Quirk, A. (1996) 'Dual diagnosis: Executive summary.' *The Centre for Research on Drugs and Health Behaviour 51,* 1–4.

Frankl, V. E. (1984) *Man's Search for Meaning.* New York: Washington Square Press.

Freake, H., Barley, V. and Kent, G. (2007) 'Adolescents' views of helping professionals: a review of the literature.' *Journal of Adolescence 30,* 639–653.

Frude, N. (2003) 'A Framework for Assessing the Physical Abuse of Children.' In M. Calder and S. Hackett (eds) *Assessment in Child Care. Using and Developing Frameworks for Practice.* Lyme Regis: Russell House.

Gallagher, E. (2008) *Children's Violence Towards Parents.* Melbourne: Monash University.

Gambling Commission (2011) *British Gambling Prevalence Survey 2010.* Available at www.gamblingcommission.gov.uk, accessed on 19 July 2013.

Gambrill, E. and Shlonsky, A. (2000) 'Risk assessment in context.' *Children and Youth Services Review 22,* 11–12, 813–837.

Gannon, T. A. and Cortoni, F. (2010) *Female Sexual Offenders: Theory, Assessment and Treatment.* Oxford: Wiley-Blackwell Press.

Gast, L. and Patmore, A. (2012) *Mastering Approaches to Diversity in Social Work.* London: Jessica Kingsley Publishers.

Gaudin, J.M., Polansky, N.A. and Kilpaqtrick, A.C. (1992) 'The Child Well Being Scales: A field trial.' *Child Welfare 6,* 319–328.

Gerard, A.B. (1994) *Parent-Child Relationship Inventory (PCRI): Manual.* Los Angeles, CA: Western.

Gerhardt, S. (2004) *Why Love Matters: How Affection Shapes a Baby's Brain.* Hove: Brunner-Routledge.

Ghate, D. and Hazel, N. (2002) *Parenting in Poor Environments: Stress, Support, and Coping.* London: Jessica Kingsley Publishers.

Gibb, M. (2009) *Facing Up to the Task: The Interim Report of the Social Work Task Force, July 2009.* Nottingham: Department for Children, Schools and Families.

Gibbons, J., Gallagher, B., Bell, C. and Gordon, D. (1995) *Development after Physical Abuse in Early Childhood.* London: HMSO.

Gilligan, R. (2007) 'Adversity, resilience and the educational progress of young people in public care.' *Emotional and Behavioural Difficulties 12,* 2, 135–145.

Goddard, C.R., Saunders, B.J., Stanley, J. and Tucci, J. (1999) 'Structured risk assessment procedures: instruments of abuse?' *Child Abuse Review 8,* 251–263.

Golding, K.S. and Hughes, D.A. (2012) *Creating Loving Attachments. Parenting with PACE to nurture confidence and security in the troubled child.* London: Jessica Kingsley Publishers.

Goleman, D. (1996) *Emotional Intelligence.* London: Bloomsbury.

Goodinge, S. (2000) *A Jigsaw of Services. Inspection of Services to Support Disabled Adults in their Parenting Role.* London: Department of Health.

Goodman, R. (1997) 'The Strengths and Difficulties Questionnaire: a research note.' *Journal of Child Psychology and Psychiatry 38,* 581–586.

Gopfert, M., McClelland, N., and Wilson, J. (2010) 'Parental mental ill health: What informs good practice?' *Context 108,* 40–42.

Gorin, S. (2004) *Understanding What Children Say About Living With Domestic Violence, Parental Substance Misuse or Parental Health Problems.* York: Joseph Rowntree Foundation.

Gottlieb, L.N., Feeley, N. and Dalton, C. (2006) *The Collaborative Partnership Approach to Care. A Delicate Balance.* Toronto: Moby Elsevier Canada.

Graham, M., and Bruce, E. (2006) '"Seen and not heard" – sociological approaches to childhood: black children, agency and implications for child welfare.' *Journal of Sociology and Social Welfare 34,* 4, 31–48.

Green, R. (2002) *Mentally Ill Parents and Children's Welfare.* London: NSPCC.

Griffin, J. and Tyrrell, I. (2003) *Human Givens: A New Approach to Emotional Health and Clear Thinking.* Chalvington: HG Publishing.

Gross, R. (1996) *Psychology: The Science of Mind and Behaviour.* London: Hodder & Stoughton.

Grotberg, E. (1997) *A Guide to Promoting Resilience in Children: Strengthening the Human Spirit.* The Hague, Holland: Bernard Van Leer Foundation.

Gurney, A. (2004) *Models of Assessment.* Birmingham: Open Learning Partnership, University of Central England and RNIB.

Habermas, J. (1973) *Theory and Practice.* Cambridge: Polity Press.

Habermas, J. (1984) *The Theory of Communicative Action. Volume One: Reason and the Rationalisation of Society.* Boston, MA: Beacon Press.

Hadley Centre (2008) *Care Provided by Family and Friends – Briefing.* Bristol: The Hadley Centre, University of Bristol.

Hallett, C. and Birchall, E. (1992) *Co-ordination and Child Protection: A Review of the Literature.* Edinburgh: HMSO.

Hansen, D.J. and Sedlar, G. (1998) *The Parental Anger Inventory: A Guide for Practitioners and Researchers.* Lincoln, NE: Clinical Psychology Training Programme.

Hanson, R.K. (1997) *The Development of a Brief Actuarial Scale for Sexual Offense Recidivism.* Ottawa, Ontario: Public Works and Government Services of Canada.

Harwin, J., Ruan, M. and Tunnard, J. (2011) *The Family Drug and Alcohol Court (FDAC) Evaluation Project Final Report.* Available at www.brunel.ac.uk/fdacresearch, accessed on 19 July 2013.

Hasin, D.S., Trautman, K.D., Miele, G.M., Samet, S., Smith, M. and Endicott, J. (1996) 'Psychiatric research interview for substance and mental disorders: Reliability for substance abusers.' *American Journal of Psychiatry 153*, 9, 1195–1201.

Hayes, D. and Spratt, T. (2009) 'Child welfare interventions: Patterns of social work practice.' *British Journal of Social Work 39*, 8, 1575–1597.

Hayes, D., and Spratt, T. (2012) 'Child welfare as child protection then and now: What social workers did and continue to do.' *British Journal of Social Work*, 1–21.

Health and Care Professions Council (2012) *Your duties as a registrant. Standards of conduct, performance and ethics.* London: HCPC. Available at www.hpc-uk.org, accessed on 16 December 2013.

Healy, K. (2005) *Social Work Theories in Context. Creating Frameworks for Practice.* Basingstoke: Palgrave Macmillan.

Henricson, C. (2003) *Government and Parenting: Is there a Case for a Policy Review and a Parent's Code?* York: Joseph Rowntree Foundation.

Henwood, M. (2008) 'Self directed support: grounds for optimism.' *Community Care*, 15 May, 34–35.

Herrenkohl, E.C., Herrenkohl, R.C., Egolf, B.P. and Russo, M.J. (1998) 'The relationship between early maltreatment and teenage parenthood.' *Journal of Adolescence 21*, 291–303.

Hetherington, R., Baistow, K., Katz, K., Mesie, J. and Trowell, J. (2003) *The Welfare of Children with Mentally Ill Parents: Learning from Inter-Country Comparisons.* Chichester: Wiley.

Hildyard, K.L. and Wolfe, D.A. (2002) 'Child neglect: developmental issues and outcomes.' *Child Abuse and Neglect 26*, 679–695.

Hill, J. (2004) 'Parental Psychiatric Disorder and the Attachment Relationship.' In M. Gopfert, J. Webster and M. Seeman (eds) *Parental Psychiatric Disorder* (Second edition). Cambridge: Cambridge University Press.

HM Government (2008) *Information Sharing. Guidance for Practitioners and Managers.* London: HMSO.

HM Government (2013) *Working Together. A Guide to Inter-Agency Working to Safeguard and Promote the Welfare of Children.* London: HMSO.

Hobson, R.P. (1985) 'Piaget: On the Ways of Knowing in Childhood.' In M. Rutter and L. Hersov (eds) *Child and Adolescent Psychiatry, Modern Approaches* (Second edition). Oxford: Blackwell.

Hoghughi, M. (1997) 'Parenting at the Margins: Some Consequences of Inequality.' In K.N. Dwivedi (ed.) *Enhancing Parenting Skills. A Guide for Professionals Working with Parents.* Chichester: Wiley.

Hoghughi, M. and Long, N. (2004) *Handbook of Parenting: Theory and Research for Practice.* London: Sage Publications.

Holland, S. (2000) 'The assessment relationship: interactions between social workers and parents.' *British Journal of Social Work 30*, 149–163.

Holland, S. (2004) *Child and Family Assessment in Social Work Practice.* London: Sage.

Holland, S. and Scourfield, J. (2004) 'Liberty and respect in child protection.' *British Journal of Social Work 34*, 17–32.

Holliday, R. and Marche, T. (2012) *Child Forensic Psychology. Victim and Eyewitness Memory.* London: Palgrave Macmillan.

Hollingsworth, K. (2007) 'Responsibility and rights: children and their parents in the youth justice system.' *International Journal of Law, Policy and the Family 21,* 190–219.

Holt, A. (2012) 'Adolescent-to-Parent Abuse and Frontline Service Responses: Does Munro Matter?' In M. Blyth and E. Solomon (eds) *Effective Safeguarding for Children and Young People. What Next After Munro?* Bristol: Policy Press.

Hopkins, C. and Niemiec, S. (2007) 'Mental health crisis at home: Service user perspectives on what helps and what hinders.' *Journal of Psychiatric and Mental Health Nursing 14,* 310–318.

Horwath, J. (ed.) (2010) *The Child's World. The Comprehensive Guide to Assessing Children* (Second edition). London: Jessica Kingsley Publishers.

Horwath, J. and Morrison, T. (2001) 'Assessment of Parental Motivation to Change.' In J. Horwath (ed.) *The Child's World. Assessing Children in Need and Their Families* (pp.19–28). London: Department of Health, NSPCC and University of Sheffield.

Howe, D. (1996) 'Surface and Depth in Social Work Practice.' In N. Parton (ed.) *Social Theory, Social Change and Social Work.* London: Routledge.

Howe, D. (2005). *Child Abuse and Neglect: Attachment, Development and Intervention.* Basingstoke: Palgrave Macmillan.

Howe, D. (2008) *The Emotionally Intelligent Social Worker.* Basingstoke: Palgrave Macmillan.

Hugman, R. and Phillips, N. (1992) '"Like bees round the honeypot". Social work responses to parents with mental health needs.' *Practice 6,* 3, 193–205.

Hutton, A. and Partridge, K. (2006) *'Say It Your Own Way'. Children's Participation in Assessment: A Guide and Resources.* Barkingside: Barnardo's/Department for Education and Skills.

IASSW (International Association of Schools of Social Work) and the IFSW (International Federation of Social Workers) (2005). *Ethics in Social Work, Statement of Principles.* Available at http://ifsw.org/policies/statement-of-ethical-principles, accessed on 19 July 2013.

Independent Police Complaints Commission (2011) *Report re Fiona Pilkington.* Available at www.ipcc.gov.uk/Documents/investigation_commissioner_reports/pilkington_report_2_040511.pdf, accessed on 19 July 2013.

Iveson, C., George, E. and Ratner, H. (2012) *Brief Coaching. A Solution Focused Approach.* London: Routledge.

Iwaniec, D. (2006) *The Emotionally Abused and Neglected Child. Identification, Assessment and Intervention. A Practice Handbook.* London: Wiley.

Jack, G. (2006) 'The area and community components of children's well-being.' *Children and Society 20,* 5, 334–347.

Jack, G. and Gill, O. (2003) *The Missing Side of the Triangle: Assessing the Importance of Family and Environmental Factors in the Lives of Children.* Barkingside: Barnardo's.

Jack, G. and Gill, O. (2010) 'The Impact of Economic Factors on Parents or Caregivers and Children.' In J. Horwath (ed.) *The Child's World. The Comprehensive Guide to Assessing Children* (Second edition). London: Jessica Kingsley Publishers.

Jackson, D., Firtko, A. and Edenborough, M. (2007) 'Personal resilience as a strategy for surviving and thriving in the fact of workplace adversity: a literature review.' *Journal of Advanced Nursing 60,* 1, 1–9.

Jacobs, D.F., Marston, A.R., Singer, R.D., Widsman, K., Little, T. and Veizades, J. (1989) 'Children of problem gamblers.' *Journal of Gambling Behaviour 5,* 261–268.

James, H. (2004) 'Promoting effective working with parents with learning disabilities.' *Child Abuse Review 13,* 31–41.

Jenkins, A. (1990) *Invitations to Responsibility.* Adelaide: Dulwich Centre Publications.

227

Jenner, S. and McCarthy, G. (1995) 'Quantitative measures of parenting: a clinical–developmental perspective.' In P. Reder and C. Lucey (eds) *Assessment of Parenting: Psychiatric and Psychological Contributions.* London: Routledge.

Jones, D.P.H. (1997) 'Treatment of the Child and the Family where Child Abuse or Neglect has Occurred.' In M.E. Heffer, R.S. Kempe and R.D. Krugman (eds) *The Battered Child* (Fifth edition). London: University of Chicago Press.

Jones, D. (2001) 'The Assessment of Parental Capacity.' In J. Horwath (ed.) *The Child's World. The Comprehensive Guide to Assessing Children* (Second edition). London: Jessica Kingsley Publishers.

Jones, D. (2003) *Communicating with Vulnerable Children: A Guide for Practitioners.* London: Gaskell.

Jones, D., Hindley, N. and Ramchandani, P. (2006) 'Making Plans: Assessment, Intervention and Evaluating Outcomes.' In J. Aldgate, D. Jones and C. Jeffery (eds) *The Developing World of the Child.* London: Jessica Kingsley Publishers.

Jones, S. (2004) *Toying with their Future: The Hidden Costs of the Housing Crisis.* London: Shelter.

Joseph, S., Becker, F. and Becker, S. (2009) *Manual for Measures of Caring Activities and Outcomes for Children and Young People.* London: The Princess Royal Trust for Carers.

Juffer, F., Bakermas-Kranenburg, M.J. and van IJzendoorn, M.M. (eds) (2007) *Promoting Positive Parenting: An Attachment Based Intervention.* Monographs in Parenting series. Abingdon: Lawrence Erlbaum Associates.

Kaptchuk, T. (1983). *Chinese Medicine. The Web that Has No Weaver.* London: Rider Books.

Katz, I., Corylon, J., La Placa, V., and Hunter, S. (2007) *The Relationship between Parenting and Poverty.* York: Joseph Rowntree Foundation.

Katz, M. (1997) *On Playing a Bad Hand Well. Insights from the Lives of those who Have Overcome Childhood Risks and Adversities.* New York: Norton Professional Books.

Kelly, G. (1996). 'Competence in Risk Analysis.' In K. O'Hagan (ed.) *Competence in Social Work Practice.* London: Jessica Kingsley Publishers.

Kemshall, H. and Pritchard, J. (2005) *Good Practice in Risk Assessment and Risk Management* (Ninth edition). London: Jessica Kingsley Publishers.

Kendall, S., Rodger, J. and Palmer, H. (2011) *The Use of Whole Family Assessment to Identify the Needs of Families with Multiple Problems.* Research Report DFE-RR045. London: Department for Education.

King, M. and Trowell, J. (1992) *Children's Welfare and the Law: The Limits of Legal Intervention.* London: Sage.

Kitchens, J.M. (1994) 'Does this patient have an alcohol problem?' *Journal of the American Medical Association 272,* 22, 1782–1787.

Klee, H. (1998) 'Drug-using parents: analysing the stereotypes.' *International Journal of Drug Policy 9,* 6, 437–448.

Knight, J.R., Shrier, L.A., Bravender, T.D., Farrel, L.M., Vander Bilt, J. and Shaffer, H.C. (1999) 'A new brief screen for adolescent substance abuse.' *Archives of Pediatric Adolescent Medicine 153,* 591–596.

Kohlberg, L. (1969) *Stages in the Development of Moral Thought and Action.* New York: Holt Rinehart and Winston.

Kumar, R.C. (1997). '"Anybody's child": Severe disorders of mother-to-infant bonding.' *British Journal of Psychiatry 171,* 175–181.

Kumar, R. and Hipwell, A.E. (1996) 'Development of a clinical rating scale to assess mother-infant interacyiton in a psychiatric mother and baby unit.' *British Journal of Psychiatry 169,* 18–26.

Laming, H. (2003) *The Victoria Climbié Inquiry.* Cmnd 5730. London: Department of Health and Home Office. Available at www.victoria-climbie-inquiry.org.uk, accessed on 19 July 2013.

Laming, H. (2009) *The Protection of Children in England: A Progress Report.* Available at http://webarchive.nationalarchives.gov.uk/20130401151715/https://www.education.gov.uk/publications/eOrderingDownload/HC-330.pdf, accessed on 19 July 2013.

Lapierre, S. (2010) 'Striving to be "good" mothers: Abused women's experiences of mothering.' *Child Abuse Review 19,* 342–357.

Lapper, A. (2005) *My Life in My Hands.* London: Simon & Schuster.

Laske, O.E. (2009) *Measuring Hidden Dimensions. The Art and Science of Fully Engaging Adults.* Gloucester, MA: IDM Press.

Layard, R. (2005) *Mental Health: Britain's Biggest Social Problem?* London: Centre for Economic Performance. Available at http://cep.lse.ac.uk/textonly/research/mentalhealth/RL414d.pdf, accessed on 19 July 2013.

Leeson, C. (2007) 'My life in care: experiences of non-participation in decision-making processes.' *Child and Family Social Work 12,* 268–277.

Lefevre, M. (2010) *Communicating with Children and Young People. Making a Difference.* Bristol: Policy Press.

Lesieur, H.R., and Rothschild, J. (1989) 'Children of Gamblers Anonymous members.' *Journal of Gambling Behaviour 5,* 269–281.

Lightfoot, C., Cole, M. and Cole, S. (2008) *The Development of Children* (Sixth edition). New York: Worth.

Luft, J. and Ingham, H. (1955) 'The Johari window. A graphic model of interpersonal awareness.' *Proceedings of the Western Training Laboratory in Group Development.* Los Angeles, CA: UCLA.

Lupton, R. (2003) *Poverty Street: The Dynamics of Neighbourhood Decline and Renewal.* Bristol: Policy Press.

Maccoby, E. (2000) 'Parenting and its effects on children: On reading and misreading behaviour genetics.' *Annual Review of Psychology 51,* 1–27.

Main, M. (1990) *A Typology of Human Attachment Organisation Assessed in Discourse, Drawings and Interviews.* New York: Cambridge University Press.

McConnell, D. and Llewellyn, G. (2002) 'Stereotypes, parents with intellectual disability and child protection.' *Journal of Social Welfare and Family Law 24,* 3, 297–317.

McHugo, G.J., Drake, R.E., Burton, H.L., et al. (1995) 'A scale for assessing the stage of substance abuse treatment in persons with severe mental illness.' *Journal of Nervous and Mental Disease 183,* 762–767.

MacMillan, H.L. and Wathan, C.N. (2009) 'Interventions to prevent child maltreatment and associated impairment.' *Lancet 373,* 9659, 250–266.

Main, M. and George, C. (1985) 'Responses of abused and disadvantaged toddlers to distress in agemates in the day care setting.' *Developmental Psychology 21,* 3, 407–412.

Manning, V., Best, D., Faulkner, N. and Titherington, E. (2009) 'New estimates of the number of children living with substance misusing parents: results from UK national household surveys.' *BMC Public Health 9,* 377.

Manthorpe, J. and Martineau, S. (2010) 'Serious case reviews in adult safeguarding in England: An analysis of a sample of reports.' *British Journal of Social Work 41,* 2, 224–241.

Manthorpe, J., Hindes, J., Martineau, S., Cornes, M., *et al.* (2011) *Self-Directed Support: A Review Of the Barriers and Facilitators.* Edinburgh: The Scottish Government. Available at www.kcl.ac.uk/sspp/kpi/scwru/pubs/2011/manthorpeetal2011selfdirected.pdf, accessed on 19 July 2013.

Marchant, R. (2008) 'Working with Disabled Children who Live Away from Home Some or All of the Time.' In B. Luckock and M. Lefevre (eds) *Direct work: Social Work with Children and Young People in Care.* London: BAAF.

Margolin, G. and Gordis, E.B. (2000) 'The effects of family and community violence on children.' *Annual Review of Psychology 51*, 445–479.

Marryat, L. and Martin, C. (2010) *Growing Up in Scotland. Maternal Mental Health and its Impact on Child Behaviour and Development.* Edinburgh: The Scottish Government.

Marsh, A., and Perry, J. (2003). 'Ethnic Minority Families: Poverty and Disadvantage.' In C. Kober (ed.) *Black and Ethnic Minority Children and Poverty: Exploring the Issues.* London: National Children's Bureau.

Masson, J., Pearce, J., Bader, K., Joyner, O., Marsden, J. and Westlake, D. (2008) *Care Profiling Study.* Research Series 4/08. London: Ministry of Justice. Available at www.bristol.ac.uk/law/research/researchpublications/2008/care-profiling-study-report.pdf, accessed on 19 July 2013.

Maslow, A.H. (1970) *Motivation and Personality* (Second edition). New York: Harper & Row.

Maxwell, N., Scourfield, J., Featherstone, B., Holland, S. and Tolman, R. (2012) 'Engaging fathers in child welfare services: a narrative review of recent research evidence.' *Child and Family Social Work 17*, 160–169.

McAuley, C., Pecora, P.J. and Rose, W. (2006) *Enhancing the Well-being of Children and Families through Effective Interventions. International Evidence for Practice.* London: Jessica Kingsley Publishers.

McCracken, D.G. (1988) *The Long Interview.* Beverley Hills, CA: Sage.

McGaw, S. (2000) *What Works for Parents with Learning Disabilities?* Barkingside: Barnardo's. Available at www.barnardos.org.uk/resources, accessed on 23 July 2013.

McGaw, S. and Newman, T. (2005) *What Works for Parents with Learning Disabilities?* Barkingside: Barnardo's. Available at www.barnardos.org.uk/resources, accessed on 23 July 2013.

McGaw, S., Beckley, K., Connolly, C. and Ball, K. (1998) *Parenting Assessment Manual.* Truro: Trecore NHS Trust. Available at www.cornwall.nhs.uk, accessed on 23 July 2013.

McKinnon, F. (2009) 'Child Observation and Professional Practice.' In G. Ruch (ed.) *Post-qualifying Child Care Social work.* London: Sage.

McLaughlin, H. (2009) 'What's in a name: "client", "patient", "customer", "expert by experience", "service user" – what's next?' *British Journal of Social Work 39*, 6, 1101–1117.

McPherson, L., Macnamara, N. and Hemsworth, C. (1997) 'A model for multi-disciplinary collaboration in child protection.' *Children Australia 22*, 1, 21–28.

Mental Health Foundation (1996) *Knowing Our Own Minds. A Survey of How People in Emotional Distress Take Control of Their Lives.* London: Mental Health Foundation.

Mental Health Foundation and Princess Royal Trust for Carers (2010) *MyCare. Caring for a Parent With a Mental Health Problem.* Available at www.mentalhealth.org.uk, accessed on 23 July 2013.

Mental Health Foundation and SCIE (Social Care Institute for Excellence) (2010) *Mental Capacity Assessment. The Assessment of Mental Capacity Tool.* Available at www.mentalhealth.org.uk, accessed on 6 November 2013.

Millar, M. and Corby, B. (2006) 'The framework for the assessment of children in need and their families. a basis for a "therapeutic" encounter?' *British Journal of Social Work 36*, 6, 887–899.

Miller, W.R. and Rollnick, S. (1991) *Motivational Interviewing: Preparing People to Change Addictive Behaviour.* New York: Guilford Press.

Milner, J., and O'Byrne, P. (2009) *Assessment in Social Work.* Basingstoke: Palgrave Macmillan.

Milner, J.S. (1986) *The Potential Child Abuse Inventory: Manual* (Second edition). Webster, NC: Psytec.

Ministry of Justice (2011) *Achieving Best Evidence in Criminal Proceedings. Guidance on Interviewing Victims and Witnesses and Guidance on Using Special Measures.* London: Ministry of Justice. Available at www.cps.gov.uk, accessed on 23 July 2013.

Minuchin, S. and Fishman, C. (1981) *Family Therapy Techniques.* Cambridge, MA: Harvard University Press.

Moran, P., Ghate, D. and van der Merwe, A. (2004) *What Works in Parenting Support? A Review of the International Evidence.* London: Department for Education and Skills. Available at www.prb.org.uk/wwipaprenting/RR574, accessed on 23 July 2013.

Morgan, M. (2006) *About Social Workers. A Children's Views Report.* Newcastle upon Tyne: Commission for Social Care Inspection. Available at www.rights4me.org/~/media/Library%20Documents/Reports/Reports%202006/REPORT%20About%20Social%20Workers.pdf, accessed on 23 July 2013.

Morgan, R. (2010) *Children on Rights and Responsibilities. A Report of Children's Views by the Children's Rights Director for England.* London: Ofsted. Available at www.rights4me.org, accessed on 23 July 2013.

230

Morgan, R. (2011) *Younger Children's Views. A Report of Children's Views by the Children's Rights Director for England.* Available at www.rights4me.org, accessed on 23 July 2013.

Morris, J. and Wates, M. (2006) *Adults' Services Knowledge Review 11. Supporting Disabled Parents and Parents with Additional Support Needs.* London: SCIE. Available at www.scie.org.uk/publications/elearning.asp, accessed on 23 July 2013.

Morris, J. (2003) *The Right Support: Report of the Task Force on Supporting Disabled Adults in their Parenting Role.* York: Joseph Rowntree Foundation.

Morrison, T. (1991) 'Change, Control and the Legal Framework.' In M. Adcock, R. White and A. Hollows (eds) *Significant Harm: Its Management and Outcome* (pp.85–100). London: Significant Publications.

Morrison, T. (2006) 'Assessing Parental Motivation for Change.' In J. Horwath (ed.) *The Child's World. The Comprehensive Guide to Assessing Children in Need* (pp.305–322) (Second edition). London: Jessica Kingsley Publishers.

Moss, B. (2008) *Communication Skills for Health and Social Care.* London: Sage.

Mrazek, D.A., Mrazek, P. and Klinnert, M. (1995) 'Clinical assessment of parenting.' *Journal of the American Academy of Child and Adolescent Psychiatry 34*, 272–282.

Mullender, A. and Perrott, S. (2002) 'Social Work and Organisations.' In R. Adams, L. Dominelli and M. Payne (eds) *Social Work. Themes, Issues and Critical Debates* (Second edition). Basingstoke: Palgrave.

Mullender, A., Hague, G. and Imam, U. (2002) *Children's Perspectives on Domestic Violence.* London: Sage.

Munro, E. (2001) 'Empowering looked-after children.' *Child and Family Social Work 6*, 2, 129–137.

Munro, E. (2002) *Effective Child Protection.* London: Sage.

Munro, E. (2008) *Effective Child Protection* (Second edition). London: Sage.

Munro, E. (2011a) *Interim Report: The Child's Journey.* London: Department of Health.

Munro, E. (2011b) *The Munro Review of Child Protection: Final Report. A Child-centred System.* London: Department of Health.

Murray, P. (2006) *About ibk initiatives.* Available at www.ibkinitiatives.com, accessed on 6 November 2013.

Musgrove, A. and Groves, N. (2007) 'The Domestic Violence, Crime and Victims Act 2004: relevant or "removed" legislation?' *Journal of Social Welfare and Family Law 29*, 3–4, 233–244.

National Children's Bureau (2004) *What Young People Thought Would Be the World's Worst CAF Assessor.* Available at www.education.gov.uk/consultations/downloadableDocs/NCB%20CAF%20report.doc, accessed on 23 July 2013.

National Institute for Health and Care Excellence (NICE) (2009) *When to Suspect Child Maltreatment.* Available at www.nice.org.uk/Guidance/CG/Wave12/11, accessed on 23 July 2013.

National Scientific Council on the Developing Child (2004) *Young Children Develop in an Environment of Relationships.* Working Paper No. 1. Available at www.developingchild.net, accessed on 23 July 2013.

Newman, T. (2002) 'Young carers and disabled parents: time for a change of direction?' *Disability and Society 17*, 6, 613–625.

Newman, T. and Blackburn, S. (2002) *Interchange 78: Transitions in the Lives of Children and Young People: Resilience Factors.* Edinburgh: The Scottish Executive. Available at www.scotland.gov.uk, accessed on 23 July 2013.

Nietzche, F. (1992) *Basic Writings of Nietzche.* London: Random House.

Northway, R. (2005) 'Disabled Children.' In CPAG (Child Poverty Action Group), *At Greatest Risk: The Children Most Likely to be Poor.* London: CPAG.

Ofsted (2011) *The Voice of the Child: Learning Lessons from Serious Case Reviews. A Thematic Report of Ofsted's Evaluation of Serious Case Reviews from 1 April to 30 September 2010.* Available at www.ofsted.gov.uk/resources/voice-of-the-child-learning-lessons-serious-case-reviews, accessed on 23 July 2013.

O'Hagan, K. (2006) *Identifying Emotional and Psychological Abuse. A Guide for Childcare Professionals.* Maidenhead: Open University Press.

Olsen, R. and Clarke, C.L. (2003) *Parenting and Disability: Disabled Parents' Experiences of Raising Children.* Bristol: Policy Press.

Olsen, R. and Tyers, H. (2004) *Supporting Disabled Adults as Parents.* York: Joseph Rowntree Foundation.

Onyskiw, J.E. (2003) 'Domestic violence and children's adjustment: A review of research.' *Journal of Emotional Abuse 3*, 1, 11–45.

Oosterhoorn, R. and Kendrick, A. (2001) 'No sign of harm: issues for disabled children communicating about abuse.' *Child Abuse Review 10*, 4, 243–253.

O'Sullivan, T. (2011) *Decision Making in Social Work* (Second edition). Basingstoke: Macmillan.

Oxfam and Refugee Council (2002) *Poverty and Asylum in the UK.* London: Oxfam.

Owen, C. and Statham, J. (2009) *Disproportionality in child welfare: the prevalence of black and ethnic minority children within 'looked after' and 'children in need' populations and on child protection registers in England.* London: DCSF.

Parrott, L., Jacobs, G. and Roberts, D. (2008) *Stress and Resilience Factors in Parents with Mental Health Problems and Their Children.* SCIE Research Briefing No. 23. London: SCIE. Available at www.scie.org.uk/publications/briefings/briefing23, accessed on 23 July 2013.

Parton, N. (ed.) (1996) *Social Theory, Social Change and Social Work.* London: Routledge.

Parton, N. (2002) 'Postmodern and Constructionist Approaches to Social Work.' In R. Adams, L. Dominelli and M. Payne (eds) *Social Work, Themes, Issues and Critical Debates* (Second edition). Basingstoke: Palgrave.

Parton, N. and O'Byrne, P. (2000) *Constructive Social Work. Towards a New Practice.* Basingstoke: Palgrave Macmillan.

Piaget, J. (1969) *The Child's Conception of Time.* London: Routledge & Kegan Paul.

Piccinelli, M., Tessari, E., Bortolomasi, M., Piasere, O., Semenzin, M., Garzotto, N. and Tansella, M. (1997) 'Efficacy of the alcohol use disorders identification test as a screening tool for hazardous alcohol intake and related disorders in primary care: a validity study.' *British Medical Journal 14*, 420–424.

Pitcher, D. (1999) *When Grandparents Care.* Plymouth: Plymouth City Council Social Services.

Platt, D. (2006a) 'Threshold decisions. How social workers prioritize referrals of child concern.' *Child Abuse Review 15*, 1, 4–18.

Platt, D. (2006b) 'Investigation or initial assessment of child concerns. The impact of the refocusing initiative on social work practice.' *British Journal of Social Work 36*, 2, 267–281.

Platt, D. (2008) 'Care or control? The effects of investigations and initial assessments on the social worker-parent relationship.' *Journal of social work practice 22*, 3, 301–315.

Platt, L. (2007) *Poverty and Ethnicity in the UK.* Bristol: Policy Press.

Polansky, N.A., Chalmers, M.A., Williams, D.P. and Buttenwieser, E.W. (1981) *Damaged Parents: An Anatomy of Child Neglect.* Chicago, IL: University of Chicago Press.

Polnay, L. and Srivastava, O. (1997) 'Field trial of graded care profile (GCP) scale: a new measure of care.' *Archives of Disease in Childhood 76*, 4, 337–340.

Power, M. (2004) *The Risk Management of Everything: Rethinking the Politics of Uncertainty.* London: Demos.

Prochaska, J.O. and DiClemente, C.C. (1982) 'Transtheoretical therapy: Toward a more integrative model of change.' *Psychotherapy: Theory, Research and Practice 19*, 276–288.

Precey, G. (2003) 'Children and Risk of Illness Induction or Fabrication (Fabricated or Induced Illness).'. In M. Calder and S. Hackett (eds) *Assessment in Child Care. Using and Developing Frameworks for Practice.* Lyme Regis: Russell House Publishing.

Print, B., Griffin, H., Beech, A.R., Quayle, J., Bradshaw, H., Henniker, J. and Morrison, T. (2007) *AIM2: An Initial Assessment Model for Young People Who Display Sexually Harmful Behaviour.* Manchester: AIM Project.

Pryor, J. and Rodgers, B. (2001) *Children in Changing Families: Life after Parental Separation.* Oxford: Blackwell.

Radford, L. and Hester, M. (2006) *Mothering Through Domestic Violence.* London: Jessica Kingsley Publishers.

Raistrick, D., Bradshaw, I., Tober, G., et al. (1994) 'Development of the Leeds Dependence Questionnaire (LDQ): a questionnaire to measure alcohol and opiate dependence in the context of a treatment evaluation package.' *Addiction 89*, 563–572.

Ratner, H., George, E. and Iveson, C. (2012) *Solutions Focused Brief Therapy. 100 Key Points and Techniques.* London: Routledge

Raynes, B. (2003) 'A Stepwise Process of Assessments.' In M.C. Calder and S. Hackett (eds) *Assessment in Child Care. Using and Developing Frameworks for Practice.* Lyme Regis: Russell House Publishing.

RCPCH (Royal College of Paediatrics and Child Health) (2013) *UK Growth Chart 2–18 years.* Available at www.rcpch.ac.uk, accessed on 6 November 2013.

Reder, P. and Duncan, S. (1999) *Lost Innocents. A Follow-up Study of Fatal Child Abuse.* London: Routledge.

Reder, P. and Duncan, S. (2003a) 'Understanding communication in child protection networks.' *Child Abuse Review 12*, 82–100.

Reder, P. and Duncan, S. (2003b) 'How Much Should Children's Views Count?' In P. Reder, S. Duncan and C. Lucey (eds) *Studies in the Assessment of Parenting*. London: Routledge.

Reder, P. and Duncan, S. (2003c) 'How Do Mental Health Problems Affect Parenting?' In P. Reder, S. Duncan and C. Lucey (eds) *Studies in the Assessment of Parenting*. London: Routledge.

Reder, P., Duncan, S. and Gray, M. (1993) *Beyond Blame: Child Abuse Tragedies Revisited*. London and New York: Routledge.

Reder, P., Duncan, S. and Lucey, C. (2003) 'What Principles Guide Parenting Assessments?' In P. Reder, S. Duncan and C. Lucey (eds) *Studies in the Assessment of Parenting*. London: Routledge.

Rees, S. (1978) *Social Work Face to Face*. London: Edward Arnold.

Repper, J. and Carter, T. (2011) 'A review of the literature on peer support in mental health services.' *Journal of Mental Health 20*, 4, 392–411.

Resolution Foundation (2012) *Who Gains from Growth? Living Standards to 2020*. Available at www.resolutionfoundation.org, accessed on 23 July 2013.

Richards, L. (2009) *Domestic Abuse, Stalking and 'Honour-based' Violence: Risk Identification, Assessment and Management Model: DASH*. Available at www.dashriskchecklist.co.uk, accessed on 6 November 2013.

Ricks, M.H. (1985) 'The Social Transition of Parental Behaviour: Attachment Across Generations.' In I. Bretherton and E. Waters (eds) *Growing Points of Attachment Theory and Research*. Chicago, IL: University of Chicago Press.

Ridge, T. (2009) *Living with Poverty. A Review of the Literature on Children's and Families' Experiences of Poverty*. London: Department for Work and Pensions.

Riebschleger, J. (2004) 'Good days and bad days: The experiences of children of a parent with a psychiatric disability.' *Psychiatric Rehabilitation Journal 28*, 1, 25–31.

Roberts, D., Bernard, M., Misca, G. and Head, E. (2008) *Experiences of Children and Young People Caring for a Parent with a Mental Health Problem*. SCIE Research Briefing No. 24. Available at www.scie.org.uk/publications/briefings/briefing24, accessed on 23 July 2013.

Robinson, C. and Williams, V. (2002) 'Carers of people with learning disabilities and their experience of the 1995 Carers' Act.' *British Journal of Social Work 32*, 2, 169–183.

Robinson, G. and Witney, L. (1999) 'Working systemically following abuse: exploring safe uncertainty.' *Child Abuse Review 8*, 264–274.

Robinson, L. (2007) *Cross-Cultural Child Development for Social Workers*. London: Palgrave Macmillan.

Rose, W. and Barnes, J. (2008) *Improving Safeguarding Practice: Study of Serious Case Reviews 2001–2003*. Department for Children, Schools and Families Research Report 022. London: DCSF. Available at http://dera.ioe.ac.uk/8613/1/dcsf-rr022.pdf, accessed on 23 July 2013.

Rosenberg, S.D., Drale, R.E., Wolford, G.L., Mueser, K.T., Oxman, T.E., Vidaver, R.M., et al. (1998) 'Dartmouth Assessment of Lifestyle Instrument (DALI): A substance use disorder screen for people with severe mental illness.' *American Journal of Psychiatry 155*, 232–238.

Rossi, E.L., and Ryan, M.O. (eds) (1998) *Creative Choices in Hypnosis. The Seminars, Workshops and Lectures of Milton H. Erickson. Volume IV*. London: Free Association Books.

Royal College of Psychiatrists (2004) *Being Seen and Heard: The Needs of Children of Parents with Mental Illness. (Video Resource)* London: Gaskell.

Rustin, M. (2005) 'Conceptual analysis of the critical moments in Victoria Climbié's life.' *Child and Family Social Work 10*, 11–19.

Rutter, M. (1999) 'Resilience concepts and findings: Implications for family therapy.' *Journal of Family Therapy 21*, 119–144.

Saint-Jacques, M.C., Drapeau, S., Lessard, G. and Beaudoin, A. (2006) 'Parent involvement practices in child protection: a matter of know how and attitude.' *Child and Adolescent Social Work Journal 23*, 2, 196–215.

Sanders, M.R. (2008) 'Triple P – Positive Parenting Programme as a public health approach to strengthening parenting.' *Journal of Family Psychology 22, 3,* 506–517.

Sanderson, H. and Taylor, M. (2008) *Celebrating Families. Simple, Practical Ways to Enhance Family Life.* Stockport: HSA Press.

Sardar, Z. (2008) *The Language of Equality. A Discussion Paper.* Manchester: Equality and Human Rights Commission.

Sawyer, C. (2006) 'The child is not a person: family law and other legal cultures.' *Journal of Social Welfare and Family Law 28,* 1, 1–14.

Scales, R., Miller, J. and Burden, R. (2003) 'Why wrestle when you can dance? Optimising outcomes with motivational interviewing.' *Journal of the American Pharmaceutical Association 43,* 5, 41–47.

Schizophrenia Commission (2012) *The Abandoned Illness.* London: Schizophrenia Commission.

Schofield, G., and Beek, M. (2006) *Attachment Handbook for Foster Care and Adoption.* London: BAAF.

Schofield, G. and Thoburn, J. (1996) *Child Protection: The Voice of the Child in Decision Making.* London: Institute for Public Policy Research.

Schoon, I. and Bartley, M. (2008) 'The role of human capability and resilience.' *The Psychologist 24,* 1, 24–27.

SCIE (Social Care Institute for Excellence) (2004) *Parenting Capacity and Substance Misuse.* Research Briefing No. 6. London: SCIE. Available at www.scie.org.uk/publications/briefings/briefing06, accessed on 23 July 2013.

SCIE (2005a) *The Health and Well-Being of Young Carers.* Research Briefing No. 11. London: SCIE. Available at www.scie.org.uk/publications/briefings/briefing11, accessed on 23 July 2013.

SCIE (2005b) *Helping Parents with a Physical or Sensory Impairment in Their Role as Parents.* Research Briefing No. 13. Available at www.scie.org.uk/publications/briefings/briefing13, accessed on 23 July 2013.

SCIE (2005c) *Helping Parents with Learning Disabilities in Their Role as Parents.* Research Briefing No. 14. Available at www.scie.org.uk/publications/briefings/briefing14, accessed on 23 July 2013.

SCIE (2008a) *Stress and Resilience Factors in Parents with Mental Health Problems and Their Children.* Research Briefing No. 23. Available at www.scie.org.uk/publications/briefings/briefing23, accessed on 23 July 2013.

SCIE (2008b) *Factors that Assist Early Identification of Children in Need in Integrated or Inter-Agency Settings.* Research Briefing No. 27. Available at www.scie.org.uk/publications/briefings/briefing27, accessed on 23 July 2013.

SCIE (2009) *Think Child, Think Parent, Think Family. A Guide to Parental Mental Health and Child Welfare.* London: SCIE. Available at www.scie.org.uk, accessed on 23 July 2013.

Scottish Executive (2002) *Growing Support: A Review of Services for Vulnerable Families with Very Young Children.* Edinburgh: Scottish Executive.

Scottish Executive (2003) *Getting Our Priorities Right – Policy and Practice Guidelines for Working with Children and Families Affected by Problem Drug Use.* Edinburgh: The Stationery Office.

Scottish Refugee Council (2006) *Poverty in Scotland.* Glasgow: Scottish Refugee Council.

Seebohm Report (1968) *Report of the Committee on Local Authority and Allied Personal Social Services.* Cmnd 3703. London: HMSO.

Shaw, M.C., Forbush, K.T., Schlinder, J. Rosenman, E. and Black, D. (2007) 'The effect of pathological gambling on families, marriages, and children.' *CNS Spectrum 12*, 8, 615–622.

Shelter (2004) *Toying with Their Future. The Hidden Cost of the Housing Crisis.* London: Shelter.

Shelter (2005) *Full House? How Overcrowded Housing Affects Families.* Shelter. Available at http://england.shelter.org.uk, accessed on 23 July 2013.

Sheridan, M.D. (1960) *The Developmental Progress of Infants and Young Children.* Windsor: NFER-Nelson.

Shipway, L. (2004) 'Domestic violence: The lifelong effects of early childhood adversity and toxic stress.' *Pediatrics 129*, 1, 232–246.

Shonkoff, J.P. and Garner, A.S. (2012) 'The lifelong effects of early childhood adversity and toxic stress.' *American Academy of Pediatrics 129*, 232–246.

Sinclair, R. and Bullock, R. (2002) *Learning from Past Experience – A Review of Serious Case Reviews.* London: Department of Health.

Skinner, H.A. (1982) 'The drug use screening test.' *Addictive Behaviours 7*, 363–371.

Slade, A, (2005) 'Parental reflective functioning: An introduction.' *Attachment and Human Development 7*, 3, 269–281.

Smale, G., and Tuson, G., with Biehal, N. and Marsh, P. (1993) *Empowerment, Assessment, Care Management and the Skilled Worker.* London: HMSO.

Smale, G., Tuson, G. and Stratham, D. (2001) *Social Work and Social Problems: Working Towards Social Inclusion and Social Change.* Basingstoke: Macmillan.

Snaith, R.P., Constantopolous, A.A., Jardine, M.Y. and McGuffin, P. (1978) 'A clinical scale for the self-assessment of irritability.' *British Journal of Psychiatry 132*, 164–171.

Social Exclusion Taskforce (2008) *Think Family: Improving the Life Chances of Families at Risk.* London: Cabinet Office. Available at http://tna.europarchive.org/20080521201536/http://www.cabinetoffice.gov.uk/social_exclusion_task_force/~/media/assets/www.cabinetoffice.gov.uk/social_exclusion_task_force/think_families/think_family_life_chances_report%20pdf.ashx, accessed on 23 July 2013.

Social Exclusion Unit (1998) *Bringing Britain Together: A National Strategy for Neighbourhood Renewal.* London: Social Exclusion Unit.

Social Work Task Force (2009) *Building a Safe, Confident Future. The Final Report of the Social Work Task Force.* Available at http://webarchive.nationalarchives.gov.uk/20130401151715/https://www.education.gov.uk/publications/eOrderingDownload/01114-2009DOM-EN.pdf, accessed on 23 July 2013.

Solomon, J. and George, C. (1999) 'The Measurement of Attachment Security in Infancy and Childhood.' In J. Cassidy and P.R. Shaver (eds) *Handbook of Attachment: Theory, Research and Clinical Applications.* New York: The Guilford Press.

Spratt, T. and Callan, J. (2004) 'Parents' views on social work intervention in child welfare cases.' *British Journal of Social Work 34*, 2, 199–224.

Stallard, P., Norman, P., Huline-Dickens, S. and Cribb, J. (2004) 'The effects of parental mental illness upon children: A descriptive study of the views of parents and children.' *Clinical Child Psychology and Psychiatry 9*, 1, 39–52.

Stanley, N. (2009) 'The Impact of Domestic Violence, Parental Mental Health Problems, Substance Misuse and Learning Disability on Parenting Capacity.' In J. Horwath (ed.) *The Child's World. The Comprehensive Guide to Assessing Children* (Second edition). London: Jessica Kingsley Publishers.

Stanley, N., Miller, P., Richardson Foster, H. and Thomson, G. (2009) *Children and Families Experiencing Domestic Violence: Police and Children's Social Services Responses.* London: NSPCC. Available at www.nspcc.org.uk/Inform/research/findings/children_experiencing_domestic_violence_summary_wdf68552.pdf, accessed on 23 July 2013.

Stein, M., Ward, H. and Courtney, M. (eds) (2011) Special Issue on 'Young People's Transitions from Care to Adulthood.' *Children and Youth Services Review 33*, 12, 2409–2540.

Straus, M.A., Hamby, S.L., Boney-McCoy, S. and Sugarman, D.B. (1996) 'The Revised Conflict Tactics Scales (CTS2): development and preliminary psychometric data.' *Journal of Family Issues 17*, 283–316.

Strickland, H. and Olsen, R. (2005) 'Children with Disabled Parents.' In CPAG (Child Poverty Action Group), *At Greatest Risk: The Children Most Likely to be Poor.* London: CPAG.

Stuart, M. and Baines, C. (2004) *Safeguards for Vulnerable Children.* York: Joseph Rowntree Foundation.

Sullivan, P.M. and Knutson, J.F. (2000) 'Maltreatment and disabilities: a population-based epidemiological study.' *Child Abuse and Neglect 24*, 10, 1257–1273.

Sunderland, M. (2006) *What Every Parent Needs to Know. The Remarkable Effects of Love, Nurture and Play on Your Child's Development.* London: Dorling Kindersley.

Tamasese, K. and Waldegrave, C. (1994) 'Culture and gender accountability in the "Just Therapy" approach.' *Journal of Feminist Family Therapy: An International Forum 5*, 2, 29–45.

Taylor, A. and Kroll, B. (2004) 'Working with parental substance misuse: dilemmas for practice.' *British Journal of Social Work 34*, 1115–1132.

Taylor, J. and Daniel, B. (2005) *Child Neglect. Practice Issues for Health and Social Care.* London: Jessica Kingsley Publishers.

Tertinger, D.A., Green, B.F. and Lutzker, J.R. (1984) 'Home safety: Development and validation of one component of an ecobehavioural treatment programme for abused and neglected children.' *Applied Behaviour Analysis 17*, 159–174.

Thomas, J. and Holland, S. (2010) 'Representing children's identities in core assessments.' *British Journal of Social Work 40*, 8, 2617–2633.

Thomas, N. (2002) *Children, Family and State. Decision Making and Child Participation.* Bristol: Policy Press.

Thomas, N. and O'Kane, C. (2000) 'Discovering what children think: connections between research and practice.' *British Journal of Social Work 30*, 6, 819–835.

Thompson, N. (2000) *Understanding Social Work. Preparing for Practice.* Basingstoke: Palgrave.

Thornton, D. (2002) 'Constructing and testing a framework for dynamic risk assessment.' *Sexual Abuse: A Journal of Research and Treatment 14*, 139–153.

Titterton, M. (2005) *Risk and Risk Taking in Health and Social Welfare.* London: Jessica Kingsley Publishers.

Totsuka, Y. (2008) '"Then Mum got taken into hospital": Young people's experience of parents' admission to psychiatric hospital.' *Feedback: Journal of the Family Therapy Association of Ireland 10*, 6, 8–12.

Trevithick, P. (2005) *Social Work Skills: A Practice Handbook* (Second edition). Maidenhead: Open University Press and McGraw-Hill Education.

TUC/UNISON (undated) *Diversity in Diction, Equality in Action.* London: TUC/UNISON.

Tunnard, J. (2002a) *Parental Drug Misuse – A Review of Impact and Intervention Studies.* Dartington: Research in Practice.

Tunnard, J. (2002b) *Parental Problem Drinking and Its Impact on Children.* Dartington: Research in Practice.

Tunnard, J. (2004) *Parental Mental Health Problems: Messages from Research, Policy and Practice.* Dartington: Research in Practice.

Turnbull, O. (2003) 'Emotion, False Beliefs and the Neurobiology of Intuition.' In J. Corrigall and H. Wilkinson (eds) *Revolutionary Connections. Psychology and Neuroscience.* London: Karnac.

Turnell, A. (2012) *The Signs of Safety Comprehensive Briefing Paper.* Resolutions Consultancy. Available at www.signsofsafety.net, accessed on 23 July 2013.

Turnell, A. and Edwards, S. (1999) *Signs of Safety: A Solution and Safety Oriented Approach to Child Protection.* New York: Norton.

Turnell, A. and Essex, S. (2006) *Working with Denied Child Abuse: The Resolutions Approach.* Maidenhead: Open University Press.

Unicef (n.d.) *A Summary of the United Nations Convention on the Rights of the Child.* London: Unicef UK. Available at http://childrenandyouthprogramme.info/pdfs/pdfs_uncrc/uncrc_summary_version.pdf, accessed on 23 July 2013.

Utting, D. (1995) *Family and Parenthood: Supporting Families, Preventing Breakdown.* York: Joseph Rowntree Foundation.

Vincent, C.A. (2004) 'Analysis of clinical incidents: a window on the system not a search for root causes.' *Quality and Safety in Health Care 13*, 4, 242–243.

Vrij, A. (2000) *Detecting Lies and Deceit: The Psychology of Lying and the Implications for Professional Practice.* Chichester: Wiley.

Vrij, A. (2004) 'Why professionals fail to catch liars and how they can improve.' *Legal and Criminological Psychology 9*, 2, 159–181.

Wagstaff, S. (2010) 'Depressed women talking about mothering.' *Context 108*, 3–5.

Walker, S. and Beckett, C. (2003) *Social Work Assessment and Intervention.* Lyme Regis: Russell House Publishing.

Wallace, C. and Davies, M. (2009) *Sharing Assessment in Health and Social Care. A Practical Handbook for Interprofessional Working.* London: Sage.

Ward, H. (ed.) (1995) *Looking after Children: Research into Practice: The Second Report of the Department of Health on Assessing Outcomes in Child Care.* London: HMSO.

Ward, H. and Rose, W. (2002) *Approaches to Needs Assessment in Children's Services.* London: Jessica Kingsley Publishers.

Ward, H. Brown, R., and Westlake, D. (2012) *Safeguarding Babies and Very Young Children from Abuse and Neglect.* London: Jessica Kingsley Publishers.

Wardale, L. (2007) *Keeping the Family in Mind Resource Pack.* Barkingside: Barnardo's. Available at www.barnardos.org.uk, accessed on 23 July 2013.

Warren, J. (2007) 'Young carers: conventional or exaggerated levels of involvement in domestic and caring tasks?' *Children and Society 21*, 2, 136–146.

Waterhouse, L. and McGhee, J. (2013) 'Practitioner-mother relationships and the processes that bind them.' *Child and Family Social Work*, advance publication on-line 30 April 2013.

Wates, M. (2002) *Supporting Disabled Adults in their Parenting Role.* York: Joseph Rowntree Foundation.

Watson, F., Burrows, H. and Player, C. (2002) *Integrating Theory and Practice in Social Work Education.* London: Jessica Kingsley Publishers.

Watson-Perczel, M., Lutzker, J., Greene, B.F. and McGimpsey, B.J. (1988) 'Assessment and modification of home cleanliness among families adjudicated for child neglect.' *Behaviour Modification 12*, 1, 57–81.

Weaver, T., Madden, P. and Charles, V. (2003) 'Co-morbidity of substance misuse and mental illness in community mental health and substance misuse services.' *British Journal of Psychiatry 183*, 304–313.

Webb, S. (2006) *Social Work in a Risk Society, Social and Political Perspectives.* Basingstoke: Palgrave Macmillan.

Webster, C.D., Douglas, K.S., Eaves, D. and Hart, S. (1997) *HCR-20: Assessing Risk for Violence (Version 2).* Burnaby, BC, Canada: Mental Health Law and Policy Institute.

Webster, J. (1992) 'Split in two: experiences of children of schizophrenic mothers.' *British Journal of Social Work 22*, 3, 309–329.

Weir, A. (2003) 'A Framework for Assessing parents with Mental Health Problems.' In M.C. Calder and S. Hackett (eds) *Assessment in Child Care. Using and Developing Frameworks for Practice.* Lyme Regis: Russell House Publishing.

Weir, A. (2004) 'Parenting and Mental Illness. Legal Frameworks and Issues – Some International Comparisons.' In M. Gopfert, J. Webster and M.V. Seeman (eds) *Parental Psychiatric Disorder: Distressed Parents and their Families* (Second Edition). London: Macmillan.

Wells, J. (1997) 'Priorities, "street level bureaucracy" and the community mental health team.' *Health and Social Care in the Community 5*, 5, 333–342.

Welsh Government (2000) *In Safe Hands. The Role of the Care and Social Services Inspectorate in Wales.* Available at www.nhswalesgovernance.com, accessed on 23 July 2013.

Westcott, H. and Davies, G. (1996) 'Sexually abused children and young people's perspectives on investigative interview.' *British Journal of Social Work 26*, 4, 451–474.

Westminster LSCB (Local Safeguarding Children's Board) (2006). *Serious Case Review. Executive Summary.* Available at www.westminster.gov.uk/workspace/assets/publications/EG-Executive-Summary-April-2012-1336483036.doc, accessed on 23 July 2013.

White, M. (1995) *Re-authoring Lives.* Adelaide: Dulwich Press.

White, S., Hall, C. and Peckover, S. (2008) 'The descriptive tyranny of the common assessment framework: technologies of categorization and professional practice in child welfare.' *British Journal of Social Work 39*, 1197–1217.

Whiting, B.B. and Whiting, J.W.M. (1975) *Children of Different Worlds. The Formation of Social Behaviour.* Cambridge, MA: Harvard University Press.

Williams, P. and Sullivan, H. (2010) 'Despite all we know about collaborative working, why do we still get it wrong?' *Journal of Integrated Care 18*, 4, 4–15.

Wilson, D. and Newton, C. (2011) *Keys to Inclusion.* Nottingham: Inclusive Solutions.

Wilson, S.M. and Ferch, S.R. (2005) 'Enhancing resilience in the workplace through the practice of caring relationships.' *Organisation Development Journal 23*, 4, 45–60.

Winter, K. (2009) 'Relationships matter: the problems and prospects for social workers' relationships with young children in care.' *Child and Family Social Work 14*, 450–460.

Wonnacott, J. (2012) *Mastering Social Work Supervision.* London: Jessica Kingsley Publishers.

Woodcock, J. (2003) 'The social work assessment of parenting: an exploration.' *British Journal of Social Work 33*, 87–106.

World Health Organization (2006) *Policy Basis.* Available at www.who.int/oral_health/policy/en, accessed on 23 July 2013.

Youth Justice Board (2006) *Asset Guidance.* London: Youth Justice Board.

Zeitlin, M. (1999) 'My Child is My Crown. Yoruba Parental Theories and Practices in Early Childhood.' In S. Harkness and C.M. Super (eds) *Parents' Cultural Belief Systems. Their Origins, Expressions and Consequences.* New York: The Guilford Press.

译后记

在进入华东理工大学工作之前，我对社会工作知之甚少，不过博士期间所研究的专业领域与家庭及心理健康密不可分。这三年来，通过学习、观察、督导实践等活动，有了一些关于社会工作服务的个人感悟。涉及微观社会工作服务的个体，终需在家庭中分析、评估、施以服务并最终融入和回归家庭。这本书对于从事成人或儿童服务的社会工作实务工作者或社会工作专业学生将是很好的知识补充，它关注如何在对家庭实施评估和解释时更全面地考虑所有家庭成员的需求，如何兼顾成人和儿童。本书从形式上秉承了国外著作一贯的优良传统，包含大量的案例分析、实践指南、练习和阅读建议等，不至于让学习变得枯燥和乏味。

我很高兴能有机会翻译一本与社会工作服务实践相关的优秀专业书籍，也非常感激赵环老师在近两年的时间里对我这个刚毕业的新手的鼓励和帮助。距离赵环老师委托翻译此书已一年有余，虽斯人已逝，但其理念和著作却将一直流传，为后人所谨记。在翻译书稿的过程中，尤其要感谢本系 MSW 学生黄景莲，在其协助下完成了书中制图、翻译和格式矫正，态度认真负责，工作细致；也要感谢 MSW 学生黄颖，协助完成了部分翻译工作；感谢 MSW 学生金星，协助完成了文后参考文献的整理工作。

翻译外文书籍不是一件易事，尤其是专业书籍，尤为困难。在本书的翻译过程中，也碰到许多不同情境下同词不同意、拗口的专业术语和表达，在完稿过程中已尽力斟字酌句，使其完善，但碍于时间和限于能力，不能翻译至精，甚为惭愧。本译文定有许多不妥乃至错误的地方，恳请读者不吝赐教。

内容简介

本书适用于社会工作专业的学生及社会工作实务工作者。本书聚焦于实践反思并强调组织关系的重要性，通过案例分析、实践指南、练习、阅读建议等生动多样的方式，试图解决当下社会工作中的一个重要问题：作为专业的社会工作者，怎样才能更好地满足所有家庭成员的需求？本书总结了在成人、儿童服务中社会工作者面临的挑战，如在实施社会工作评估时如何涉及整个家庭，如何平衡成人和儿童的需求，如何确保在家庭面对的复杂困难中确保儿童福利和安全优先等。同时，本书提供了具体的工具和分析框架，以帮助读者更好地理解成人的生活困难、家庭问题、养育能力及与孩子需求相互之间的关系，有助于在对家庭实施评估和解释结果时更全面地考虑所有家庭成员的需求，兼顾成人和儿童。